从产业扶贫到乡村产业振兴：
模式、效率与展望

From Industrial Poverty Alleviation to Rural Industrial Revitalization:

Model, Efficiency and Outlook

陈耿宣　著

西南财经大学出版社
Southwestern University of Finance & Economics Press

中国·成都

图书在版编目(CIP)数据

从产业扶贫到乡村产业振兴:模式、效率与展望/陈耿宣著.—成都:西南
财经大学出版社,2023.2
ISBN 978-7-5504-5644-0

Ⅰ.①从… Ⅱ.①陈… Ⅲ.①扶贫—研究—中国 Ⅳ.①F124.7

中国版本图书馆 CIP 数据核字(2022)第 219394 号

从产业扶贫到乡村产业振兴:模式、效率与展望
CONG CHANYE FUPIN DAO XIANGCUN CHANYE ZHENXING:MOSHI、XIAOLÜ YU ZHANWANG

陈耿宣　著

策划编辑:孙　婧
责任编辑:刘佳庆
责任校对:植　苗
封面设计:张姗姗
责任印制:朱曼丽

出版发行	西南财经大学出版社(四川省成都市光华村街 55 号)
网　　址	http://cbs.swufe.edu.cn
电子邮件	bookcj@ swufe.edu.cn
邮政编码	610074
电　　话	028-87353785
照　　排	四川胜翔数码印务设计有限公司
印　　刷	四川五洲彩印有限责任公司
成品尺寸	170mm×240mm
印　　张	16.25
字　　数	390 千字
版　　次	2023 年 2 月第 1 版
印　　次	2023 年 2 月第 1 次印刷
书　　号	ISBN 978-7-5504-5644-0
定　　价	78.00 元

前　言

在 20 世纪 80 年代初期，42% 的世界人口处于国际贫困线以下，1990 年贫困人口占比为 36%，到 2015 年这一数据下降到 10%，贫困人口数量从 1990 年的 19 亿减少到 2015 年的 7 亿。而在全人类取得的减贫事业成就中，三分之二归功于中国。根据《中国扶贫开发报告 2016》，1978—2015 年，中国农村贫困人口由 7.7 亿减少到 5 575 万，减少了 92.8%。从 20 世纪 80 年代开始，中国经历了整村推进、设立贫困县和贫困村，以及新时代实施精准扶贫政策等扶贫进程。发展产业是中国实现贫困人口稳定脱贫的主要途径和长久之策。党的十八大以来，农业农村部、国务院扶贫办（原）等部门不断强化贫困地区特色产业发展指导推进力度，组织编制产业扶贫规划，出台完善政策举措，总结推广典型范例，以促进贫困地区产业发展，带动就业增收。

自 2018 年党中央、国务院做出关于打赢脱贫攻坚战三年行动的决策部署，到打赢脱贫攻坚人民战争，历史性地解决了绝对贫困问题，我们"走出了一条中国特色减贫道路，形成了中国特色反贫困理论"。尤其在产业扶贫方面积累了宝贵的实践经验、形成了丰富的理论成果。同时，在迈向第二个百年奋斗目标的新征程上，在全面贯彻新发展理念和构建新发展格局背景下，也面临从"产业扶贫"到"乡村产业振兴"转变的现实要求。本书在回顾中国扶贫历史的基础上，提出产业扶贫的思想框架：首先将贫困按照要素、消费市场和公共品维度进行分析，然后讨论扶贫机制分类，最后将贫困维度与扶贫机制相匹配。我们在这个框架下总结了中国产业扶贫的经验模式、初步进行了效率评估，并且利用该框架来阐述如何实现从"产业扶贫"到"乡村产业振兴"的转变。

第 1 章阐述了新时代发展背景下中国扶贫工作的伟大成就。在新时代发展背景下，中国在 2020 年底完成了脱贫攻坚工作，消除了绝对贫困和区域性整体贫困，为实现第一个百年奋斗目标打下坚实基础。新时代扶贫是实现脱贫攻坚的最后一个扶贫阶段，强调了精准扶贫方略和产业扶贫开发，后者是本书研究的重点。

第 2 章对产业扶贫研究进行了综述。首先对扶贫相关理论、模式和政策研究进行了总结性评述；随后，对产业扶贫理论机制、模式和绩效研究进行相关回顾；然后，对新时代背景下的中国特色社会主义扶贫理论和乡村产业振兴研究进行综述；最后，对乡村产业振兴的背景、现状、特征及前景进行了梳理总结。这为本书的研究提供了基础理论背景。

第 3 章回顾了中国扶贫的历程。1978 年经济体制改革以来，我们将中国扶贫历程分为五个主要阶段：体制改革阶段（1978—1985 年）、开发式扶贫探索阶段（1986—2000 年）、开发式扶贫深化阶段（2001—2012 年）、精准扶贫阶段（2013—2020 年）和乡村产业振兴阶段（2021 年至今），对每个阶段的主要背景政策和扶贫效果进行了梳理。本章从历史角度为本书研究提供了资料。

第 4 章提出了产业扶贫机制。基于产业扶贫视角，首先对贫困问题进行维度化处理，然后分析历史上的扶贫机制，最后将贫困类型与扶贫机制相匹配。本章构建了这一匹配模型，并进一步讨论该模型下产业扶贫的特征以及该模型的扩展和应用。此后第 5 章至第 7 章分析了我国产业扶贫的现状、产业扶贫和产业发展的主体以及产业发展要素积累情况。

第 5 章从乡村振兴背景下的产业扶贫入手，分析了我国贫困地区的产业发展要素现状，包括环境禀赋、要素、产业基础、技术四个方面的发展情况。然后对贫困地区现有的产业发展类型，包括农业、农业加工以及旅游业的发展情况进行了调查。在分析产业发展方向的过程中，必须重视产业发展主体的重要性，因为其在推动产业发展的进程和成效上具有不可替代的关键作用。

第 6 章对我国产业扶贫的主体进行了分类，结合我国的实际扶贫现状将现有的产业扶贫主体概括为政府、企业、农户以及其他社会组织四种类型。对每一个扶贫主体的扶贫模式和扶贫路径进行了论述。分析每一个扶贫主体在助力乡村振兴过程中发挥出来的实际价值和作用。阐述了在各类主体的帮助下，如何突破地区发展瓶颈，在不断的探索中寻求整合的产业发展模式。

第 7 章阐述了产业要素积累状况。产业要素是产业发展的基础，也是推动产业高速发展的源泉。本章分析了产业要素中的人力资源、农村土地、资本存量、金融、技术在我国的现状，同时将生态保护融入产业发展过程中，倡导长期持续的产业发展模式，在要素的考虑上注重地区的生态价值。

第 8 章梳理了产业扶贫在不同领域的模式和相关案例。这一章以产业为划分标准，对农业、工业、旅游业以及一二三产业融合发展模式进行了分析。农业方面，农业产业发展的模式主要考虑通过作物生产运作的过程来探索其扶贫模式，其中包括了技术的普及、提升，多主体合作模式以及深度加工，延伸产业链三种类型。工业方面，一是"产业+就业"的扶贫模式，通过工业产业促进农户就业；二是"政企农"多主体合作的模式；三是以工业设施助力要素补给的模式。旅游业方面，可以分为景区式牵引、乡村旅游以及"产业园区+旅游"三种产业发展模式，挖掘第三产业的附加价值。产业融合发展方面，以第一产业为立足点，探索农业产业链延伸型、先进技术渗透型、产业交叉融合发展三种模式。通过对不同产业发展模式的分析，找到乡村振兴发展的新思路和新举措，为产业扶贫提供持续的动力和方向。

第9章对产业扶贫和乡村产业振兴探索进行了讨论。在乡村振兴战略背景下，本章总结了三种主要的产业扶持模式，分别是集体经营模式、企业经营模式和混合模式，这三种模式具有不同的属性特征，尽管在产业发展方面具有一定成效，但是都面临一些相同又特殊的问题和挑战。这些问题不仅存在于产业扶贫阶段，同时也是产业振兴阶段需要解决的。这就需要我们讨论如何选择产业，如何优化组织模式，如何解决潜在的市场风险，以及如何推进相关的体制机制改革。这些问题的解决需要充分发挥基层党组织的作用，因此，有必要推动基层党组织工作与乡村振兴工作的深度融合。

第10章进行总结和展望。首先，本书在新时代背景下，研究了产业扶贫和乡村产业振兴中关于乡村产业扶持和发展的问题。为了研究该问题，本书抽象出了一个简单的分析框架，即从要素补偿、潜在消费市场以及公共品供给三个维度来研究乡村产业扶持和发展。这三个维度概括了当前乡村产业扶持和发展的核心特征。其次，本书考察了现阶段中国乡村产业要素和产业基础以及政府、企业、农户等基本组织情况，发现在乡村产业扶贫过程中存在三种主要组织模式，这三种模式分别是集体经营模式、企业经营模式和混合模式。然后，再讨论这些模式和当前乡村产业发展面临的一些重要风险和挑战，对这些问题的分析也适用本书所提出的简单分析框架。最后，我们在这个简单分析框架下讨论了如何应对这些风险和挑战。

脱贫攻坚是乡村振兴战略的起始阶段，两者具有天然的联系。本书提出的分析框架同样适用于分析这两个阶段的产业扶持和发展，并且将两个阶段的产业发展经验和模式进行理论分析，从而让脱贫攻坚阶段的经验和模式为现阶段的乡村振兴提供参考。不同的是，乡村振兴涉及更长远的政策考量，并且将乡村振兴战略嵌入当前中国新时代的内循环中，是激发国内市场消费、促进消费拉动、创新驱动经济的重要战略支撑点。这就需要我们在未来的实践中进一步研究乡村振兴过程中产业发展所遇见的新挑战，并运用本书的框架来寻找解决路径。

本书从选题拟定到正式完成历时 3 年时间，其间离不开研究团队成员的共同努力，尤其是来自西南财经大学的贾钦民、杨婉娟，香港科技大学的凌浩，四川省社会科学院的杨雪莲、张捷。他们或是在资料的搜集、整理，数据的采集、分析方面承担了辛苦的工作，或是参与了部分章节的初稿内容写作。另外，在本书的写作期间，有幸得到众多学术界朋友的帮助和指导，他们就乡村产业振兴等相关话题与我进行讨论交流，在书稿形成过程中对相关内容提出宝贵意见。在此，向所有参与本书研究和给予帮助支持的人表示由衷的感谢。最后，希望我们的研究能给读者带来一定的价值。

陈耿宣

四川省社会科学院

2022 年 12 月

目 录

1 新时代扶贫的背景

1.1 中国发展背景

1.1.1 新发展阶段

习近平总书记在中国共产党第十九届五中全会上强调:"新发展阶段,就是全面建设社会主义现代化国家向第二个百年奋斗目标进军的阶段。这在我国发展进程中具有里程碑意义。""进入新发展阶段明确了我国发展的历史方位"。习近平总书记在党的十九大报告中指出,"经过长期努力,中国特色社会主义进入了新时代,这是我国发展新的历史方位"。这一历史性论断深刻影响了党和国家在理论、制度、目标任务的制定等各个方面,是我们深刻理解当前党和国家的方针政策的依据。下面简要介绍新发展阶段的现实意义和新时代的阶段特征,这是我们分析新时代的扶贫和产业扶贫的基本现实背景。

发展阶段和历史方位就是我国的国情,是我国的实际。我国当下最大的国情就是我国处于并将长期处于社会主义初级阶段。新发展阶段是社会主义发展进程中的一个重要阶段,它没有超越初级阶段,而是社会主义初级阶段的一个时期。这是因为社会主义初级阶段并不是一个静止不变的阶段,而是一个大的范围,是一个始终洋溢着激情与活力的过程,在这个范围中不断地积累量变、阶段式进步,最终达到质变。正如习近平总书记所指出的那样,社会主义初级阶段"是一个动态、积极有为、始终洋溢着蓬勃生机活力的过程,是一个阶梯式递进、不断发展进步、日益接近质的飞跃的量的积累和发展变化的过程"。它站在了更高的起点上,充分发挥出新时代我国现有的发展优势,为建设社会主义现代化国家提供发展优势。

从 2021 年实施"十四五"规划算起,到 2050 年我国第二个百年奋斗目标的实现,历时三十年,这也是习近平总书记提到的我国现代化新的发展阶段。

经过几十年的发展，我国已经站在一个新的起点上：经济总量突破100万亿元大关，占世界经济比重的17%，并于2020年成功实现全面脱贫，这也意味着我国拥有了更加雄厚的物质基础。虽然当今世界正在经历百年未有之大变局，但我国仍旧处于重要的战略机遇期，尤其是我国在抗击新型冠状病毒感染中的成效，进一步凸显了中国特色社会主义制度的独特优势和其拥有很好的抗击风险与挑战的能力。

从发展阶段来看。中国经过改革开放40多年的发展，实现了年均9.5%[①]的增长，在经济和社会等方面取得了显著的成果。这是人类发展史上不曾出现的奇迹。中国改革开放之初，全国90%以上的人口处于国际贫困线以下[②]，81%的人生活在农村，2015年中国贫困人口占比下降到0.7%，见图1-1。到2018年，中国人均GDP（国内生产总值）约8 000美元（2011年不变价美元），进入中上等收入国家行列，见图1-2。可以看到，中国的贫困人口占比与中国人均GDP呈相反走势，这是中国经济建设最直接的成果体现。按照中国特色社会主义建设宏图——经过40年的努力，解决人民温饱问题、人民生活总体上达到小康水平，这两个目标已提前实现。其后需要进一步解决经济社会发展问题。

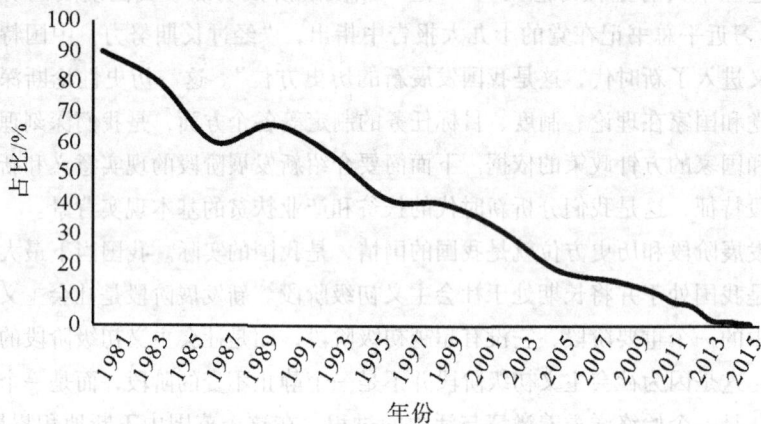

图1-1 中国贫困人口占比走势

资料来源：世界银行发展研究局。数据基于政府统计机构和世界银行提供的初级住户调查数据，整理而得。

---

① 资料来源：根据国家统计局资料，作者整理计算而得。
② 资料来源：世界银行统计。按2011购买力平价计算的年国际贫困线为每天1.9美元。

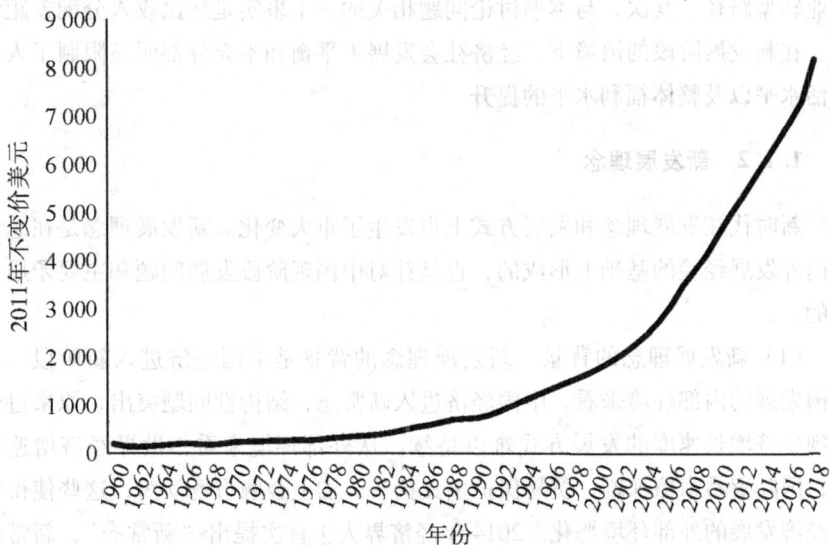

图 1-2　中国人均 GDP 走势

资料来源：世界银行以及 PWT9.0，作者对数据进行了整理。

居民收入的增长和结构变化是新时代经济结构变化的深层次背景。根据相关研究，特别是最终消费品研究表明，居民收入达到一定水平之后，需求结构会发生改变[①]。如果按照收入增长水平来区分发展阶段，通过比较研究发现，中国在 2016 年之后进入中速发展平台期。具体表现是居民对终端产品的需求因为收入增长发生转变，即生存性需求占比下降，比如食品、衣物等基础产品需求；相应地，发展性需求占比上升，比如教育、医疗等。这个中速平台发展期间与新时代重叠。更进一步说，需求结构变化导致了产业结构变化。分析发现，中国产业结构变化规律与居民需求变化方向一致。这也表明，新时代人民对物质生活水平的需求不断提高。并且，收入结构呈现出分化，虽然城乡收入都在前四十年中得到显著增长，但是城乡收入数据以及基尼系数都显示出收入差距扩大的趋势（刘穷志 等，2016；王亚芬 等，2007）。收入结构变化直接影响了居民消费和福利水平（杭斌 等，2016；毛凌琳 等，2016）。

新发展阶段的论断突出了前文所提到的两个重要方面。首先是我国社会生产力水平提高了，稳定满足了居民基本的消费和社会政治等方面的需求。同时，居民收入在经历了四十年的发展之后得到了提升，达到了中上等国家水平，并且居民对终端产品的需求结构产生了变化，这将深刻改变新发展阶段的

---

① 刘世锦. GFP 及其驱动的经济增长 [J]. 管理世界，2015（10）：1-6.

产业转型路径。其次，与本书讨论问题相关的一个事实是居民收入分配差距增大。在新发展阶段的语境下，经济社会发展不平衡和不充分都明显限制了人民生活水平以及整体福利水平的提升。

1.1.2 新发展理念

新时代在发展理念和发展方式上也发生了重大变化。新发展理念是在总结国内外发展经验的基础上形成的，也是针对中国现阶段发展问题和主要矛盾提出的。

（1）新发展理念的背景。新发展理念的背景是中国经济进入新阶段。从中国发展的内部环境来看，中国经济进入新常态，结构性问题突出，原来过于重视经济增长速度的发展方式难以持续。从外部环境来看，世界经济增速放缓，国际贸易摩擦加剧，贸易保护主义抬头，加上金融市场动荡，这些使得中国经济发展的外部环境恶化。2014 年经济界人士首次提出"新常态"，新常态主要是从经济发展环境方面对新时代发展阶段的预判[①]（王小亮，2018；任瑞华，曹敏，2016）。中国"新常态"的主要特征就是经济结构性问题凸显，增速下降（李扬，2015），原因在于资源配置效率下降、人口红利式微、资本积累的低效率困境、创新能力滞后、资源环境约束增强以及国际竞争压力加大。

（2）新发展理念的内容。新时代背景下的发展理念是针对发展问题提出的新发展思路，是马克思主义关于发展理论中国化的最新成果（张永波，2018）。新发展理念包括创新、协调、绿色、开放、共享五个方面。新发展理念的提出，是呼应新时代发展阶段的战略抉择。新发展理念的技术基础是新时代信息技术发展，并将其广泛应用于经济、社会、文化等各个领域，以提高社会的信息化程度。信息技术的发展让知识创新、共享的成本大大下降，企业和创业者能够利用信息技术低成本开创新市场和新业态，让创新成为可行的发展战略。新发展理念中的创新发展理念符合信息时代的创新发展理念。创新、开放、共享是信息时代发展的显著特征和重要理念，也是新发展理念的重要组成部分（陈界亭，2017）。信息技术发展使得数字化成本下降，人们可以借助数字化发展产业，新发展理念中的开放发展理念就是强调数字化经济，通过数据

---

① "新常态"是 2008 年全球金融危机以来国际经济界人士对世界经济走势的悲观预测。但在中国经济发展环境下，其有了新的、积极的含义：中国经济"新常态"是对中国经济高速增长结束后即将出现的新状态、新格局、新阶段的客观判断，显示了中国共产党和中国政府遵循客观规律、驾驭经济转型的积极姿态。认识、适应、引领"新常态"是当前和今后一个时期中国经济发展的大逻辑（李文，2016；李扬，2015）。

强化区域经济发展与世界的联系（陈界亭，2017）。共享是信息本身的特征所决定的，信息不同于一般的资产，信息的反复使用不会降低边际回报，并且信息共享具有明显的外部性。数字化使得信息共享成本变低，信息共享的程度越大，越能避免在信息采集、存储和管理上的重复浪费，从而更加合理地进行资源配置，提高信息资源的使用率。新发展理念中共享的含义就包含着人们对信息这一资产的处理，这是新时代背景下信息技术发展所带来的经济发展理念。绿色与协调理念是对新时代经济问题的直接回应。绿色发展是回应资源浪费和环境恶化的问题；而协调发展则是对区域领域发展不平衡所做的回应。持续经历了前四十年经济发展模式之后，中国从追求经济增长速度转变为重视经济发展质量①。

（3）新发展理念指导新时代的发展方式。从现实政策上看，高质量发展是中国进入新时代后发展方式的具体要求。高质量发展，是以满足人民日益增长的美好生活需要为目标的高效率、公平和绿色可持续的发展。高质量发展是经济建设、政治建设、文化建设、社会建设、生态文明建设五位一体的协调发展。从具体方法来看，高质量发展要求：一是要通过供给侧结构性改革，优化资源配置；二是要以创新驱动发展，释放市场创造力；三是要推进全面开放和协同发展，推动区域经济平衡发展；四是要防范风险（顾春梅，2019）。要实施上述发展路径，就需要关注处理好政府与市场的关系，并用好市场机制和政府调控这两种手段。中国经济发展离不开政府和市场的共同作用②，政府在中国经济社会发展中占据重要角色（陈耿宣，2016）。但是两种手段都是有成本的，在某些方面市场行为的成本更低，某些则是政府调控的成本更低；在新时代发展阶段，需要在前四十年发展经验的基础上，不断厘清政府与市场的边界，发挥制度优势。

1.1.3 新发展格局

党的十九届五中全会提到，随着中国特色社会主义进入新时代，中国进入

---

① 在中国前四十年的发展中，发展理念发生了三次变迁：第一次是改革开放初期的发展理念，回应的问题是"如何发展"；第二次是关注发展速度的发展理念，回应的问题是"如何快速发展"；第三次是新时代的新发展理念，回应的问题是"如何更好地发展"（叶敬忠等，2020）。

② 中国的改革发展从侧面反映了党对市场和政府的关系的认识过程：党的十四大提出了经济体制改革的目标是建立社会主义市场经济体制，提出"要使市场在社会主义国家宏观调控下对资源配置起基础性作用"；党的十八大提出"更大程度更广范围发挥市场在资源配置中的基础性作用"；党的十八届三中全会把市场在资源配置中的"基础性作用"修改为"决定性作用"；党的十九大再次强调"使市场在资源配置中起决定性作用"。

新发展阶段，要加快构建以国内大循环为主体、国内国际双循环相互促进的新发展格局，不断推进国家治理体系现代化和治理能力的提高，实现经济行稳致远、社会安定和谐，为全面建设社会主义现代化国家开好局、起好步。

加快构建新发展格局是党中央深刻考虑当下环境背景所做出的决策。"双循环"发展格局的提出，是在我国全面建成小康社会、开启全面建设社会主义现代化国家新征程、进入新发展阶段时，习近平总书记和党中央根据国际以及国内的形势变化、立足于我国目前的发展阶段、不断提升我国经济发展、推动建设开放型世界经济、构建人类命运共同体而做出的战略抉择。一方面，当今世界正在经历百年未有之大变局，单边主义、保护主义时有出现，同时，全球市场低迷，外部环境的不确定性和不稳定性较大。另一方面，国内的需求潜力逐渐增大，2009—2019 年，我国经济对世界经济增长的贡献高达 28%，2019 年国内生产总值（GDP）总规模达到 99.09 万亿元，按照世界银行的统计，为 14.3 万亿美元，占全球经济总量的 16.4%。2019 年我国 GDP 增长率为 6.1%，在主要经济体中增长最快，显著高于中等偏上收入国家 3.8% 的平均水平、世界 2.5% 的平均水平和高收入国家 1.7% 的平均水平[①]。不管是从 GDP 的总规模还是其增长速度来看，都体现出了我国强大的生产能力，也彰显了我国超大规模的需求能力。所以我们必须要发挥国内超大规模市场优势，以国内大循环带动世界经济的复苏和繁荣。

新发展格局战略的提出具有十分重要的意义。该战略进一步确保了我国在"十四五"期间和 2035 年之前这个时期实现更高质量、更有效率、更加公平、更可持续、更为安全的发展，是主动选择的长期战略。它致力于塑造我国良好的国际经济合作伙伴关系和竞争关系，发挥大国担当，为我国全面建设社会主义现代化建设开好局、起好步，对"十四五"时期我国经济社会的发展具有极其重要的指导意义。

对于如何构建新发展格局，公报也做出了具体的解释。首先是要坚持扩大内需，刺激国内消费者购买，挖掘市场潜力，以消费带动国内各大企业的生产经营，促进产业建设。党中央之所以要把坚持扩大内需作为构建新发展格局的"战略基点"，把坚持供给侧结构性改革作为"战略方向"，就是为了更进一步激活和利用我国这个拥有 14 亿人口的全球最大和最具潜力的消费市场，进一步发挥我国完整工业体系和强大生产力的既有优势，培育我国完整的内需体

---

① 蔡昉. 坚持扩大内需战略基点形成强大国内市场. [EB/OL]（2020-11-04）[2022-5-16]. http://theory.people.com.cn/n1/2020/1103/c40531-31916257.html.

系，使生产、分配、流通、消费更多依托国内市场，提升供给体系对国内需求的适配性，从而形成国民经济良性循环①。其次，以内需为主的国内大循环并不否认和拒绝国际市场的作用，不是要再一次"闭关锁国"。习近平总书记多次强调，中国的大门不会关闭，只会越开越大。国内大循环在刺激消费的同时，不断地扩大对外开放，增加进口量和贸易出口量，扩展投资渠道，达到以国外的消费带动国内的生产市场，实现国内国际双循环正向运转。完善国内国际双循环的联动和相互促进机制，促进内需与外需达到更高水平的动态平衡，充分发挥出政府和各类市场主体的活力。在这个过程中，需要不断地培育完整的内需体系，把实施扩大内需战略同深化供给侧结构性改革有机结合起来，以创新驱动、高质量供给引领和创造新需求②。

1.2　扶贫

1.2.1　贫困的定义

国内外学者对贫困的定义存在一定认知差异，从收入/消费单一维度向多维贫困转变，包括收入、健康、就业等。在 20 世纪初，Rowntree（1901）在《贫困：城镇生活研究》中首次提到了贫困的概念，即一个家庭的收入不足以维持其生理功能的最低需求，包括食物、住房、衣物及其他生活必需品。可以看出，最初提到的贫困概念主要强调的是收入和消费水平层面，随着人们对贫困研究的深入，对贫困有了多角度理解，其中包括经济学视角（基本需求维度）、社会学视角（社会歧视和排斥维度）、发展学视角（能力维度）、政治学视角（权力贫困和阶级理论）等（王小林，2017；Sen，1987；周谨艳，2018）。这些研究促进了人们对多维贫困理论的认识，其中 Amartya Sen 就是多维贫困理论的代表，认为"贫困不仅是收入低下，更是对人的基本可行能力的剥夺"。因此，世界银行和联合国开发计划署的机构所使用的人类发展指数（Human Development Index，HDI）和多维贫困指数（Multidimensional Poverty Index，MPI）是被人们广泛接受的贫困测量指标。

---

① 人民论坛特别策划组. 构建新发展格局 [J]. 人民论坛，2021（2）：10-11.

② 雷东瑞. 五中全会系列解读之三：加快构建新发展格局，习近平心中有盘"棋"，[EB/OL].（2020-11-03）[2022-5-18] https://www.xuexi.cn/lgpage/detail/index.html？id=3699284142847428316&item_id=3699284142847428316.

从经济学角度来看，贫困也可以分为相对贫困和绝对贫困。绝对贫困就是通常所说的赤贫和生产贫困，强调的是总收入不足以支付维持生活所必需的物品。相对贫困最早由彼得汤森提出，不仅是以收入、消费或福利来衡量经济福利的方式，还是社会贫困的一种表现形式。相对贫困更多地强调一种脆弱性、无发言权、社会排斥等社会层面的"相对剥夺感"（郭熙保，2005）。相对贫困不再是以最低生存需求为标准，而是基于社会比较，其特征就是不平衡性、相对性、动态性等。绝对贫困一般按照基本需求不足来确定，相对贫困则按照一定的最低百分比确定，在多数情况下相对贫困标准高于绝对贫困标准。因此，可以看出，相对贫困和绝对贫困两者是一个"先后阶段性"的概念，一般先是经历绝对贫困，只是在相对贫困阶段，也同时会存在绝对贫困，但是后者占比更小（左停等，2019）。

1.2.2 贫困的事实

按照世界银行公布的 2015 年度国际贫困标准，即人均生活消费为 1.9 美元，2015 年，世界上仍然有 10% 的人口处于贫困线以下，近 7.5 亿人。图 1-3 显示了世界贫困人口的占比随时间的变化趋势。可以看出，在 20 世纪 80 年代初期，世界人口的 42% 处于国际贫困线以下，1990 年贫困人口占比为 36%，到 2015 年这一数据下降到 10%。但是考虑到人口基数不断增长，即使是目前世界上仍然有许多国家和地区没有摆脱贫困。

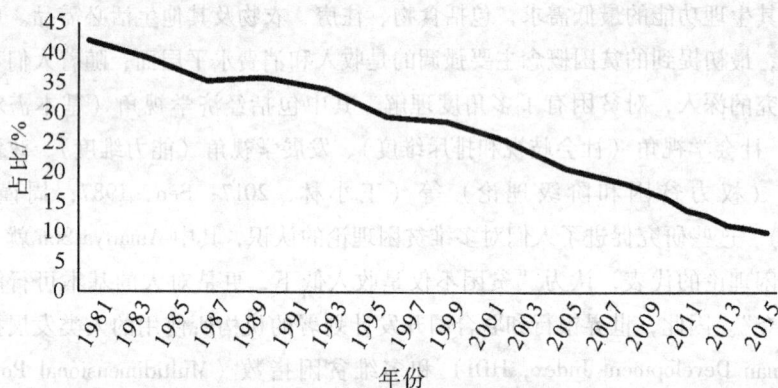

图 1-3 世界贫困人口占比

资料来源：世界银行发展研究局。数据基于政府统计机构和世界银行各国别局提供的初级住户调查数据。

另一个被世界各个机构广泛使用的贫困指标是人类发展指数。人类发展指数评估的是人类发展三大基本维度（健康长寿的生活、知识以及体面的生活水平）所取得的平均成就的综合指数①。按照 2019 年联合国发布的《人类发展报告（Human Development Reports）》②，世界不平等现象明显并不断持续。具体而言，人类发展指数高的地区与低的地区在收入、寿命、受教育年限等方面存在巨大鸿沟，比如经济合作与发展组织的国家居民的平均预期寿命是 80.4 年，而撒哈拉以南的非洲地区居民的平均预期寿命为 61.2 年，受教育年限方面该数据分别是 12 年和 5.7 年，年均国民收入方面该数据分别是 40 615 美元和 3 443 美元（2011 年，不变价美元调整）；同时，世界人类在发展中新一代的严重不平等正在凸显，比如权利不平等。

世界银行提供了多维贫困指数（MPI）③，该指数从健康、教育、生活水平等方面综合反映了贫困程度，指数越高表明多维贫困越严重。表 1-1 提供了 MPI 数据，可以看出，撒哈拉以南的非洲地区的 MPI 最高，为 0.315；而欧洲和中亚地区指数最低，为 0.004。具体而言，这两个地区在贫困强度指数④、绝对人口数量和人口占比等数据上都呈现出相同的模式。同时值得注意的是，即使在贫困地区也存在更大的不平等程度，比如最贫困的撒哈拉以南地区不平等程度得分为 0.022，明显大于相对最不贫困的欧洲和中亚地区，其得分为 0.004。这与我们前文所提到的 HDI 指数结论类似，表明贫困地区与收入、教育和生活水平等多维层面都密切相关。更重要的是，在 MPI 指数中我们发现贫困地区相对于较不贫困地区主要体现在生活水平维度，比如撒哈拉以南地区的贫困主要在于生活水平不高（占比 48.1%），欧洲和中亚的贫困主要在健康维度，生活水平维度的贫困占比仅为 23.9%。可以看到，贫困是多维度的，但是对于最贫困的地区，主要的贫困原因在于生活水平或者收入水平较低。

①　HDI 的计算方法详见：http：//hdr.undp.org/sites/default/files/hdr2019_technical_notes.pdf 上的技术注释。

②　资料来源：联合国人类发展项目，http：//hdr.undp.org/en/content/human-development-index-hdi/.

③　资料来源：世界银行，http：//data.worldbank.org.

④　多维贫困强度定义：多维贫困人口的平均贫困得分。

表 1-1 世界主要地区的多维贫困指数（MPI）

地区	多维贫困指数 MPI	贫困强度	调查当年的贫困人口/万人	2017 年贫困人口/万人	贫困人口中的不平等程度	健康维度/%	教育维度/%	生活水平维度/%	贫困人口占比/%
阿拉伯国家	0.076	48.4	4 888.5	52 251	0.018	26.2	35.3	38.6	4.6
东亚和太平洋地区	0.024	42.3	11 077.5	113 247	0.009	27.4	35.6	37.0	2.1
欧洲和中亚	0.004	37.9	123.7	1 240	0.004	52.8	23.3	23.9	0.6
拉美地区	0.033	43.1	3 806.7	39 324	0.011	35.4	25.7	38.9	4.1
南亚	0.142	45.6	54 249.2	548 048	0.016	29.2	27.9	42.9	17.5
撒哈拉以南非洲	0.315	54.9	53 820.6	571 884	0.022	22.2	29.6	48.1	44.7

数据来源：世界银行，多维贫困指数（MPI）。

1.2.3 贫困的危害

从上一节中看到，贫困作为一个世界现象，不发达国家和地区的贫困问题更加严重。贫困所造成的危害是多方面的，这是人类致力于反贫困的出发点。

第一，在政治建设方面。贫困让许多地区的贫困人口因为缺乏政治资本，被排除在政治之外，从而富裕阶层在政治上获得更多的控制权，造成权利不平等。最富有的公民利用特权来损害其他较低收入阶层的利益而不受惩罚。政治权利不平等加剧了贫困的规模和持续性。美国的经验表明，民主政治从"一人一票"逐渐被"一美元一票"侵蚀和瓦解。美国民主政治未能在政治平等的基础上增强公民的社会权利，从而对经济不平等进行有效的调节，反而在富裕阶层的影响下推动了经济不平等的急剧扩大，经济不平等的急剧扩大反过来导致了政治平等的实质性下降（汪仕凯，2016）。

第二，在经济发展方面。发展经济学家提出了贫困恶性循环理论（西奇尔 等，1982），认为早期贫困多是由于物质匮乏、环境禀赋不足、教育文化落后、政治制度、自然灾害、投资不足等因素造成的；后来的经济学家讨论了更多的其他致贫因素，比如影响社会稳定的战争和冲突，这些因素经常将某一地区拉入贫困境地，并且贫困具有长期性、脆弱性①。这些早期贫困导致私有产权得不到保护，市场机制失效，进一步强化了经济脆弱性，从而加剧了投资不足，生产力低下和长期贫困，使得经济增长不能满足人口增长，人均收入增长率长期处于停滞状态，最终形成一个贫困陷阱。

第三，在文化发展方面。贫困地区容易形成文化二元化，形成穷人文化和富人文化价值体系。同时，文化发展容易被世俗化（宋圭武，2016）。经济基础决定了上层建筑，贫困本身就容易使得文化发展滞后，并形成文化贫瘠。

第四，在社会发展方面。贫困问题会导致阶级分化和对立，加剧社会不平等。加上贫困所带来的经济和政治摩擦，会传导到社会的各个方面，造成犯罪率上升、局部战争和动乱、社会信任丧失以及恐怖主义抬头。这些社会问题爆发导致社会治理失效，难以维持社会基本稳定性，成为世界各国和地区稳定发展的障碍。

第五，在资源环境使用方面。世界发展经验表明，贫困让区域的生产力低下。一方面，为了尽快脱离贫困，政府往往会对资源环境过多开放，造成严重

---

① 参见世界银行. https://www.worldbank.org/en/topic/poverty/publication/fragility-conflict-on-the-front-lines-fight-against-poverty.

的环境污染和资源浪费；资源环境被破坏反过来影响区域经济社会发展。另一方面，环境和资源被破坏的影响是世界性的，具有极大的外部性。贫困地区的不可持续性开发方式会影响世界其他地区的发展。

第六，在人类自身发展方面。上述各个方面的贫困影响最终会体现在人类自身发展方面。经济和社会发展的最终目的是满足人类生产发展需求，而贫困是阻碍人类发展的重要影响因素。世界卫生组织的数据表明，在贫困地区和国家，5岁以下的孩子死亡人数占总死亡人数的30%，主要是因为呼吸道感染、痢疾，以及疟疾和营养不良。如表1-1所示，贫困地区面临极大的健康威胁，生活水平低下。进一步的研究表明，健康水平恶化会通过影响人口的长期收入来增大贫困人口的脆弱性（黄潇，2013）。健康状况不良会使居民极容易陷入贫困陷阱，主要原因是贫困导致人力资本积累受到破坏，这也解释了一个常见的现象，富国具有高资本、高健康和高消费水平，而穷国正好相反（王弟海，2012；Cui et al.，2009）。最后，贫困导致的人力资源积累中断会持续影响下一代的人力资本积累，导致贫困的代际传递发生（李楠，2018）。

上述贫困的危害得到了现实和学术研究的证实，上一节介绍的世界贫困事实也支持贫困危害的观点。这些事实表明，贫困不仅会影响某一地区的发展繁荣，还具有社会外部性，并且会造成长期影响，具有代际传递现象。从世界人类发展角度来看，贫困以及伴随的不平等问题成为阻碍世界人类进步的重大影响因素中。2019年《人类发展报告》明确提出不平等问题成为21世纪突出问题，如何跨越不平等发展是当前摆在全人类面前的课题。中国扶贫为世界反贫困和不平等发展做出了极大贡献，并提供了可借鉴的经验道路。

1.2.4 中国的扶贫

世界银行2018年的贫困估计表明，极端贫困人口——每天生活费低于1.90美元的人口数量从1990年的19亿减少到2015年的7亿。联合国和世界银行在各自的研究报告中均承认，全人类取得的减贫事业成就中，三分之二应归功于中国①。根据2015年诺贝尔经济奖得主安格斯迪顿的统计，世界贫困人口占比从20世纪80年代的42%下降到2008的14%，主要来自中国反贫困事业的成功。如果排除中国对世界减贫的贡献，那么2015年贫困人口占比将达到将近20%，而不是现在的10%。图1-4列示了中国和世界贫困人口占比的走势。中国在20世纪80年代初期贫困人口占比约90%，到了改革开放初期

---

① 参见 http://news.cntv.cn/china/20111130/104404_1.shtml.

仍然有66%的人口处于国际贫困线以下，在2005年前后贫困人口占比达到国际平均水平，并在2013年前后实现了联合国所制定的消除极端贫困的新目标，即到2030年前，每天生活费仅为1.9美元的人口比例不超过3%。可以说，中国在2013年已经达到了联合国所制定的消除极端贫困目标，贫困人口占比持续降低，在2015年为0.7%。每年平均减贫约3 000万人，贫困发生率年均下降2.6个百分点。按照中国现行贫困标准①，改革开放前，我国农村地区普遍贫困，到1978年年末农村贫困发生率约为97.5%，农村贫困人口规模达7.7亿人。改革开放以来，随着经济发展和人民生活改善，我国贫困人口大幅减少。2010年年末，农村贫困发生率降至17.2%，贫困人口降至1.7亿人。2018年年末，农村贫困发生率降至1.7%，贫困人口降至1 660万人。1978—2018年，我国农村贫困人口减少7.5亿人，年均减贫人口接近1 900万人；农村贫困发生率下降95.8个百分点，年均下降2.4个百分点②。

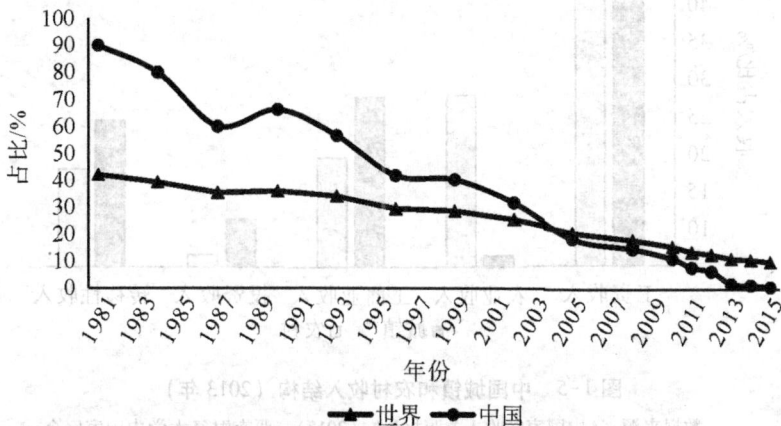

图1-4　中国与世界贫困人口占比（1981—2015年）

资料来源：世界银行发展研究局。数据基于政府统计机构和世界银行提供的初级住户调查数据。

改革开放前，城乡居民收入来源单一，城镇居民依靠工资，农村居民依靠工分。1978年，城镇居民人均职工工资及来自单位的其他收入合计占城镇居

---

① 按照2010年不变价，中国现行贫困标准为农民每人每年纯收入2 300元，每年还将根据物价指数、生活指数等动态调整；比如2015年为2 800元，2016年约为3 000元，2018年为3 535元，2020年将达到4 000元。如果考虑未来人民币汇率的变动上调，以及中国国家扶贫标准线的继续动态提升，中国减贫行动更与世界接轨，并将超过国际名义基准（人均每天1.9美元）。

② 数据来源：国家统计局。http://www.stats.gov.cn/tjsj/zxfb/201907/t20190708_1674587.html.

民收入的比重为93.8%；农村居民人均收入的66.3%来源于集体统一经营。改革开放后，多种生产要素参与收入分配，居民收入来源发生显著变化，城镇居民工资性收入占比下降，农村居民工资性收入上升。

2000年，城镇居民人均可支配收入中，工资性收入占比降至71.6%；农村居民人均纯收入中，工资性收入占比升至30.8%。2018年，城镇居民人均可支配收入中，工资性收入占比为60.6%，比2013年下降2.2个百分点，财产净收入占比为10.3%，提高0.6个百分点。农村居民人均可支配收入中，工资性收入占41.0%，比2013年提高了2.3个百分点，高于经营净收入4.4个百分点。图1-5显示了中国城镇和农村收入结构（2013年），可以看出改革开放至今，居民收入增加的主要贡献来自工资收入。

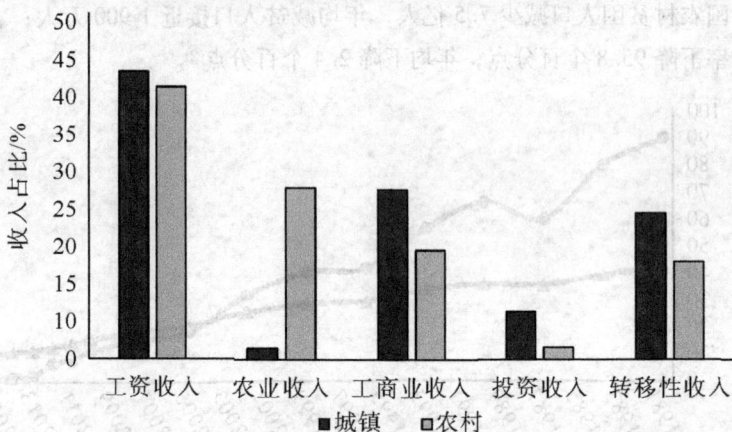

图1-5　中国城镇和农村收入结构（2013年）

数据来源：《中国家庭收入差距报告》（2013），西南财经大学中国家庭金融调查与研究中心。

来自国家统计局（2013年）的数据也显示出相同的收入结构：就全国范围而言，工资性收入占比56.9%、经营性收入占比18.8%、转移性收入占比16.6%、财产性收入占比7.8%。其中，工资性收入与经营性收入占收入结构总量绝对比达75%。就同期农村居民收入结构而言，按所占比重分别为工资性收入 45%、经营性收入 42%、转移性收入 8.8%、财产性收入 3.2%①。其中，工资性收入与经营性收入所占比达 87%。

从 GDP 来看，中国的 GDP 从改革开放初期的 3 678 亿元，经历了 40 余年的发展，2018 年的 GDP 为 90 万亿元，年均 GDP 增长率到达 9.4%。纵向上，从中国与其他四个同时期同为金砖国家（巴西、印度、俄罗斯和南非）的比较可以看出中国 GDP 增速，如图 1-6 所示。

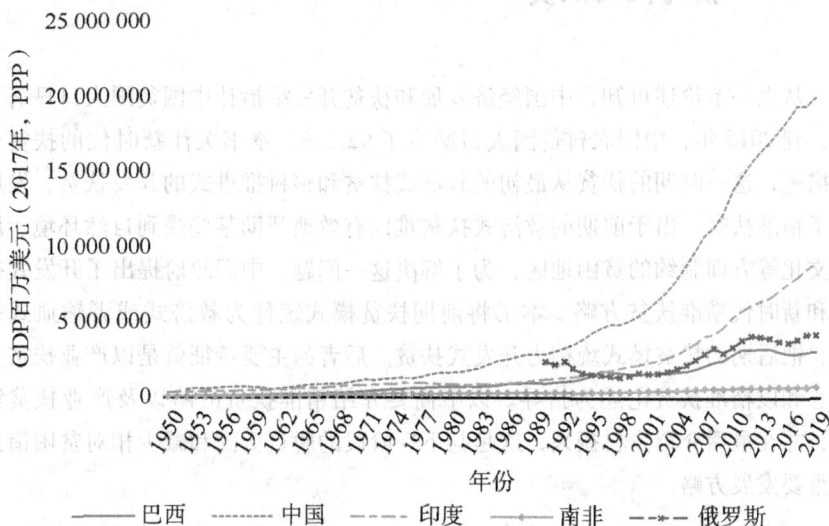

图 1-6 中国与其他典型国家 GDP 增长走势（1950—2013 年）

数据来源：PTW，以 2017 年 PPP 可比价美元调整。

得益于中国经济发展，人均收入与人均 GDP 都得到显著提升，极大地改善了居民生活水平，减少了中国绝大部分的贫困人口，根据《中国扶贫开发报告 2016》，1978—2015 年，中国农村贫困人口由 7.7 亿减少到 5 575 万，减少了 92.8%。中国一直将扶贫作为重要目标，从 20 世纪 80 年代开始经历了整

① 数据来源：国家统计局（因数据简化需要仅保留一位小数，故可能出现总和不等于100%的情况，属于合理误差）。同时，研究表明，中国农村居民收入增加主要依靠工资收入和经营性收入，其原因是以家庭为单位进行合理职业分工，青壮劳力外出或就地（视经济、教育等实际需要）打工，年老劳力就地从事传统大宗农产品经营种植与养殖生产（年老劳力熟悉传统大宗农产品种植，同时农业机械的运用抵消了年老劳力的体力劣势），从而形成农村居民收入结构中依靠工资和经营的特征。参考文献：宁光杰. 市场结构与劳动收入份额：基于世界银行对中国企业调查数据的分析 [J]. 当代经济科学，2013, 35（2）：61-70. 江克忠，刘生龙. 收入结构、收入不平等与农村家庭贫困 [J]. 中国农村经济，2017（8）：77-92. 滕秀梅，林亦平. 从收入结构看农民收入提升路径 [J]. 农业经济，2016（11）：70-72.

村推进，设立贫困县、贫困村以及实施新时代的精准扶贫政策等扶贫进程。通过经济发展和扶贫政策的实施，中国减贫事业取得了举世瞩目的成就。本书聚焦于新时代的扶贫，这一时期的扶贫具有显著的特征，即精准扶贫方略的形成和产业扶贫的实践。

1.3 新时代的扶贫

从上一节论述可知，中国经济发展和扶贫开发举措让中国贫困人口显著下降，到2015年，中国农村贫困人口减少了92.8%。本书关注新时代的扶贫开发措施，这一时期的扶贫从最初的救济式扶贫和整村推进式的开发扶贫，发展到了精准扶贫。由于前期的救济式扶贫难以有效地帮助某些受到自然环境、历史文化等方面制约的贫困地区，为了解决这一问题，中国政府提出了开发式扶贫和新时代精准扶贫方略。本书将前期扶贫模式统称为救济式或者输血式扶贫，把后期的扶贫模式统称为开发式扶贫。后者的主要特征就是以产业扶贫为核心和以精准扶贫论述为指导。以下简要介绍精准扶贫战略以及产业扶贫策略，并在最后介绍乡村振兴，这是与下一阶段的脱贫巩固和减少相对贫困衔接的重要发展方略。

1.3.1 精准扶贫

（1）含义。

精准扶贫，顾名思义是指针对不同区域环境、不同农户状况，运用科学有效的程序对扶贫对象实施精确识别、精确帮扶、精确管理的治贫方式。一般来说，精准扶贫主要是就贫困居民而言的，谁贫困就扶持谁[1]。2015年6月，习近平总书记在贵州就加大推进扶贫开发工作全面阐释了"精准扶贫"的概念，提出了"六个精准"，即"扶贫对象精准""项目安排精准""资金使用精准""措施到户精准""困村派人精准"以及"脱贫成效精准"[2]。

---

① 资料来源：精准扶贫的定义，https://baike.baidu.com/item/%E7%2B%BE%E5%87%86%E6%89%B6%E8%B4%AB/13680654？fr=aladdin#reference-[3]-13358473-wrap.

② 李婧. 习近平提"精准扶贫"的内涵和意义是什么[EB/OL]. 中国经济网（2020-06-14）[2022-6-18].http://www.ce.cn/xwzx/gnsz/szyw/201508/04/t20150804_6121868.shtml.

（2）提出背景。

精准扶贫方略的提出源于习近平总书记 2013 年 11 月在湖南湘西考察时所提出的重要指示:实事求是、因地制宜、分类指导、精准扶贫。他提出,中国的扶贫工作进入了"精准"新阶段,不能"手榴弹炸跳蚤",要下一番绣花功夫,精准发力,对症下药。2014 年 1 月,中央详细规制了精准扶贫工作模式的顶层设计,即"六个精准",推动"精准扶贫"政策落地。2014 年 3 月,习近平总书记参加两会代表团审议时强调,要实施精准扶贫,瞄准扶贫对象,进行重点施策,进一步阐释了精准扶贫理念。2015 年 1 月,习近平总书记新年首个调研地点选择了云南,他强调坚决打好扶贫开发攻坚战,加快民族地区经济社会发展①。5 个月后,习近平总书记来到与云南毗邻的贵州省,强调要科学谋划好"十三五"时期扶贫开发工作,确保贫困人口到 2020 年如期脱贫,并提出扶贫开发"贵在精准,重在精准,成败之举在于精准"。"精准扶贫"成为各界热议的关键词。

习近平总书记在全国脱贫攻坚总结表彰大会上深刻总结:"我们立足我国国情,把握减贫规律,出台一系列超常规政策举措,构建了一整套行之有效的政策体系、工作体系、制度体系,走出了一条中国特色减贫道路,形成了中国特色反贫困理论。"其中,"坚持精准扶贫方略,用发展的办法消除贫困根源"是重要的一个方面。

（3）精准扶贫方略。

随着社会组织和市场组织的力量越来越多地被纳入扶贫体系,在一定程度上推动了扶贫模式的转变。从救济式扶贫到开发式扶贫,从封闭式扶贫到开放式扶贫,在政府"看得见的手"的主导下,市场通过"看不见的手"引导贫困地区经济发展。与此同时,社会以其灵活、高效的优势参与特殊贫困地区及特殊贫困人口的扶贫开发与社会救助,形成了政府、市场和社会三方的良性互动。开发式扶贫让中国扶贫工作进入新阶段,而精准扶贫论述又让开发式扶贫进入新历史阶段(朱信凯,彭超,2018)。精准扶贫不仅要求精准识别扶贫对象,而且强调创新扶贫模式,实现资源配置到户,帮助贫困农户发展符合其自身条件的产业项目(凌经球等,2014)。因此,因地制宜开发特色产业是新时代实现精准扶贫的重要方式。2013 年 11 月 3 日,习近平总书记来到湖南湘西花垣县十八洞村,在这里首次提出"精准扶贫",并强调,扶贫要实事求是,

---

① 张艳玲. 习近平扶贫新论断:扶贫先扶志、扶贫必扶智和精准扶贫[EB/OL].中国网(2016
-01-03)[2022-4-17]http://www.ce.cn/xwzx/gnsz/szyw/201601/03/t20160103_8019081.shtml.

因地制宜，要精准扶贫，切忌喊口号，也不要定好高骛远的目标。因地制宜发展扶贫项目，推出特色产业，可以提高群众的种植技术，农民通过接受专业培训，掌握科学的农作知识，在提升产量的同时增加收入，最终达到授人以渔的目的。同时，通过因地制宜地发展特色产业，还可以进一步密切干部与群众之间的关系，保障了项目的成功实施，促进了人民群众对政府工作的信任和支持，为后续政府的工作安排打下了坚实的基础。"因地制宜"要求党和国家要结合当地的实际情况，把握当地的综合态势，找到发展致富的"命脉"，遵循客观规律，将扶贫资金和资源用在真正可以创造出价值的地方，用在能够给人民带来增收的产业和实业上，走出一条符合当地文化、环境的特色产业发展致富道路。

1.3.2 产业扶贫

（1）含义。

产业扶贫是指以市场为导向，以经济效益为中心，以产业发展为杠杆的扶贫开发过程，是促进贫困地区发展、增加贫困农户收入的有效途径，是扶贫开发的战略重点和主要任务。产业扶贫是一种内生发展机制，目的在于促进贫困个体（家庭）与贫困区域协同发展，根植发展基因，激活发展动力，阻断贫困发生的动因。

（2）重要性和地位。

发展产业是实现贫困人口稳定脱贫的主要途径和长久之策。党的十八大以来，农业农村部、国务院扶贫办（原）等部门不断强化贫困地区特色产业发展指导推进力度，组织编制产业扶贫规划，出台完善政策举措，总结推广典型范例，扎实推进贫困地区新型农业经营主体培育、科技人才服务、农产品产销对接等重点工作，促进贫困地区发展产业带动就业增收取得明显成效。根据脱贫攻坚项目库统计数据，2019 年脱贫户中享受产业扶贫支持的占 72.3%[①]。

在扶贫开发的新阶段，开展产业扶贫是实现农业现代化和提高扶贫产品自我完善能力的双重方式和重要工具，它是市场经济进步和农村市场营销的结果。利用区域经济支持、产业生产后盾和综合管理依托，鼓励建立利益共同体的操作系统，将贫困地区产业的外部、内部和后方支持整合到单个产业扶贫链系统中，并通过建立产业链为消除区域贫困提供服务。发展产业扶贫的目的是将产业资源的利益转化为扶贫驱动源动力，从而将产业生产力转化为实际生产

---

① 资料来源：http://fpzg.cpad.gov.cn/429463/430986/430989/index.html.

力，以实现贫困区域内部力量更高水平的整合①（任璇，2020）。

2014年，中华人民共和国农业农村部印发的《特色农产品区域布局规划（2013—2020年）》，将贫困地区96个品种纳入规划范围，明确发展方向、目标和优势区域，对贫困地区发挥资源比较优势、优化特色产业布局、引导多方资金投入、促进农民增收起到了十分重要的作用。2016年4月，农业农村部同国家发展改革委、财政部等八个部门联合印发了《贫困地区发展特色产业促进精准脱贫指导意见》（农计发〔2016〕59号），明确产业扶贫的思路重点、政策措施、贫困户受益机制等，该文件成为贫困地区推进产业扶贫工作的指导性文件，指导22个扶贫任务重的省（自治区、直辖市）编制完成省、县两级产业扶贫规划，推动当地科学确定产业，精准设计项目，明确带动主体，确保产业对人、人对产业。同时，在深入调研的基础上，提出了产业扶贫"五个一"工作路径，即编制一个好规划、选准一个好产业、打造一个好龙头、创新一个好机制、完善一个好体系，为各地推进产业扶贫绘制了路线图，成为各地推进产业扶贫工作的普遍遵循。

（3）具体策略。

习近平总书记多次强调，产业扶贫是最直接、最有效的办法，是增强贫困地区造血功能，帮助群众就地就业的长远之计。习近平总书记指出：产业扶贫是稳定脱贫的根本之策。应以完善利益联结机制为核心，以制度、技术和商业模式创新为动力，依靠社会多种力量，实施产业政策叠加，推进农村一二三产业交叉融合，着眼于产业全链条全过程，加快发展根植于农业农村、由当地农民主办、彰显地域特色和乡村价值的产业体系。因地制宜发展特色种植和养殖、休闲农业和乡村旅游、农产品加工等脱贫产业，实现对贫困人口产业帮扶全覆盖，从根本上解决贫困地区的产业发展问题。具体来看，产业扶贫策略关注以下三方面内容②：

第一，产业扶贫必须要依托主导产业的集聚发展。为了打造持续健康发展的产业生态，产业扶贫必须要以特色优势产业为支撑，积极开发多层次集聚发展，以核心资源和优势产业带动其他产业的发展，注重"合力效应"与"多层联动"，形成大产业扶贫新格局，整合指挥、资金、平台等多方面资源，从而实现脱贫摘帽和改善民生的重要目标。

---

① 任璇. 改革开放以来中国共产党农业产业扶贫政策及其经验启示研究［D］. 兰州：兰州理工大学，2020.

② 蒲实. 产业扶贫是实现稳定脱贫的根本之策［N/OL］. 光明日报（2020-06-11）［2022-5-16］https://www.ccps.gov.cn/dxsy/202006/t20200611_141527.shtml.

第二，产业扶贫必须要构建共享机制。产业扶贫必须重视"农民参与"与"利益共享"。扶贫的最终目的在于帮助农民摆脱贫困，使农民可以从产业中受益。其中的一个关键点在于如何让人民融合到产业的发展过程中去，嵌入产业价值链，发挥出自己的价值。传统的土地流转方法：土地出租和务工，可以解决农民的基本生活保障问题，但农民很难具体地参与到产业发展的各个阶段。因此，产业扶贫需要确实保障农民能够融入生产、经营、流通、销售全过程，真正实现产业发展的共生、共享、共赢。

第三，产业扶贫必须要形成稳固完整的产业链。产业扶贫最难的地方在于持续发展，一个产业的稳定涉及产业生态系统的构建，即产业链。一条完整的产业链能够很好地应对外界的各种风险挑战。产业扶贫不能仅仅局限于当前短期的收益，需要放眼未来，通过产业的融合和多层次发展，形成稳固持续的扶贫产业全链条。

1.3.3 乡村振兴

（1）背景。

脱贫攻坚取得胜利后，全面推进乡村振兴是一大重要趋势。乡村振兴战略是习近平总书记在 2017 年 10 月 18 日在党的十九大报告中提出的战略。党的十九大报告指出，农业农村农民问题是关系国计民生的根本性问题，必须始终把解决好"三农"问题作为全党工作的重中之重，实施乡村振兴战略。

党的十九大提出实施乡村振兴战略，是以习近平同志为核心的党中央着眼党和国家事业全局，深刻把握现代化建设规律和城乡关系变化特征，顺应亿万农民对美好生活的向往，对"三农"工作做出的重大决策部署，是决胜全面建成小康社会、全面建设社会主义现代化国家的重大历史任务，是新时代做好"三农"工作的总抓手。

（2）地位。

第一，实施乡村振兴战略是建设现代化经济体系的重要基础。农业是国民经济的基础，农村经济是现代化经济体系的重要组成部分。乡村振兴，产业兴旺是重点。实施乡村振兴战略，深化农业供给侧结构性改革，构建现代农业产业体系、生产体系、经营体系，实现农村一二三产业深度融合发展，有利于推动农业从增产导向转向提质导向，增强我国农业创新力和竞争力，为建设现代化经济体系奠定坚实基础。

第二，实施乡村振兴战略是建设美丽中国的关键举措。农业是生态产品的重要供给者，乡村是生态涵养的主体区，生态是乡村最大的发展优势。乡村振兴，生态宜居是关键。实施乡村振兴战略，统筹山水林田湖草系统治理，加快推行乡村绿色发展方式，加强农村人居环境整治，有利于构建人与自然和谐共生的乡村发展新格局，实现百姓富、生态美的统一。

第三，实施乡村振兴战略是传承中华优秀传统文化的有效途径。中华文明根植于农耕文化，乡村是中华文明的基本载体。乡村振兴，乡风文明是保障。实施乡村振兴战略，深入挖掘农耕文化蕴含的优秀思想观念、人文精神、道德规范，结合时代要求在保护传承的基础上创造性转化、创新性发展，有利于在新时代焕发出乡风文明的新气象，进一步丰富和传承中华优秀传统文化。

第四，实施乡村振兴战略是健全现代社会治理格局的固本之策。社会治理的基础在基层，薄弱环节在乡村。乡村振兴，有效治理是基础。实施乡村振兴战略，加强农村基层基础工作，健全乡村治理体系，确保广大农民安居乐业、农村社会安定有序，有利于打造共建共治共享的现代社会治理格局，推进国家治理体系和治理能力现代化。

第五，实施乡村振兴战略是实现全体人民共同富裕的必然选择。农业强不强、农村美不美、农民富不富，关乎亿万农民的获得感、幸福感、安全感，关乎全面建成小康社会全局。乡村振兴，生活富裕是根本。实施乡村振兴战略，不断拓宽农民增收渠道，全面改善农村生产生活条件，促进社会公平正义，有利于增进农民福祉，让亿万农民走上共同富裕的道路，汇聚起建设社会主义现代化强国的磅礴力量[①]。

（3）现状。

2021年2月，第18个指导"三农"工作的中央一号文件由新华社受权发布，文章标题为《中共中央国务院关于全面推进乡村振兴加快农业农村现代化的意见》，全文共5个部分：总体要求；实现巩固拓展脱贫攻坚成果同乡村振兴有效衔接；加快推进农业现代化；大力实施乡村建设行动；加强党对"三农"工作的全面领导。文件指出，"十四五"时期，是乘势而上开启全面建设社会主义现代化国家新征程、向第二个百年奋斗目标进军的第一个五年。民族要复兴，乡村必振兴。党中央认为，新发展阶段"三农"工作依然极其重要，须臾不可放松，务必抓紧抓实。要坚持把解决好"三农"问题作为全党工作重中之重，把全面推进乡村振兴作为实现中华民族伟大复兴的一项重大任务，举全党全社会之力加快建设农业农村现代化，让广大农民过上更加美好

---

① 资料来源：《乡村振兴战略规划（2018—2022年）》. http://www.gov.cn/gongbao/content/2018/content_5331958.htm.

的生活。文件确定，把乡村建设摆在社会主义现代化建设的重要位置，全面推进乡村产业、人才、文化、生态、组织振兴，充分发挥农业产品供给、生态屏障、文化传承等功能，走中国特色社会主义乡村振兴道路，加快农业农村现代化，加快形成工农互促、城乡互补、协调发展、共同繁荣的新型工农城乡关系，促进达成农业高质高效、乡村宜居宜业、农民富裕富足。

（4）产业扶贫与乡村振兴的联系。

2021年3月7日，习近平总书记在参加青海代表团审议时强调，全面实施乡村振兴战略，实现巩固拓展脱贫攻坚成果同乡村振兴有效衔接。乡村振兴战略的实施，需要依靠发展产业来建立促进农民增收与推动生活富裕的长效机制，这表明做好产业扶贫是实现乡村振兴的内在要求，也是实施乡村振兴战略的首要条件。对于贫困乡村的产业扶贫而言，农业是最核心的产业，小农户是最大的现实。最关键是要转变工作思路，从抓生产到抓市场的转变，从抓规模、抓产量提高到抓品牌、抓质量提升的转变，制定以品牌为导向的优化农业区域结构、品种结构、产业结构的正面清单和负面清单，推动乡村资源优势和生态优势转化为乡村产业发展的经济优势①（陈文胜，2019）。

---

① 陈文胜. 论乡村振兴与产业扶贫 [J]. 农村经济, 2019 (9)：1-8.

2　产业扶贫研究综述

本章分为四个部分介绍当前产业扶贫和乡村振兴领域的相关研究。首先，在第一部分简要介绍关于扶贫的最新研究进展，这涉及国内学者外对人类扶贫实践的和理论的研究；我们在本部分结尾处对扶贫研究的进展做了简要评述。其次，第二部分对扶贫研究中的产业扶贫做进一步详细介绍，这部分研究是本书的出发点和参考点，主要涉及的内容是产业扶贫的理论研究、模式研究和绩效评估。然后，在第三部分我们突出了新时代中国特色社会主义的扶贫方略，这部分主要介绍新时代精准扶贫方略的产生和发展以及实践。最后，第四部分对乡村振兴进行了简要梳理和综述，主要包括乡村产业振兴的背景现状、其与产业扶贫的接续，以及乡村产业振兴的前景。

2.1　扶贫的相关研究

2.1.1　关于贫困的理论研究

在第一章介绍了贫困的定义和测度，这里将介绍关于贫困的理论研究。国内关于贫困的理论研究开始较晚，因此这部分的理论主要是来自西方世界。

（1）马克思的贫困理论。

马克思在《资本论》中从资本的角度展开了对资本主义制度的推演，其中涉及他对贫困的理论论述。在马克思看来，资本主义在生产过程中，通过提高技术水平或者提高工人劳动强度来生产更多的剩余价值，最终导致资本有机构成不断提高，即生产中机器设备的投入比重越来越大，而劳动力投入相对越来越少①。随着资本主义经济的发展，生产日益分化，在资本积累过程中小资本家破产。结果就是劳动力需求相对减少，而劳动力供给随着人口增长不断增

---

① 程恩富. 现代政治经济学 [M]. 上海：上海财经大学出版社，2004.

加，最终出现相对劳动力过剩的危机。马克思提到的相对人口过剩直接导致了工人阶级的贫困。张景书（2008）详细地剖析了马克思主义的贫困理论，他指出马克思除了指明资本主义生产方式是贫困的根源，同时也强调了贫困与自然环境的关系[①]。中国特色社会主义的扶贫探索发展了马克思主义的贫困理论（汪连杰，2018；张景书，2008；王朝明，2008；王萍 等，2007）。我们将在本章的第三节详述中国扶贫实践中所发展的贫困理论。

（2）发展经济学的贫困理论。

西方经济学家对贫困的理论探究主要集中在发展经济学领域，主要有以下十个代表性理论：罗森斯坦·罗丹的平衡增长理论；赫希曼的不平衡增长理论；纳克斯的贫困恶性循环理论；纳尔逊的低水平均衡陷阱理论；莱宾斯坦的临界最小努力理论；库兹涅茨等人的"倒U形"理论；缪尔达尔的循环积累因果关系理论；舒尔茨的传统农业持久收入高水平均衡陷阱理论；刘易斯的两部门模型理论；森的能力—权利理论[②]（刘建华 等，2014）。罗丹所提出的平衡增长理论（此后的大推进理论）认为，发展中国家以农业为主，生产率水平和收入水平低下，脱离贫困境地的唯一出路就是工业化。他提出发展中国家应该在工业化初期将30%~40%的投资集中在基础设施建设上，因为基础设施建设具有极大的外部性，也是经济发展的基础（陈郁，1987）[③]。纳克斯的贫困恶性循环理论认为资本形成不足是贫困恶性循环的主要环节，形成了"低收入→低储蓄→低资本形成→低生产率→低收入"的恶性循环[④]。纳克斯认为供给和需求两个方面都存在恶性循环。在供给方面，由于实际收入水平很低，因此储蓄能力低下；收入低是生产率低下的反映，而生产率低下很大程度上是由于缺少资本积累；而资本匮乏又是因为缺少储蓄。因此在这个循环中也产生了贫困恶性循环。纳尔逊的低水平均衡陷阱理论是美国经济学家纳尔逊于1969年提出的，他与马尔萨斯的人口论观点的出发点相似，他从人口增长率与人均国民收入水平的联系这一论点出发，认为人们生活贫困，必然造成死亡率高，从而抑制人口的增长；一旦人均收入的增长快于人口增长率，人们的生活将得到改善，其结果是死亡率降低而出生率提高，那么人口自然增长率必然提高，使得人口加速发展。这样，快速上升的人口增长率，又将使人均收入水

---

① 张景书. 马克思主义贫困理论研究 [J]. 商洛学院学报, 2008, 22 (4): 1-6.

② 刘建华, 丁重扬, 王纪成. 贫困理论比较研究与中国反贫困实践 [C]. 外国经济学说与中国研究报告, 2014.

③ 陈郁. 罗森斯坦. 罗丹 "大推动" 理论述评 [J]. 经济学动态, 1987 (9): 57-60.

④ 纳克斯. 不发达国家的资本形成问题 [M]. 北京: 商务印书馆, 1966.

平回到原来的水平，从而出现低水平均衡陷阱（王稚文 等，2012）。莱宾斯坦认为为了摆脱低水平的经济均衡状态，需要最初促进发展的努力达到临界值，即临界最小努力理论。莱宾斯坦提出的临界最小努力的必要因素有四个：①内部不经济。为了克服内部不经济，就需要将投资集中于少数几个产业。②外部不经济。要克服外部产业间的依赖所带来的外部不经济，达到产业之间的均衡。③诱发性和自发性抑制因素。需要在经济增长时，克服诱发性和自发性抑制收入增长的因素。④非经济因素。即要克服经济系统中非经济因素的影响。他认为经济向高水平均衡移动需要突破内部和外部阻碍。他强调在经济发展初期需要通过大规模的投资，增强提高收入的刺激，推动经济增长（姜汝祥，1992）。库兹涅茨等人的"倒U形"理论，是美国经济学家西蒙·史密斯·库兹涅茨于 1955 年所提出的收入分配状况随经济发展过程而变化的曲线。库兹涅茨（Kuznets，1955）提出经济增长与收入分配的关系，即随着经济增长，在发展初期收入分配将会越来越趋向于不平等，而在经济充分发展阶段，收入分配趋向平等。缪尔达尔在《亚洲的戏剧：对一些国家贫困问题的研究》中对贫困问题提出了深刻理论观点（熊启琴 等，2001；缪尔达尔，1992）。他是制度经济学派学者，提出循环累积因果理论是演化经济学的重要理论。该理论认为在复杂的循环累积因果作用下，系统的演化方向和结果具有不确定性和不可预测性（杨虎涛 等，2014）。循环累积主要有扩散效应和回波效应；扩散效应指的是经济中心发展可以使得附近地区的消费品生产不断发展，进而促进了区域经济发展；而回波效应是说一个地区的发展会引起其他地区的衰落。缪尔达尔应用该理论分析了发达国家和发展中国家的差距，认为国际贸易中会产生回波效应，使得发达国家收益更多，而发展中国家获利更少（熊启琴 等，2001）。舒尔茨作为著名的经济学家，是早期农业经济学者之一，后来他将研究范围扩大到人力资本理论和发展中国家的农业发展问题，并形成了农业发展理论[①]。他认为农民贫困的原因是农民缺乏物质资本和人力资本。舒尔茨认为农民和其他经济人一样都是理性的，贫困的主要因素在于缺乏资本，即物质资本和人力资本。他提到，早期的欧洲国家向发展中国家投资并获得丰厚回报，

---

① 舒尔茨于 1979 年共同获得诺贝尔经济学奖。舒尔茨是第一个以农业研究获奖的经济学家，他首先提出了许多促进农业发展的理论和政策主张。他的思想与本书新时代的产业扶贫思想具有一致性，特别是针对农业发展，他提出发展中国家要消除贫困，必须发展农业；而要使农业获得发展，必须将传统农业改造成现代农业。在具体建议方面，他首先提出了要加强人力资本的投资，认为人力资本是实现农业产业发展的关键；其次，他还提出要充分发挥市场的作用，要取消不必要的政府干预；最后他也提到农业发展需要政府扶持（牛爱英，1992）。尽管舒尔茨的理论是针对农业发展的，但是他的发展理论可以应用于（农业）产业扶贫。

主要在于这些发达国家在投资过程中，不仅向发展中国家投入物质资本，还投入高质量的人才（人力资本）。这些资本和传统的资本本质上是不同的，发展中国家缺乏物质资本和人力资本，所以技术发展滞后，农业产业落后，最终导致长期贫困（舒尔茨，2015）。刘易斯的二元经济模型揭示了传统的农业部门存在着近乎无限供给的劳动力，随着这个部门的剩余劳动力向现代工业部门转移，劳动力供大于求的情况将会逐步转向供求平衡，出现"刘易斯拐点"。刘易斯的模型较好地解释了发展中国家二元经济结构的表现形式和特征，并提出了相应的解决思路（张焕蕊，2008）。阿马蒂亚·森针对贫困的研究获得了极高的学术声誉，他提出权利贫困概念（之后提出能力贫困概念）；认为要摆脱贫困就需要平等的权利。如果权利不平等，那么经济发展就不能保障所有阶层的人民都获得发展红利。森看到了贫困背后的权利因素。他认为一个基本的权利就是人民对自己劳动成果的所有权[①]。他通过对权利的分析得到一个结论是：贫困是基本能力的剥夺和机会的丧失（森，2012）。因此他强调重建个人能力对消除贫困的重要性。

（3）其他学科的贫困理论

贫困的主要研究集中在发展经济学领域，但是除此之外，还有福利经济学的贫困理论（庇古，2015）和社会学领域（包括贫困文化论和贫困处境论，等等）（刘易斯，2014；李文钢，2012；熊静，2002）。本书主要针对贫困的经济理论，这里不再深入论述其他领域的贫困理论[②]。

2.1.2 扶贫的政策与模式研究

不同的贫困理论会产生许多相应的扶贫政策。比如，马克思的贫困理论指出，资本主义制度是造成工人阶级贫困的根源，所以他提出的反贫困方式就是要消灭私有制。罗丹的平衡增长理论指出要优先实施基础设施建设，使得贫困国家迅速实现工业化以脱离贫困。纳克斯所提出的贫困恶性循环中每一个要素都是贫困的成因。纳尔逊由低水平均衡理论提出"临界最小努力"，即通过大规模的投资，使得人均收入增长速度快于人口增长率，以此脱离低水平人均收入，等等。本小节从国内和国际扶贫政策研究进行综述。

---

① 森还提到参与市场交换的权利，依赖国家社会保障的权利等。
② 刘华建等（2014）和熊静等（2002）做了相关的综述。参见：刘建华，丁重扬，王纪成. 贫困理论比较研究与中国反贫困实践 [C]. 外国经济学说与中国研究报告，2014. 熊静，李从松. 西方社会学的贫困观 [J]. 湖北广播电视大学学报，2002，19（1）：82-84.

（1）国内的扶贫政策和模式研究。

我国学者基于上述的贫困理论和中国实际，展开研究适合中国的扶贫政策和模式。宏观来看，中国的扶贫政策和模式是一个动态调整的过程（本书第三章将会详细介绍中国扶贫的进程），扶贫政策和模式可以大致分为输血式扶贫和开发式扶贫。这些扶贫政策是基于中国现实情况和理论背景提出的。李晓宁等（2001）在纳克斯的恶性循环理论和自然、经济和社会符合系统恶性循环理论基础上，结合中国贫困地区的实际情况，分析了中国贫困的"恶性循环"。比如，"自然条件恶劣—农业积累低—农业现代化水平低下—农业粗放经营—自然条件恶化"是从自然条件方面阐述中国贫困恶性循环；贫困地区自然环境恶劣导致了农业产值低下，农业积累较少，而低下的农业资本积累，使得农业难以实现现代化，农业现代化水平低下导致粗放的农业经营成为主流，这就进一步加深了地区的生态脆弱性和环境破坏，又进一步加剧了地区贫困。"农业波动—农民贫困—农业波动"恶性循环：贫困地区的农业容易受到自然灾害的影响，结果导致农业生产不稳定，频繁剧烈的农业波动会将农户推入绝对贫困状态，扩大了贫困面，进一步加剧了农业波动，形成贫困循环。除此之外，还有"农业落后—经济落后—农业落后"循环：一般贫困地区的农业是区域经济的主导和基础，然而农业落后和经济落后相互强化，导致区域贫困加深。基于这些本土化的恶性循环，李晓宁等（2001）提出了扶贫开发政策和分类扶贫的模式，即从原来的救济式扶贫转向发展生产的开发，提升贫困地区的生产能力并与市场导向结合。而分类扶持模式是探索因地制宜，发挥地区禀赋优势的扶贫模式。王英姿（2014）将舒尔茨农业发展理论用于讨论中国农业发展模式，讨论了刘易斯二元经济模式和舒尔茨理论①，认为中国改革开放之前主要借鉴了刘易斯的二元模式，通过城市和工业化的投资和农业劳动力的大量转移，使得中国经济迅速发展并且让大部分人口脱离贫困。但是作者提出，这种二元结构并没有使农业随着工业发展自发地实现现代化，而且二元分割结构造成了城乡差异加大，发展趋于不平衡。相对而言，舒尔茨模式专注于发展中国家的资源、技术和人力资本对农业发展的作用，特别是转轨阶段的经济体。作者利用舒尔茨强调的人力资本理论，提出"科技+机制+教育"的模式。余波等（2012）讨论了人口控制政策与纳尔逊低水平均衡理论的关联。他得出了人口控制对低水平均衡的非线性关系，即在发展初期，人口控制政策

---

① 许经勇（2011）对刘易斯和舒尔茨模式做了比较研究，参见：许经勇. 刘易斯模型与舒尔茨模式比较研究 [J]. 南通大学学报：社会科学版，2011（5）：115-118.

能够降低突破低水平均衡的机会成本[1]，有助于加快走出低水平均衡陷阱，但是长期的人口控制政策不利于长期发展。这方面的研究指出，中国人口控制松绑是一个渐进过程。

除了基于国外扶贫理论，中国学者和实践者也对中国特色扶贫政策和模式进行了研究。范小建（2007）、王朝明（2008）、杨占国等（2009）、李小云（2013）和张琦等（2016）等都专注于中国扶贫政策和实践模式。这些研究的基本结论表明，开发式的扶贫措施对贫困地区经济发展起到显著促进作用，但是还存在一些不足，比如前期贫困区域和人口识别度不高，中央政府与地方政府扶贫行为目标偏差等问题。随着区域之间经济发展不平衡问题凸显，向德平（2011）等研究了在包容性增长[2]理念下，如何在扶贫开发中融入包容性增长理念，他们认为，包容性增长要求我国在制定扶贫政策时要注重协调发展、强调权利保障、追求公平正义、重视制度创新。在包容性增长理念的指导下，我国扶贫政策在新阶段将呈现新的走向：重视经济社会协调发展、突出发展机会平等、加强贫困人群能力建设、坚持并完善开发式扶贫。汪三贵（2008）和曾小溪、汪三贵（2017）对中国减贫经验做了总结，他们认为，"中国较长时期的经济高速增长为可持续的减贫提供了物质基础，减贫同样依赖于扶贫战略和政策的实施"。并指出，中国所走的扶贫之路是具有中国特色的，且每个时期都有明显的阶段性特征，政策上具有继承和发扬的特点。在扶贫具体政策上，从输血式发展到开发式，逐步开发贫困地区的自身发展能力；而从扶贫主体上看，中国扶贫模式鼓励多元主体参与、政府主导，并且具有制度化组织保障和激励机制，使得农村扶贫开发具有"多元整合"特征。葛丰等（2004）和许文文（2017）关注了中国扶贫的一个重要特征：多元化参与，"建立以政府为主导的动员机制，调度全社会广泛参与中国农村扶贫开发"[3]。

关于具体政策和模式的扶贫效果研究。这方面的文献繁多，这里我们主要

---

① Nelson 和李德娟（2006）也讨论了低水平均衡的问题，参见：NELSON R. R.，李德娟. 欠发达经济中的低水平均衡陷阱理论 [J]. 中国劳动经济学，2006（3）：97-109.

② 包容性增长（inclusive growth）是一种发展理念，也是一种发展方式，其核心内容是公平合理地分享经济增长成果，促进发展的协调与均衡。这个概念最先由亚洲开发银行在 2007 年提出，包容性增长主要包含机会平等、共享参与、协调和可持续发展等含义。

③ 政府处于多元化整合的中心角色，中西方的"多元整合"中政府都利用了行政权力、利益交换、价值认同等机制，但中国政府在多元整合中的"绝对优势"及"政治权威"是西方政府所不具备的。而政府绝对的主导地位天然地成为"多元整合"的优势条件。而造成这种差异的主要原因是两者的制度环境和文化传统的不同（许文文，2017）。可以说，整体性扶贫是中国政府的创新，也是中国政府在公共治理模式上的创新。

介绍最近的研究进展，主要是对自上而下扶贫政策和自下而上的扶贫政策绩效研究和新时代的精准扶贫绩效研究。贾俊雪等（2017）对我国扶贫政策做了严谨的绩效评估，他们利用资本补贴和小额贷款的扶贫方式数据来检验不同扶贫方式对农户收入的影响，通过"倾向得分匹配双差分法"进行实证检验。结果表明，小额信贷对贫困村农户增收具有积极的促进作用，资本补贴对贫困村农户的影响则很弱；引入资金配套机制不仅显著增加了贫困村农户人均纯收入，也明显改善了资本补贴的扶贫效果。从机理上看，贾俊雪等（2017）表明，农村发展扶贫项目通过自下而上和自上而下两种机制融合，增强了村级民主性，提高了扶贫瞄准率。他们的结论有助于我们对中国扶贫政策的理解，即扶贫政策是需要融合政府主导机制（自上而下机制）和贫困地区自主决策的机制（自下而上机制），不同的机制发挥作用不同，所以需要进行机制选择。

针对精准扶贫的背景研究（详见本章第三节），这里简要介绍精准扶贫的绩效分析。精准扶贫实施后部分学者基于不同视角对其经济绩效进行了评价。比如刘祖军等（2018）通过对2017年度收集的11省份1 161份农户调查问卷实证研究了精准扶贫政策对农民收入的影响，发现精准扶贫显著提高了农户的绝对收入，但对农户的相对收入和收入满意度等方面的影响不显著。王立剑等（2018）在2016年10月至2017年4月对陕西省农户进行分层抽样调查，共收集621份调查数据，并采用倾向性得分匹配方法来研究精准扶贫中的产业扶贫绩效，发现陕西省产业扶贫使得农户人均收入增长1 150元。乔慧等（2019）在方法上做了改进，运用倾向性得分匹配法和双重差分法来控制内生性问题，利用2018年调查的5个省份的836份数据对精准扶贫实施前后农户收入变化进行考察，发现建档立卡政策显著提高了贫困人口的转移支付收入，而对农业经营性收入和就业收入没有显著影响。朱烈夫等（2018）评估了生态补偿精准扶贫绩效，张志娟（2018）评估了旅游产业扶贫绩效，申云和彭小兵（2016）基于四川、重庆和江西三地的数据，通过准实验方法测算了链式金融对精准扶贫绩效的影响。

（2）国外的扶贫政策和模式研究。

国外学者除了在贫困理论方面做了开创性工作，也在扶贫政策和模式等方面做了重要贡献。在分析分配政策之前，我们首先解释贫困主体识别的研究和贫困测度问题。19世纪末Rowntree第一次提出贫困线概念；后来，世界银行根据1985年的购买力平价不变价格计算，提出1美元的极端贫困标准以及一天2美元的贫困标准（此标准是动态修改的）。此标准成为到目前为止国际上大多数国家及反贫困项目广泛认可和执行的贫困测量标准。随着测度方法不断丰富和发展，在物质贫困基础上增加了权利、资本、能力等多维度的综合贫困指标（第一章提到了目前常用的多维贫困指标，比如人类发展指数 HPI，多维贫困指数 MPI）。Amartya Sen（2012，中译本）进一步拓展了贫困概念，提出了基于能力、权利和福利的能力贫困观，把基本可行能力的被剥夺看成识别贫困的标志。

在反贫困/扶贫政策模式方面。Meng 等（2013）认为政府和其他政治干扰因素会不可避免地影响扶贫政策的绩效。Park 和 Wang（2010）从理论上讨论了分权式扶贫政策和模式的效率问题，他们认为如果扶贫机制层级过多，会产生严重的信息不对称、监督机制不全和民主程度低等潜在问题，比如扶贫资源可能会存在精英捕获问题。国外主要的扶贫政策都涉及金融。Banerjee 等（2015）利用印度等国家的跨国数据研究发现，信贷政策有助于提高扶贫效果，能够提高农民收入；Mendola（2007）使用孟加拉国的数据得到类似的结论。Park 等（2002）对中国国家级贫困县扶贫政策做了评估，结论表明中国扶贫政策有显著减贫效果；Galasso 和 Ravallion（2005）对孟加拉国基础组织与扶贫绩效展开研究，得到的结论是村委会能够更有效地将扶贫资金配置给最贫困的农户。类似地，Labone 等（2011）利用菲律宾数据发现，社区组织可以提高扶贫绩效。还有一些学者认为经济发展能够显著提高反贫困能力，比如 Kraay（2004）将贫困分解为经济增长因素和收入分配因素，得到的结论是经济增长才是反贫困的主助力，此结论能够解释 70%~95% 的贫困变化。尽管经济发展有助于减少贫困，但是也有学者注意到不同行业和部门增长所带来的减贫效果是不同的。Ravallion 等（2007）使用中国数据研究表明，第一产业增加值对贫困发生率的弹性达到-8，是第二产业和第三产业减贫弹性的 4 倍。这就说明，第一产业增长具有最大的减贫效果，这可能是因为中国贫困人口主要集中在农业。Ravallion 等（2007）还关注了收入不平等对减贫的效果，他们研究表明，基尼系数对贫困发生率的弹性为 3.5，也就是说基尼系数每增加 1%，贫困发生率就上升 3.5%。而且，不平等程度对贫困的影响会随着时间增长越来越大；Yao（2000）也得到类似的结论。Ravallion 和 Jalan（1999）研究发现 20 世纪八九十年代中国扶贫投资回报率为 12%；Park 等（2002）得到回报率结论相近。总体上，这些研究都表明扶贫政策能够帮助农民提高收入。但是，Park 和 Wang（2010）深入研究发现，扶贫受益者多是贫困地区中的相对富裕家庭，而贫困家庭受益不明显。许多学者研究普惠金融①对扶贫的绩效，比如 Panagariya（2006）、Kochar（2011）和 Sahay（2015），等等。

2.1.3 扶贫研究评述

贫困问题由来已久，但是在人类进入工业化社会以后，贫困与分化问题才成了严重的社会问题②，给全世界发展带来巨大挑战。在认识贫困的道路上，经济学家和其他相关领域学者提出了重要的理论洞见，从对贫困的认识、测度、解释和治理政策等方面深化了人们对贫困的理解和反贫困方法的认识。20世纪中期，随着各国政府开展反贫困实践，贫困研究进入新阶段，研究视角从经济学扩展到社会学等综合研究，从理论到具体微观研究，从一维贫困到多维贫困（参见第一章），等等。本章对中国和世界贫困研究和扶贫政策模式做了梳理。我们发现，中国是世界上的贫困大国，在经济社会发展和扶贫政策支持下消除了绝对贫困；但是对贫困的理论研究滞后，主要是西方学者提出了许多贫困理论，这些理论都受到各自的适用条件约束。比如纳尔逊的低水平均衡理论可以适用于传统的农业国家，这些国家都是发展滞后的，并且农村人口基数巨大，经济发展长期处于低水平均衡。但是这些理论对于工业化国家就缺乏解释力和政策指导力。中国学者对西方扶贫理论的应用和发展增加了对中国扶贫政策和模式的理解，更重要的是对中国扶贫发展历程（参见第三章）中政策和模式的研究。中国学术界对中国前三四十年的扶贫研究得到的一个基本共识是，中国农村扶贫政策和模式是从自上而下的输血式扶贫发展到自下而上的开发式扶贫，后者注重农村和农户自身能力的开发——这与舒尔茨等理论一致；同时，中国扶贫政策对扶贫对象瞄准的精准化程度越来越高——从贫困县、贫困村识别到贫困户建档立卡的精准识别。但是很少有学者关注政府在扶贫事业中的中心角色，许文文（2017）和葛丰等（2004）也仅仅关注了中国政府在"整体性"扶贫中的作用。

扶贫政策和模式方面，世界各国的扶贫政策大致都经历了救济式的以收入分配为主导的福利政策和以经济发展为主导的涓滴战略（通过经济增长促进

---

① 最近的研究关注普惠金融与包容性增长对扶贫的效果，世界银行的经济学家在2017年发文对这一领域做了综述。详见 Demirguc-Kunt, Asli, Klapper, Leora, Singer, Dorothe. Financial inclusion and inclusive growth: a review of recent empirical evidence.

② 直到1986年瑞典经济学家缪尔达尔（Myrdal）在《亚洲的戏剧：一些国家贫困的研究》一书中首次提出"反贫困"术语，并提出"循环积累因果理论"。

减贫），到以能力建设为主的扶贫模式①。后者与下面将会讨论的产业扶贫和精准扶贫战略内核具有一致性，都是通过提高贫困区域的内生能力来达到长期稳固的脱贫。这种扶贫模式也是对不平衡发展现状的应对，2019 年的《人类发展报告》强调现阶段发展的不平衡问题加剧，成为当前阻碍人类发展的主要障碍之一。可以说，产业扶贫也是政府对党的十九大报告提出的主要矛盾转变做出的政策反应，不仅在 2020 年实现全面脱贫，而且更重要的是稳固了脱贫成果，与乡村振兴机会衔接，旨在减少相对贫困，促进区域经济社会平衡发展。

2.2　产业扶贫的相关研究

上一小节主要从反贫困的宏观角度做了综述，本小节将聚焦于本书所关注的产业扶贫。本小节从产业扶贫的理论、模式和绩效展开综述。

2.2.1　产业扶贫的理论

对于产业扶贫理论的研究，大多数学者结合了具体的案例进行分析，以理论为依托，讨论产业扶贫策略发展的可行性，如内生发展机制。齐德信等（2017）在产业扶贫的理论及其实践依据——以陕西石泉县池河镇为案例中，提到产业扶贫是一种内生发展机制。内生，顾名思义是靠自身的力量，强调利用区域内的资源、技术、产业和文化来实现发展，以最大化区域内的经济效益。这种发展机制强调对贫困地区的政策性倾斜，一般以县域为单位，立足实情，结合实际情况，开发当地特色，主动靠拢市场，形成特色产业"自动力"，刺激经济发展，激发活力，带动贫困个体与贫困区域协同发展，从而逐步阻断贫困动因，增强经济实力，提升贫困地区的"造血"功能。

随着中国特色社会主义进入新时代，我国产业扶贫实践越来越朝着更加科学的方向前进，逐步推进产业扶贫理论向马克思主义中国化方向前进，由此构成了中国特色社会主义产业扶贫理论。该理论强调，结合国情是实现乡村振兴与产业扶贫的重要一步，我国具体的国情是实施产业帮扶的重要依据。新中国成立以来，各届领导者都十分重视贫困问题，始终把发展生产力和消除贫困作

---

① 有学者对国外扶贫模式做了梳理，详见：刘俊文. 超越贫困陷阱：国际反贫困问题研究的回顾与展望 [J]. 农业经济问题，2004（10）：24-29, 44, 80. 闫坤，孟艳. 反贫困实践的国际比较及启示 [J]. 国外社会科学，2016（4）：87-96.

为首要任务。以毛泽东同志为首的第一届领导班子，由于过分强调生产力，造成了生产力与生产关系的严重失调。党的十一届三中全会开启了改革开放的进程，邓小平同志提出了社会主义初级阶段的伟大论断，提倡将经济建设放在首位，大力发展生产力。综合分析造成贫困的原因之后，可以得出生产力水平发展比较低下和中国特色社会主义初级阶段的基本国情。认清这个问题可以帮助我们更好地理解当前国家产业扶贫的相关举措。我国当前采取的扶贫举措是开发式扶贫，即将有限的资源分配到那些真正贫困的地区，实施精准的产业扶贫。在党的十八大，随着各种约束精准扶贫政策的一系列体质和机制得到清除之后，精准扶贫的举措开始付诸实践。具体体现在三个方面：一是调整扶贫资金效益到户的实现形式；二是适时调整扶贫工作重点，实现对大多数贫困人口的帮扶；三是不断完善扶贫考核和监管机制。产业扶贫的出发点在于促进农业的发展，以此增加农民的收入，增加国家税收，国家由此对乡村的发展给予帮扶。2014年，中共中央一号文件强调全面深化改革，特别是农民土地制度改革，加快推进农业农村现代化。2015年，国家将改革创新力度摆在首位，加快推进农业现代化建设，转变农业发展方式和深化农村改革。2016年，以新发展理念为指导，强调农业农村绿色建设，以及城乡区域协调发展。同时，《中国扶贫开发报告 2016》白皮书中提到了"四个坚持"[1]：坚持通过发展减贫；坚持把提升贫困地区和贫困人口的自我发展能力摆在扶贫开发的中心位置；坚持精准扶贫，不断探索精准扶贫有效实现的制度和形式；坚持"政府领导、群众主体、社会参与"的扶贫运行体制。2017年，全面推进农业供给侧结构性改革，加快培育农业农村发展新动能。2018年，实施乡村振兴战略，构建农村和谐发展格局。2019年，强调落实高质量发展要求，坚持农业农村优先发展总方针，以实现农业农村现代化为总目标。2020年，要求加强农村基层治理，强化农村补短板保障措施。党的十九大以来，产业扶贫战略以科学发展为依托，持续推进治理能力与治理体系现代化，充分体现了马克思主义中国化进程。

另外，也有学者从 AGIL 理论上对产业扶贫的理论进行了相关研究。理论上，社会科学中的结构功能主义将产业扶贫看作组织化的整合系统，从整体的角度看待系统的运行与维持[2]（周立环，2015），而 AGIL 理论作为结构功能主义的方法论提出社会组织的维持与延续取决于环境适应、目标维护、系统整

---

① 杨锛. 中国特色地方产业扶贫理论与实践研究 [D]. 郑州：河南大学，2018.

② 周立环. 浅谈帕森斯的结构功能主义 [J]. 世纪桥，2015（11）：60-61，88.

合、模式维持这四项功能的实现程度①（刘建生 等，2018）。这里提到的 AGIL 理论（如图2-1所示）是塔尔科特·帕森斯于1937年在《社会行动的结构》一书中所提出的，他指出一个系统得以正常运行发挥功能必须实现四个必要条件，即 AGIL。A（adaptation）代表环境适应，这是因为系统必然和环境发生关系，适应环境并从中获取资源的功能；G（goal attainment）表示目标达成：系统必须有能力确定自己的目标顺序并调动内部的能量实现系统目标的功能；I（integration）是系统整合，系统作为一个整体运行发展，将各个部分联系在一起，使它们协调一致，相互配合的功能；L（latent pattern maintenance）代表模式维持，系统内部存在个体需要遵守的规范，以保障系统在既定轨道上运行的功能②。产业扶贫涉及多社会组织的参与，AGIL 理论的核心在于任何社会组织实现正常运转并发挥作业的前提就是要实现 AGIL 的四个功能。

产业扶贫 AGIL 理论分析框架为扶贫产业提供了前期风险防范的有效方法，这种方法并非局限在运行中的扶贫产业，对还在筹划中的扶贫产业的指导意义更为重要，在产业投入运行之前便通过分析框架对产业选择等4项功能的实现加以优化完善，可以从根本上降低后期产业运行的风险（刘建生等，2018），如图2-1所示。

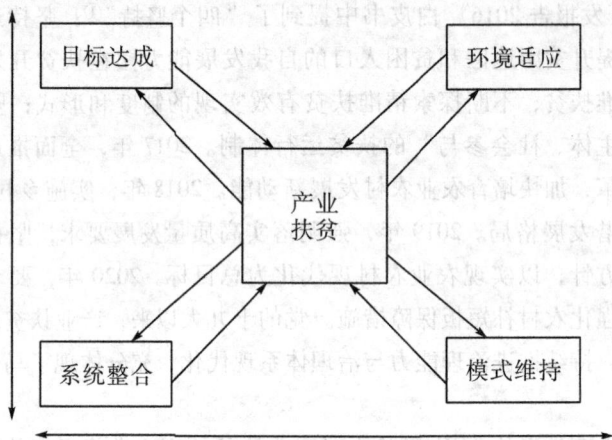

图2-1　AGIL 理论

---

① 刘建生，金旻，魏丹.产业扶贫的 AGIL 理论分析框架及优化路径 [J].江苏农业科学，2018，46（9）：313-318.

② 帕森斯.社会行动的结构 [M].南京：译林出版社，2003：46-67.

2.2.2 产业扶贫的机理和模式研究

（1）产业扶贫的作用机理。

产业扶贫重在依托产业来带动贫困地区的经济发展，其运行逻辑是多方主体共同参与，实现互利共赢的过程。产业的发展是促进经济增长的重要因素，实现乡村振兴的关键在于产业扶贫，从而带动贫困地区经济的发展。一方面，产业扶贫是要在充分利用当地资源、技术和人才的基础上，挖掘地区发展潜力和动力，构建可持续发展产业新格局，以产业的创新发展带动区域经济发展，增加人民就业机会，进一步深化乡村振兴战略的实施，促使更多优秀的人才投身于农民开发、乡村振兴。另一方面，经济的增长也可以带动国家的税收，国家财政收入的增加会促进各种方针政策的落实，鼓励农民生产，发展经济。具体来说，产业扶贫的作用机理是政府将党政部门、企业、高校等组织机构面向贫困人口的扶贫资源进行有机整合，经过充分论证和科学规划，分别投入技术、信息、资本、土地、劳动等要素来共同发展扶贫产业，并充分发挥各自优势来促进产业健康发展，同时通过利益联结机制，强化扶贫主体与贫困户的合作关系，保障各方都能达到各自利益目标[①]。对于政府而言，它们在产业扶贫中的作用是十分关键的，负责各类资源分配、政策下发落实。而企业可以依靠自己的核心技术、市场、资本在产业扶贫中发挥支撑作用，依托政府的优惠政策实现进一步的发展。贫困主体作为直接受益人，通过政府和企业投入的各种资源要素最大限度地发挥出区域优势，发展特色产业，参与到产业发展的具体过程中去，分享产业扶贫的具体成果，持续推进农业农村现代化建设，响应国家号召，为建设社会主义现代化国家做出贡献。

在新中国发展的历史进程中，产业扶贫政策紧跟时代特点，产业帮扶体系逐步完善。《中国农村扶贫开发纲要（2001—2010年）》（以下简称《纲要》）提出"产业化扶贫"这一概念，强调农业产业化的作用方式，包括了三个方面的内容[②]：一是从产业规划的角度，提出"对具有资源优势和市场需求的农产品生产，要按照产业化发展方向，连片规划建设，形成有特色的区域性主导产业"；二是关注组织层面，打造企业与农民的订单农业发展；三是从产业链角度出发，"引导和鼓励具有市场开拓能力的大中型农产品加工企业，

---

① 胡伟斌，黄祖辉，朋文欢. 产业精准扶贫的作用机理、现实困境及破解路径 [J]. 江淮论坛，2018（5）：44-48.

② 孙久文，唐泽地. 中国产业扶贫模式演变及其对"一带一路"国家的借鉴意义 [J]. 西北师大学报（社会科学版），2017，54（6）：5-10.

到贫困地区建立原料生产基地，为贫困农户提供产前、产中、产后系列化服务"以及"加强贫困地区农产品批发市场建设"。这三方面内容是我国产业扶贫机理的雏形。直至 2010 年，《纲要》强调发展特色产业，《纲要》明确提出，要通过扶贫龙头企业、农民专业合作社和互助资金组织，带动和帮助贫困农户发展生产。2015 年，《中共中央国务院关于打赢脱贫攻坚战的决定》指明了企业与贫困户之间要加快构建利益联结机制，加快一二三产业融合发展。从 2016 年开始，"互联网+"、大数据、人工智能等新兴技术的出现，推动了乡村产业往"电商扶贫"方向发展，进一步细分了产业扶贫发挥作用的途径，给产业扶贫带来了新的增长动能。

（2）产业扶贫的实践模式。

产业扶贫是我国精准脱贫以及乡村振兴的一大重要举措，而产业扶贫政策的具体落实在于其实践模式的探讨，模式是开展扶贫工作的准则和方针，具有指导作用。本书从宏观上对产业扶贫模式进行划分，在不谈及任何具体产业、区域的前提下，给出一个大的方向。产业扶贫的实践模式可以从不同主体带动的角度进行探讨，这里的主体可以是政府、企业、党员干部等。齐德信等将产业扶贫的实践模式分为了四类，分别是政府主导推动型、龙头企业带头型、合作组织互助型以及干部帮扶促进型①。

①政府主导型。产业扶贫作为政府工作的一项重要内容，在一定程度上受到各级政府的高度重视。政府主导型产业扶贫模式是政府提供资金、优惠政策引领贫困户参与到国家安排的各项帮扶政策上去，要求政府以产业项目带动区域的发展，优先考虑贫困人口，落实帮扶政策，做到一人一策，加快促进"造血式扶贫"道路的建设。甘肃省临洮县作为国家级重点贫困县，地理位置、气候条件等多种因素的作用使得该地区生产力水平低下，人民世世代代都在为生计挣扎。1982 年国家实施"三西"扶贫开发计划，推出政府主导型扶贫开发计划，在经历了 30 多年的发展之后，取得了瞩目的成绩。临洮县政府主导型工作强调精准扶贫，运用互联网等技术推进东西部扶贫协作，发展电商扶贫等模式，结合当地的环境、资源等实际条件，设计出符合临洮县发展的思路与规划。"十二五"末期，全县生产总值达到了 62 亿元，年均增长 15.8%，在此期间实现了 31 个贫困村整体脱贫，累计减少贫困人口约 13.07 万人，贫困率降低到了 6.9%②。2019 年 5 月，据新华网报道，临洮县贫困村由 144 个

---

① 齐德信，拓星星. 产业扶贫的理论及实践依据：以陕西石泉县池河镇为案例 [J]. 环渤海经济瞭望，2017（8）：61.

② 彭吴霞. 政府主导型扶贫模式研究：以甘肃省临洮县为例 [D]. 兰州：兰州大学，2017.

减少到 61 个，贫困发生率由 21.73% 下降到 5.8%，累计减少贫困人口 7.77 万人。

②企业带动型。习近平总书记多次强调国有企业要在产业扶贫中发挥重要作用，提倡各企业积极参与并带动乡村产业的发展。该模式的关键在于区域的龙头企业，特别是实力雄厚，产业结构稳定，能够发挥出协同效应的企业。各大企业应该积极响应国家精准扶贫的政策和号召，主动推出与自身产业相关的扶贫项目，展现出企业的带动效应，帮助落后的企业和农民走出贫困。2021 年 2 月，《求是》刊发国资委文章，文章中用一组数据介绍了国资央企在产业扶贫中所发挥出的重要作用：国资央企因地制宜地大力发展贫困地区特色产业，累计援建产业扶贫项目 5 万多个，扶持乡村龙头企业和农村合作社 1.2 万个，引进扶贫企业 2 400 多家，带动投资 200 多亿元。中国中铁在陕西省柞水县围绕木耳等特色农产品进行产业扶贫，帮助当地建立了"生产—包装—销售"的产业链，习近平总书记在考察时曾点赞"小木耳、大产业"。

③组织互助型。组织互助型模式强调各市场主体之间的合作，充分发挥出各自的优势，达到资源的最大化利用，合理利用每一份资源，以产业带动经济发展，带动贫困地区就业，提高"造血"功能。金融业作为刺激经济发展的"血液"，在乡村振兴和产业扶贫的过程中承担了不可忽视的关键作用。不少贫困地区由于缺乏发展资金，产业扶贫举措推行受阻，如果金融机构可以与各乡村产业和企业进行合作，提供资金上的支持，将有力促进产业扶贫的进一步延伸和发展。四川省广元市朝天区朝天镇以种植藤椒作为当地的特色产业，带动经济的发展。从 2017 年以来，广元市率先在四川开展"政担银企户"财金互助产业扶贫试点，金融机构为农村经营主体发放一定数额的贷款，助力产业扶贫，由四川省农业担保公司提供担保。当地藤椒种植专业合作社负责人赵清军表示："我们合作社能贷到款，利息这么低，合作社的经营肯定会越来越好。"

④干部帮扶促进型。各贫困地区的驻村党员干部要发挥出自己的先锋模范作用，勇于下派到具体村县进行一对一的帮扶，了解地区发展前景和发展瓶颈，积极寻求破解办法，早日实现乡村振兴这一战略目标。干部帮扶是任务。龚一枫在脱贫攻坚会议上多次强调："要高度重视干部帮扶，包括空港新区干部、企业干部、驻地部队干部等，我们几乎全部调动起来，并且要求干部帮扶要做到三个'亲自'：干部到贫困户家中，要亲自宣讲扶贫政策，亲自制定帮扶措施，亲自计算扶贫账目，做到让群众认可。通过三个'亲自'，要做到对干部的要求进一步提高，帮扶效果要取得明显突破。"张冬冬是贵州省晴隆县

茶马镇战马村第一书记，任职期间，她注意到村里的鸡蛋产业发展得非常好，但却存在一定的销售问题，好产品销不出去。综合考察之后，张冬冬提出了以"互联网+原产地直供"的方式将鸡蛋卖进城里，成功解决了鸡蛋滞销的问题。

2.2.3　产业扶贫的绩效

习近平总书记十分关心产业扶贫发展状况，"十三五"以来，从秦岭深处到大别山区，从黄土高坡到大山边陲，他不辞艰辛，亲自访问贫困地区真实发展情况，考察产业发展状况。习近平总书记指出："产业扶贫是最直接、最有效的办法，也是增强贫困地区造血功能、帮助群众就地就业的长远之计。"

人民的自主脱贫和自我发展能力增强。近年来，在我国大力提倡产业扶贫的热潮下，全国各地积极开展产业活动，乡村产业呈现良好的发展势头，在构建新型产业格局、创新产业生态方面，都取得了相当不错的成效。"产业扶贫已经成为覆盖面最广、带动人口最多、可持续性最强的扶贫举措。"国务院扶贫办最新数据显示，2020 年全国建档立卡贫困户人均纯收入达到了 10 740 元，工资性收入和生产经营性收入占比逐年上升，转移性收入占比逐年下降，自主脱贫能力显著提升[1]。农业农村部相关数据显示，有 72%的贫困户与新型农业经营主体建立了紧密的利益联结关系，70%以上的贫困户接受了生产技术指导和培训，有超过 90 万人成为致富带头人。

贫困地区特色产业迅速发展。随着中国特色社会主义进入新时代，各地农业农村部门持续推进贫困地区产业发展，832 个贫困县全部编制产业扶贫规划，累计建成加工、养殖等各类产业基地超过 30 万个，98%的贫困户享受产业扶贫政策，贫困地区产业发展条件显著改善，为巩固拓展脱贫攻坚成果同乡村振兴有效衔接打下了坚实基础[2]。通过实施产业扶贫攻坚行动，全国每个贫困县平均形成了二至三个极具鲜明特色的主导产业，年产值超 100 亿元，特别是"三区三州"等深度贫困地区，许多贫困乡村实现了特色产业"从无到有"的历史跨越，涌现出凉山花椒、怒江草果、临夏牛羊、南疆林果等一批特色品牌[3]，特色主导产业集群正在逐步形成，这些区域"小特产"逐渐发展成了农民脱贫致富的"大产业"。据统计，全球有三百多万新型农业经营主体蓬勃发

---

① 资料来源：央视网，http://app.www.gov.cn/govdata/gov/202101/16/467025/article.html.

② 李玉. 在产业扶贫一线建功立业［EB/OL］.（2021-03-15）［2022-5-20］https://www.xuexi.cn/lgpage/detail/index.html? id=1285593696820862159&item_id=1285593696820862159.

③ 史雅桥. 产业扶贫政策已覆盖 98%的贫困户［EB/OL］.人民网（2020-12-17）［2022-6-17］https://app.www.gov.cn/govdata/gov/202012/17/466038/article.html.

展，各地积极构建联结机制，一个个特色产业帮助贫困群众摘掉了"穷帽子"。

贫困地区产业发展条件显著改善。据统计，贫困县累计建成高标准农田2.1亿亩（1亩≈666.667平方米）、农产品初加工设施4.3万座，培育市级以上龙头企业1.44万家，发展农民合作社71.9万家，创建各类扶贫产业园2 100多个，组建4 100多个产业技术专家组，招募4 000多名特聘农技员，贫困地区产业发展保障更加有力、后劲明显增强①。

扶贫新产业养成记
——福建省龙岩市武平县纪实

王秀珍原本是在北京工作，但出身大山的她一直心系家乡，心怀大山情结，在2013年选择辞去北京的工作回到福建老家，在当地寻求发展机会，创办了武平县优达农业有限公司，种植生产百香果。武平县具有很好的地理位置优势，是中国天然氧吧之一，种出的百香果果形圆正，果肉饱满，果香浓郁，市场前景十分广阔。同时，百香果作为长寿之果，对人体的健康十分有益，具有稳定的消费市场。王秀珍谈到，"随着健康饮食观念兴起，百香果的营养价值重新被发掘，更重要的是，福建种植适应范围广，当年种植当年结果，管理相对容易，是投资少、见效快、效益高的扶贫好项目。"与此同时，武平县也出台了一系列扶持政策：每个乡镇都建立了百香果激励性扶贫种植基地，帮助贫困户搭棚架、流转土地、提供优质果苗。"我们也紧跟步伐，采取'公司+农场+贫困户'模式，全程提供技能培训、技术指导、产品回收等帮扶，带动老乡脱贫致富。"2017年，武平县黄金百香果成为金砖国家领导人厦门会晤指定专用产品，2018年被列入中央电视台"国家品牌计划"，成为全国知名的网红果，2020年武平县种植面积2.535万亩，产量2.5万吨，产值2.5亿元②。

---

① 资料来源：中国网，https://baijiahao.baidu.com/s? id = 1686202116088896136&wfr = spider&for=pc.

② 张爱. 福建武平县：扶贫新产业养成记［EB/OL］.（2021-2-26）［2022-5-10］https://www.xuexi.cn/lgpage/detail/index.html? id = 1811779703057034 1061& item _ id = 1811779703057034 1061.

2.3 新时代中国特色社会主义扶贫方略

产业扶贫，贵在精准，重在精准，成败之举在于精准。新时代中国特色社会主义扶贫的重要举措在于推进产业扶贫，产业扶贫的关键又在于产业精准扶贫。

2.3.1 精准扶贫方略的产生

党的十八大以来，习近平总书记总结了历代领导人的扶贫理论，传承和发展了实事求是等科学理论，同时不断加入新的内容。在党的十九大报告中，扶贫作为重要内容被专门论述，报告提出了新时代脱贫攻坚的新思想、新要求、新策略和新方法。当前，我国减贫脱贫已经进入"最艰难阶段"，减贫成本更高、脱贫难度更大，要想实现"脱真贫、真脱贫"的目标任务，需要不同于以往的智慧和力度[①]（张丹鸽，2020）。

二战以来，在全球范围内，各国贫困问题依然存在。随着经济技术的不断发展，各国逐步意识到扶贫减贫事业的重要性和迫切性，国际减贫形势日益突出。为了进一步缩小贫富差距，我国应紧跟国际步伐，为减少贫困事业贡献中国力量。新中国成立以来，贫困问题始终都是各届领导人关心和重视的问题，我国对贫困问题的关注不是一时兴起，当然其成就也不是一蹴而就的。在这样的背景下，习近平总书记提出了"精准扶贫"重要论述，该论述是中国特色社会主义理论体系中极为重要的组成部分。

风气十八洞，一步越千年。2013年11月，习近平总书记跋山涉水、沿着狭窄山路来到了湖南省湘西土家族苗族自治州花垣县排碧乡十八洞村，访贫问苦，与贫困农民直接接触。到地里田间，看农作物生长情况；到农民家中，揭米缸，看猪栏，与乡亲们拉家常。随后，习近平总书记与村民座谈，首次提出了"精准扶贫"重要论述，即"扶贫要实事求是，因地制宜，要精准扶贫，切记喊口号，也不要定好高骛远的目标"。习近平总书记强调，贫困地区要从实际出发，要建档立卡摸清楚每一户家庭的具体情况，坚决杜绝"手榴弹炸跳蚤"，只追求场面而忽略了细节，必须做到在精准施策上出实招、在精准推进上下实功、在精准落地上见实效，要求把扶持谁、谁来扶、怎么扶、如何退

---

① 张丹鸽. 习近平精准扶贫重要论述探析 [J]. 经济研究导刊，2020（19）：22-24.

的整个过程精准化，下一番"绣花功夫"。

习近平总书记指出，"中国扶贫开发实践的有益经验概括起来主要是加强领导是根本，把握精准是要义，增加投入是保障，各方参与是合力，群众参与是基础。"因而，推动精准扶贫的实施要坚持党的领导、增加扶贫投入、凝聚扶贫合力以及调动群众参与。

2.3.2 精准扶贫的发展

2014年1月，中共中央办公厅、国务院办公厅详细规制了精准扶贫工作模式的顶层设计，推动了"精准扶贫"方略落地①。具体内容包括：做到"六个精准"，即扶持对象精准、项目安排精准、资金使用精准、措施到户精准、因村派人精准、脱贫成效精准；实施五个一批，即发展生产脱贫一批、异地搬迁脱贫一批、生态补偿脱贫一批、发展教育脱贫一批、社会保障兜底一批；践行"五个坚持"，一是坚持扶贫攻坚与全局工作相结合，走统筹扶贫的路子；二是坚持连片开发与分类扶持相结合，走精准扶贫的路子；三是坚持行政推动与市场驱动相结合，走开放扶贫的路子；四是坚持"三位一体"与自力更生相结合，走"造血"扶贫的路子；五是坚持资源开发与生态保护相结合，走生态扶贫的路子。

2014年3月，习近平总书记参加全国两会贵州代表团审议时强调，要实施精准扶贫，瞄准扶贫对象，进行重点施策，进一步阐释了精准扶贫理念②。

2015年1月，习近平总书记新年首个调研地点选择了云南，习近平总书记强调坚决打好扶贫开发攻坚战，加快民族地区经济社会发展。5个月后，习近平总书记来到与云南毗邻的贵州省，大力推进扶贫开发工作，提出"4个切实"的具体要求：一是要切实落实领导责任；二是要切实做到精准扶贫；三是要切实强化社会合力；四是要切实加强基层组织。他强调，特别要在精准扶贫、精准脱贫上下更大功夫，具体就是要在扶持对象精准、项目安排精准、资金使用精准、措施到户精准、因村派人（第一书记）精准、脱贫成效精准上想办法、出实招、见真效。强调要科学谋划好"十三五"时期扶贫开发工作，确保贫困人口到2020年如期脱贫，并提出扶贫开发"贵在精准，重在精准，

① 张涛，姚慧芹. 新时期扶贫开发与精准扶贫阶段（2011年以后）[EB/OL].（2020-12-18）[2022-4-16]中国社会科学网，http://ex.cssn.cn/zt/zt_xkzt/mkszyzt/zggcdfpkcgsjdllj/zggcdzzylfpksxdlsml/kxfzpksjdljyj/xsqfpkfyjzfpjd/202012/t20201218_5234335.shtml.

② 张艳玲：习近平扶贫新论断：扶贫先扶志、扶贫必扶智和精准扶贫[EB/OL].中国网（2016-01-03）[2022-6-1]http://www.ce.cn/xwzx/gnsz/szyw/201601/03/t20160103_8019081.shtml.

成败之举在于精准"①。

2015 年 10 月 17 日，习近平总书记在减贫与发展高层论坛的主旨演讲上提出："现在，中国在扶贫攻坚工作中采取的重要举措，就是实施精准扶贫方略，找到（贫根），对症下药，靶向治疗。我们坚持中国制度的优势，构建省市县乡村五级一起抓扶贫，层层落实责任制的治理格局。我们注重抓'六个精准'，即扶持对象精准、项目安排精准、资金使用精准、措施到户精准、因村派人精准、脱贫成效精准，确保各项政策好处落到扶贫对象身上。我们坚持分类施策，因人因地施策，因贫困原因施策，因贫困类型施策，通过扶持生产和就业发展一批，通过易地搬迁安置一批，通过生态保护脱贫一批，通过教育扶贫脱贫一批，通过低保政策兜底一批。我们广泛动员全社会力量，支持和鼓励全社会采取灵活多样的形式参与扶贫。"②

2015 年 11 月 27 日，习近平总书记在中央扶贫开发工作会议上强调了扶贫开发的三个核心问题：扶持谁、谁来扶和怎么扶。这三个问题是习近平总书记提出的精准扶贫理念的核心要义，其"精准"二字就体现在如何解决这三个问题上。

2018 年，在我国的倡议和推动下，第 73 届联合国大会通过了"77 国集团和中国"提交的《消除农村贫困，落实 2030 年可持续发展议程》决议草案，这是联合国大会首次就消除农村贫困问题通过的决议，其中精准扶贫等多项理念包括在内。联合国秘书长古特雷斯明确表示，精准扶贫方略是帮助贫困人口、实现 2030 年可持续发展议程设定的宏伟目标的唯一途径，中国的经验可以为其他发展中国家提供有益借鉴。

从开展建档立卡、选派驻村干部，解决"扶持谁、谁来扶"的问题，到推进分类施策、建立贫困退出机制，解决"怎么扶、如何退"的问题；从因地制宜实施"五个一批"工程，到严格落实"六个精准"明确要求，在精准扶贫方略引领下，全国各地找准"贫根"，因村因户因人施策，因贫困原因施策，因贫困类型施策，让"中国之治"再次书写令世界刮目相看的奇迹③。

精准扶贫为其他国家的扶贫事业提供了借鉴经验。"中国是世界上最大的发展中国家，一直是世界减贫事业积极倡导者和有力推动者"。2020 年是全面

---

① 李婧：习近平提"精准扶贫"的内涵和意义是什么，中国经济网［2022-6-2］http://www.ce.cn/xwzx/gnsz/szyw/201508/04/t20150804_6121868.shtml.

② 《十八大以来重要文献选编》中册出版［J］. 党的文献，2016（4）：129.

③ 彭飞：精准扶贫，"一把钥匙开一把锁"，人民日报［2022-6-2］https://www.xuexi.cn/lg-page/detail/index.html？id=17193660318149022322&item_id=17193660318149022322.

建成小康社会的收官之年，也是实现全面脱贫的重要一年。习近平总书记提出的精准扶贫观一方面促进了我国扶贫事业的发展，同时在这个过程中收获的成效也为他国扶贫事业的发展提供了宝贵的借鉴经验。在脱贫攻坚，实施精准扶贫的过程中，彰显了大国实力，展示了大国担当，为国际社会贡献了中国智慧。在过去几十年里，作为世界上减少贫困人口最多的国家，中国对全球的减贫贡献率极高。

2.4　乡村产业振兴

产业兴旺是乡村振兴的重要基础，是解决农村一切问题的前提。乡村产业根植于县域，以农业农村资源为依托，以农民为主体，以农村一二三产业融合发展为路径，地域特色鲜明、创新创业活跃、业态类型丰富、利益联结紧密，是提升农业、繁荣农村、富裕农民的产业[①]。近年来，我国农村创新创业环境不断改善，新产业新业态大量涌现，乡村产业发展取得了积极成效。但与此同时，也存在产业门类不全、产业链条较短、要素活力不足和质量效益不高等问题，我们需要加强引导和扶持，以乡村产业振兴为目标，继续努力。

2.4.1　产业振兴与乡村振兴

产业是促进经济发展的重要推动力量，经济的提升又进一步实现乡村振兴，为建设社会主义现代化国家奠定基础。我国倡导推进一二三产业融合发展，不断地延伸产业链，打造供应链，提升价值链，实现产业振兴，促进乡村振兴。

国家重视产业振兴与乡村振兴。2019 年 6 月，国务院印发的《关于促进乡村产业振兴的指导意见》明确，乡村产业根植于县域，以农业农村资源为依托，以农民为主体，以农村一二三产业融合发展为路径，地域特色鲜明、创新创业活跃、业态类型丰富、利益联结紧密，是提升农业、繁荣农村、富裕农民的产业。促进乡村产业振兴，要坚持因地制宜、突出特色，市场导向、政府支持，融合发展、联农带农，绿色引领、创新驱动等原则，把以农业农村资源为依托的二三产业尽量留在农村，把农业产业链的增值收益、就业岗位尽量留

---

① 资料来源：国务院关于促进乡村产业振兴的指导意见，http://www.xqj.moa.gov.cn/cyrh/201908/t20190819_6322767.htm.

给农民。力争用 5~10 年时间，使农村一二三产业融合发展增加值占县域生产总值的比重实现较大幅度提高，乡村产业振兴取得重要进展①。

乡村振兴的关键是产业振兴。中央农村工作会议指出，"要加快发展乡村产业，顺应产业发展规律，立足当地特色资源，推动乡村产业发展壮大，优化产业布局，完善利益联结机制，让农民更多分享产业增值收益"。产业是发展的根基，农村拥有丰富的物质资源，发展潜力很大，但要实现可持续的发展，就必须要发展产业。产业兴旺，人民的收入才能稳定增长。只有夯实了产业根基，让乡村具有"造血"功能，才能激发农民自身的内在动力和蓬勃活力，最终实现乡村振兴②。

产业发展助推乡村振兴。2019 年，迪庆全州农村常住居民人均可支配收入达 9 446 元，比 2015 年的 6 487 元增加了 2 959 元，增幅达到 46%；贫困人口从 2015 年的 19 553 户 74 139 人，减少到 2019 年年底的 508 户 1 579 人；贫困发生率由 2015 年的 24.59% 下降到 2019 年年底的 0.53%。2020 年上半年全州 3 县（市）均已脱贫摘帽，农村常住居民人均可支配收入达 3 664 元，预计年末将突破万元大关，贫困人口人均可支配收入增幅高于全国、全省平均水平③。"两不愁、三保障"脱贫目标的全部实现，为迪庆州的长治久安和乡村振兴奠定了基础。

"美丽"产业为乡村振兴赋能。圪垱店镇素有种植苗木的传统，近年来，圪垱店镇积极整合资源，以秦伊村、王伊村、程伊村、岗头村为中心，辐射带动邢庄村、小刘庄村、毛庄村等，形成了 600 余公顷的苗木种植基地，带动 3 000 户农户从事苗木种植相关产业，其中有 100 余户是当地建档立卡的贫困户。2020 年，在 40 多家苗木种植专业合作社的带动下，圪垱店镇苗木年交易额为 4 000 多万元，苗木产业成了当地村民增收致富的产业，更成为助力乡村振兴、改善生态环境的"美丽"产业④。

2.4.2　脱贫攻坚与乡村振兴有效衔接

党的十九届五中全会审议通过的《中共中央关于制定国民经济和社会发

① 资料来源：新华社，http://www.gov.cn/xinwen/2019-06/28/content_5404202.htm.
② 资料来源：中国网，https://baijiahao.baidu.com/s? id = 1690624636198244833&wfr = spider&for = pc.
③ 普苑香. 发展特色产业 助力乡村全面振兴［J］. 云南农业，2021，（1）：39-41.
④ 王颖. 河南武陟："美丽"产业为乡村振兴赋能［EB/OL］.（2022-07-06）［2022-8-4］.https://www.xuexi.cn/lgpage/detail/index.html? id = 8174866262494522462& item _ id = 81748662624945.

展第十四个五年规划和二〇三五年远景目标的建议》（以下简称《建议》）明确指出，要"实现巩固拓展脱贫攻坚成果同乡村振兴有效衔接"，这为我们理解和把握巩固脱贫攻坚成果、保持脱贫攻坚政策总体稳定，持续推动脱贫摘帽地区乡村振兴提供了重要遵循[①]。

2020 年是"十三五"规划收官之年，也是全面建成小康社会，实现脱贫攻坚决胜之年，是实施乡村振兴战略的运行期、也是脱贫攻坚的决胜期与攻坚期。必须重视全面脱贫攻坚与乡村振兴之间的衔接问题，做好接力跑的"冲刺交棒"与"起步接棒"，这与"三农"领域的稳定、全面小康的目标和社会主义现代化的进程密切相关。实施乡村振兴战略是解决好"三农"问题的重要保障，也是新时代做好"三农"工作的总抓手，脱贫攻坚战则是乡村振兴战略有效实施和推进的基石。习近平总书记始终强调"没有农村贫困人口全部脱贫，就没有全面建成小康社会"。

2020 年 12 月，在北京召开的中央农村工作会议强调，要坚决守住脱贫攻坚成果，做好巩固拓展脱贫攻坚成果与乡村振兴有效衔接，工作不留空当，政策不留空白。巩固拓展脱贫攻坚成果与乡村振兴的有效衔接是党在"十三五"与"十四五"重要历史交汇期，开启全面建设社会主义现代化国家进程中做出的重大战略部署。

推动脱贫攻坚成果的巩固与拓展。在以习近平同志为核心的党中央领导下，我国近一亿人口实现脱贫，全面实现"两不愁三保障"。我们必须巩固脱贫攻坚成果，确保脱贫人口不返贫，同时不再产生新的贫困人口。与此同时，我们还要注重拓展脱贫攻坚成果，这是因为当下的脱贫只是达到了消除绝对贫困的目的，而相对贫困是一直存在的。不同地区之间的贫富差距依旧存在，为此，拓展成果的首要内容就是要扩大帮扶对象范围，把处于返贫的边缘人口、不稳定群体重新包含进来。《建议》中提到的"农村低收入人口"以及纳入"防止返贫监测和帮扶机制"的群体，不仅是建档立卡贫困人口的简单复制和扩大，而是要根据相对贫困治理的方向和乡村振兴战略的推进进行动态调整。拓展脱贫攻坚成果的第二个要点就是要深化帮扶的标准，突破"两不愁三保障"，提出更加符合时代要求的新标准。

有效衔接是关键。要实现有效衔接，就要提高贫困地区的生活水平，推进共同富裕；激发脱贫地区发展的内生动力和活力，提高自身的内在发展能力；

---

① 宋彦峰. 实现脱贫攻坚成果与乡村振兴有效衔接[EB/OL].(2022-02-01)[2022-6-20]ht-tps://www. xuexi. cn/lgpage/detail/index. html? id = 14816813856091035300& item _ id = 14816813856091035300.

要实行"四不摘"政策,对脱贫县要认真落实中央五年过渡期政策,保持主要帮扶政策总体稳定;要加大扶持"巩固拓展"和"有效对接"的政策力度,给于更多的后续支持和帮扶;加快培育"新农人"、新型农业经营主体,吸引社会力量投入农业农村现代化建设,抓好人才振兴,解决谁来建设农业农村现代化和乡村振兴的问题①。

关于如何做好两者之间的衔接问题。乡村振兴工作覆盖面广,由此必须突出重点,抓住关键,推动和促进农业全面升级、农村全面进步、农民全面发展。从实施路径看,乡村振兴包括乡村产业振兴、人才振兴、文化振兴、生态振兴、组织振兴等内容,脱贫攻坚包括产业扶贫、人才帮扶、文化扶贫、生态扶贫、党建扶贫等方面,需要打通二者之间的衔接渠道,实现脱贫攻坚与乡村振兴政策体系相互交融促进②。首先,要加快形成一套具有指导性和可行性的政策体系,及时回应社会各界的关切。同时,加强对乡村振兴相关政策的解读和学习,将其纳入党员干部的培训计划。其次,加大宣传,利用报纸、广播、新媒体等媒介,将新政策传送到农民家中。村委会可以开设宣传栏、公示栏,促使更多的人了解政策内容。

2.4.3 乡村产业振兴前景展望

经过八年时间的持续奋斗,我国如期完成了新时代脱贫攻坚任务,近一亿农村贫困人口全部脱贫,贫困县全部摘帽,取得了令全世界刮目相看的成就。但正如习近平总书记所强调的:"脱贫摘帽不是终点,而是新生活、新奋斗的起点。"接下来要大力推进乡村振兴。乡村振兴是全面振兴,要抓重点、补短板、强弱项,统筹推动农业全面升级、农村全面进步、农民全面发展,让广大农民在全面脱贫、乡村振兴中有更多获得感、幸福感、安全感③。在乡村振兴战略的引领下,积极推动乡村产业振兴,以产业发展进一步推进乡村振兴。

现代产业体系建设为乡村产业振兴奠定了基础。党的十九届五中全会强调,要"加快发展现代产业体系,推动经济体系优化升级"。产业振兴是乡村振兴的关键,习近平总书记多次强调:"乡村振兴,关键是产业要振兴。要鼓励和扶持农民群众立足本地资源发展特色农业、乡村旅游、庭院经济,多渠道增加农民收入。""要加强易地搬迁后续扶持,因地制宜发展乡村产业,精心

---

① 尹成杰. 推进脱贫攻坚与乡村振兴有效衔接 [J]. 瞭望, 2021 (1): 19-21.
② 马志翔. 推动脱贫攻坚与乡村振兴有效衔接 [J]. 社会主义论坛, 2021 (2): 25-26.
③ 张帆. 推进脱贫攻坚与乡村振兴有效衔接 [N/OL]. (2020-05-21) [2022-4-10] http://epa-per.hljnews.cn/hljrb/20200521/472049.html.

选择产业项目，确保成功率和可持续发展。要把群众受益摆在突出位置，从产业扶持、金融信贷、农业保险等方面出台政策，为农村经济发展提供有力支持。""要加快发展乡村产业，顺应产业发展规律，立足当地特色资源，推动乡村产业发展壮大，优化产业布局，完善利益联结机制，让农民更多分享产业增值收益。"全面推进乡村产业振兴，充分发挥好现代化产业体系所带来的优势，全面推进乡村产业落地生效。《建议》提到，"推动现代服务业同先进制造业、现代农业深度融合，加快推进服务业数字化"。由此可见，现代产业体系的发展为乡村产业的重构和提升提供了难得的机遇。

新发展格局为乡村产业振兴提供了支撑和保障。党的十九届五中全会提出要以国内大循环为主体，国内国际双循环相互促进的新发展格局，以扩大内需作为建设现代化经济体系的重要战略基点。《建议》中明确部署，"加快城市群和都市圈轨道交通网络化，提高农村和边境地区交通通达深度。"乡村产业振兴与扩大内需是相互依存的共同体，如果能够利用好乡村建设这个空间，调动投资建设，激发生产、消费产业的发展，就可以达到乡村产业与扩大内需战略双赢的结果。

科技推动乡村产业振兴。作为潜力巨大的市场，乡村的全方位发展前景广阔，乡村振兴的基础是产业振兴，而产业的发展离不开科技的支撑，当前乡村产业发展有的具备一定基础，有的还是空白，即使具备基础的也多是中小型产业，所以随着科技的发展，对已有产业进行转型升级也就比较容易[1]。党的十九届五中全会对科技发展做出了明确规划，强调："深入实施科教兴国战略、人才强国战略、创新驱动发展战略，完善国家创新体系，加快建设科教强国。""健全社会主义市场经济条件下新型举国体制，打好关键核心技术攻坚战，提高创新链的整体效能。"科学技术是第一生产力，乡村产业的振兴需要技术的融合，技术在产业上发挥的作用日益凸显，"科技+"逐渐成为发展乡村经济的主力军。当下，互联网+科技已经在农村得到了应用，科技与乡村产业的融合给人民提供了便捷服务，还在一定程度上带动了当地文化的传播和发展。未来的乡村产业振兴需要技术的引领。

---

[1]　王伟凯. 在新发展格局中撬动乡村振兴［EB/OL］.（2021-01-18）［2022-4-20］https://www.xuexi.cn/lgpage/detail/index.html? id=10426577881055165492&item_id=10426577881055165492.

3 中国扶贫的历程

中国 40 多年来的扶贫历程，大致经历了三个大的阶段①：第一个阶段是 1978—1985 年进行的土地改革和市场化改革，以促进农业农村发展的阶段；第二个阶段是 1986—2012 年的开发式扶贫阶段，这个阶段瞄准贫困县和贫困村进行开发式扶贫，促进农业经济增长回调，提升县域整体经济基础；第三个阶段是 2013 年习近平总书记提出"精准扶贫"论述以来的精准扶贫阶段，更加注重贫困人口的特征和需求，积极引入多方面社会力量参与扶贫，并且强调产业扶贫在精准扶贫中有着不可替代的作用。本章分为五个小节介绍中国扶贫历程：第一节为体制改革阶段（1978—1985 年）；第二节为开发式扶贫探索阶段（1986—2000 年）；第三节为开发式扶贫深化阶段（2001—2012 年）；第四节为精准扶贫阶段（2013—2020 年）；第五节为乡村产业振兴阶段（2021 年至今）。

3.1 体制改革阶段（1978—1985 年）

3.1.1 背景

在改革开放前期，中国的广大农村普遍贫困。以毛泽东同志为核心的第一代中央领导集体，领导全国范围内开展土地改革、合作化和人民公社等运动，对新中国成立之初发展经济和消除贫困发挥了重要作用。但是由于长期实行计

---

① 一般来讲，学者在研究中国扶贫历程时将改革开放以来的扶贫分为救济式扶贫开发、大规模扶贫开发、"八七扶贫攻坚计划"、以贫困村为重点对象的扶贫开发、精准扶贫开发五个阶段。也有一些学者从扶贫瞄准方面来划分中国扶贫历史阶段（张琦 等，2016；段洪波 等，2019）；或者根据政策内容划分中国扶贫历史（刘超 等，2015；史志乐，2016）；或者根据减贫阶段性特征划分阶段（黄承伟，2016；曾小溪 等，2017）。本章参考一般划分标准，将中国扶贫历史划分为三个阶段，分五个小节介绍。

划经济制度并且受工业优先发展战略的影响，大量的农村生产积累被转移到支持工业发展和城市建设上。我国作为一个农业大国，农村人口在我国占有较大比重，优先发展工业的赶超战略在一定程度上使得农村贫困状态持续。到改革开放前，国家统计局资料显示，以人均年收入低于 100 元为贫困标准，1978 年我国农村贫困人口发生率为 30.7%，农村居民家庭的恩格尔系数高达 67.7%，农村贫困人口规模为 2.5 亿人，占农村总人口的 30% 以上[①]。党的十一届三中全会提出了改革开放，党和国家对前期的经济发展做了总结反思，并实施了促进经济发展的改革措施。通过发展经济，经济增长的涓滴效应使得中国的减贫进入快车道，从整体减贫迈向大幅减贫（周艳红，2018）。

改革开放初期的减贫探索主要来自两个方面的理论背景。一个是涓滴效应，一般是指在经济发展过程中并不给予贫困阶层、弱势群体或贫困地区特别的优待，而是由优先发展起来的群体或地区通过消费、就业等方面惠及贫困阶层或地区，带动其发展和富裕。改革开放时期，邓小平提出的"让一部分人先富起来"的内涵与涓滴效应一致。尽管这种涓滴效应没有考虑市场经济体制所造成的贫富差距拉大，以及随之而来的政治权利不平等问题，但是在改革开放初期，这种发展模式对中国减贫事业具有极大的推动作用。中国政府主要通过积极发展经济来大规模解决贫困问题（周艳红，2018）。另一个理论基础是阿马蒂亚·森的权利和能力贫困理论，他认为农民的贫困在于没有能力支配自己收益，也就是说农民没有充足的权利来获得可供自己消费的食物。这种能力主要可以分为两个方面：一是直接权利恶化，即没有权利获得足够食物等资源；二是交易权利恶化，即没有权利通过交易获得足够食物等资源（森，2001）。按照阿马蒂亚·森的理论，中国长期的计划经济体制限制了农民的权利，比如，优先发展工业的赶超战略抑制了农产品价格和交易。中国政府主要通过两大措施保障了农民的权利：第一个是确立家庭承包责任制，赋予农民直接使用、改造、获得收益的土地经济产权；第二个是通过提高农产品价格、取消统购统销、促进农村劳动力流动等，扩大了农民交易资源的能力（权利）。同时，中国政府设立了专门的扶贫组织机构，针对贫困地区也采取了救济式（或者"输血式"）的扶贫政策，比如，1980 年中央财政设立了"支援经济不发达地区发展资金"，以此作为财政专项扶贫资金；在 1982 年启动了"三西"的重点区域专项扶贫工作，并设立专项资金每年增加 2 亿元援助"三西"地区的建设。

---

① 资料来源：国家统计局，http://www.stats.gov.cn/ztjc/ztsj/ncjjzb/200210/t20021022_36893.html。

3.1.2 政策措施

在这个扶贫阶段，主要有三个方面的改革措施：一是废除人民公社，确立家庭联产承包责任制；二是逐步放开农产品市场，鼓励人口流动；三是实施专项扶贫政策。

（1）废除人民公社、确立家庭联产承包责任制。

1949年新中国成立以来，中国农村土地制度经历了数次变革，其中对当代农村农民生活影响最大的是人民公社制和家庭联产承包责任制，中国政府最终确立了家庭承包责任制度。通过人民公社化运动，广大农村普遍确立了政社合一的分级管理体制。人民公社既是一种经济组织，也是一级政权机构。它不但负责全社的农业生产，而且还对工、商、学、兵等进行统一管理。在人民公社内部，将公社划分为若干个生产大队，生产大队又划分为若干个生产小队，实行三级管理（林志友，1998）。人民公社因此就变成了基层的主要生产管理单位，统管全社的生产安排、劳动调配、物资调拨和产品分配，生产大队负责生产管理和部分经济核算，生产小队则只是一个具体组织生产的基本单位。在这种制度下执行计划生产，极大地抑制了农民的生产自主权利，也就符合了阿马蒂亚·森所提出的权利贫困理论条件。下面主要讲家庭联产承包责任制度——保障贫困农村人口的资源（土地）的经济产权。

1978年，党的十一届三中全会原则通过了《中共中央关于加快农业发展若干问题的决定（草案）》（以下简称《决定》）（1979年9月正式通过）。这个《决定》是中国对农业发展的反思产物，内容涵盖了中共中央对农业发展的政策和措施等方面，并对如何加强党和政府对农业的领导，以及如何促进农业现代化发展做了初步探索（叶明勇，2010）。1957—1978年的21年间，农村农业发展缓慢，全中国人口增长3亿，非农人口增加4 000万，耕地面积由于基础建设用地缩减。1978年改革开放初期的全国平均人均粮食占有量并没有增长，生产队社员的年收入在70元以下，低于当期的贫困线100元。根据国家统计局的数据，1978年的国内生产总值为3 645亿元，农业产值为1 028亿元，占比为28.2%。农村人口8亿，贫困人口达到2.5亿。这些情形让中国深刻理解到农业发展对于经济发展和减贫的重要性，中央在《决定》中提出"（人民公社）社员的自留地、家庭副业和农村集市贸易是社会主义经济的正当补充……"，允许农村市场交易存在，但《决定》规定了不允许"包产到户、分田单干"。在1980年9月，中央发布了《关于进一步加强和完善农业生产责任制的几个问题》，提出了"在集体经济内部实行的包产到户……不会脱离社会主义轨道"。这一文件进一步放宽了包产到户的约束。最后在 1982 年年初，中共中央发布了《全国农村工作会议纪要》，首次承认并推广"包产到户"的做法。1984 年，包产到户、大包干等被正式命名为"家庭联产承包责任制"。家庭联产承包责任制和"交足国家的，留足集体的，剩下全是自己的"分配方式在全国范围内得到推广。农民的积极性得到极大的提升，生产状况发生了很大变化。根据国家统计局相关数据，粮食总产量从 1978 年的30 476.5万吨跃升到了 1985 年的 37 910.8 万吨，增加了 24.4%。可以看到经济体制的转变给农村的扶贫开发带来了光明的前景。这一制度赋予了农民对资源（土地）的经济产权，农民有权获得土地生产的剩余，这不仅保障了农民的经济权利，而且建立了今后中国农村农业发展的产权方面的基础。

（2）逐步放开农产品市场，促进人口流动。

除了上述的家庭联产承包责任制，中国政府还从交易权利方面放宽了农产品的价格限制，也从人力资本交易的角度促进农村劳动力的流动。

农产品价格方面。主要背景是 1949—1952 年，新中国成立后，由于商品经济十分落后，商品严重匮乏，在价格形成方面，实行牌价与市场价格并存，以牌价为主导。1953 年，中国开始对农业实行统购统销政策，原来牌价与市场价并存的局面逐步被单一的计划价格所取代。统销统购政策对农产品价格进行抑制，通过农业辅助工业发展。改革开放以来，农产品的计划和价格管理制度产生变革，主要趋势是逐步放开了农产品定价，对部分农产品由以前的统销统购改为合同订购，其余大部分的产品定价允许随市场供求变化而变动。1979年《中共中央关于加快农业发展若干问题的决定》规定，粮食价格从 1979 年开始上升20%，超购部分在这个基础上提高50%。同年 3 月，中国政府开始陆续提高统购计划内的农产品价格，包括粮食、棉花、油料等 18 种主要农产品。1979 年，全国 6 种主要粮食收购价格从每吨212.8 元提高到253.6 元。到 1984年，粮食价格较 1978 年提高了 98.1%（宋洪远，2008）。从市场交易权利来讲，农产品市场定价和交易的产生，使得农村农业结构得到调整，满足其他部门（包括工业）的需求变化，增加了农民收入。从农业产业发展来看，伴随着家庭联产承包责任制的产生，农产品市场化逐步形成，这些措施都极大地促进了中国农业产业发展，农村居民收入显著提高，极大地解决了贫困问题。根据国家统计局相关数据，农民人均纯收入从 1978 年的133.6 元增加到 1985 年的397.6 元，贫困问题得到了有效缓解。

在促进人口流动方面。新中国成立的 70 多年里，人口流动政策经过多次演变。我们这里主要关注政府在改革开放的扶贫阶段所实行的人口流动政策①。新中国成立以后建立起了城市和农村分割的户籍登记制度，这种户籍制度与随后的城市福利保障制度、统购统销制度、人民公社制度一起塑造了中国的城乡二元社会结构。即便二元结构使农村居民向城市流动的意愿增加，但是不同的时期政府确立了不同的人口流动政策。在计划经济时期，中国政府确定了优先发展城市和工业的赶超战略，在该战略背景下，政府严格控制农村人口向城市流动。1958—1983 年，中央对于城乡之间人口的迁移始终施行严格限制的政策，个体层面的自由迁移基本被限制，政府政策成为主导人口迁移的主要力量。改革开放初期允许一定数量的农业人口转移。1977 年 12 月，公安部颁布了《关于处理户口迁移的规定》，要求严格控制农村农业人口转为非农业人口，但是准许了一定数量农业人口转为非农业人口。改革开放后，政府对人口流动的政策松动，1984 年，颁发了《国务院关于农民进入集镇落户问题的通知》；1985 年 7 月，又出台了《公安部关于城镇暂住人口管理的暂行规定》，这使得农村居民在城镇中长期居住具有了一定的合法性。人口流动的政策松动使得农村人口开始大量流入中小城镇打工，这就形成了"农民工"群体。农民工外出务工极大地提高了农村家庭收入，改善了农村贫困的面貌。数据表明，1980 年年初，农村人口流动不足 200 万人，到 1987 年达到了 2 500 万人（叶敬忠 等，2018；段成荣 等，2008）。

（3）实施专项扶贫政策。

1979 年，党的十一届四中全会提出设立专门负责统筹扶贫工作的组织，以帮助贫困地区农民脱贫②。为帮扶"老、少、边、穷"地区的发展，1980 年中央财政设立了"支援经济不发达地区发展资金"；1984 年实施了以工代赈计划；1982 年启动了"三西"专项扶贫工作，援助建设贫困地区的基础设施。下面介绍这三个专项扶贫政策。

1980 年设立的"支援经济不发达地区发展资金"主要用于经济不发达的

---

① 首先需要了解的是中国户籍制度。中国出现了人口迁移和人口流动，继而有"迁移人口"和"流动人口"这两个概念的划分，而国际上一般只有"人口迁移""迁移人口"概念。按照国家法律规定，实现了居住地合法转移的人口被称作迁移人口。这是一种户口迁移，属于一个法定的概念，这种户口迁移是与计划经济体制相适应的，反映的是计划经济体制下的产业发展和劳动力配置的需求。与这种计划控制内的迁移相对应的便是人口流动，人口流动不涉及户口的移动。随着改革开放和计划经济体制改革，这两种概念出现了交叉。农民工出于经济原因进城务工则逐渐成为人口流动的主流，而这部分流动人口的行为特征与迁移无本质区别（蔡昉，1995）。

② 1986 年，国务院成立了国务院贫困地区经济开发领导小组，也就是后来的国务院扶贫开发领导小组，2021 年 2 月更名为国家乡村振兴局。

革命老根据地、少数民族地区、边远地区以及穷困地区。在资金分配时，对于革命老根据地和少数民族地区中的经济不发达地区，要优先安排。资金的投放主要以支援农村集体经济和乡村公共设施为主，比如农村水利水电方面的建设。

1984年以来，国务院先后进行了多次大规模的以工代赈计划。利用以工代赈计划进行扶贫，它具有"建设"和"赈济"双重特征。一方面，通过该政策来进行工程建设，可以改善贫困地区的基础设施条件，对未来农业产业进行投资；另一方面，该计划组织贫困人口参与工程建设并发放报酬，提高了农村人口的非农收入，直接增加了贫困人口的收入。比如，1984—1987年，政府动用库存粮食50亿千克，棉花1亿千克和棉布5亿米（粮棉布折价27亿元），采用以工代赈办法帮助贫困地区修公路、航道和小型水利工程，对全国18个集中连片的贫困地区实行以工代赈计划。

"三西"地区指的是自然条件恶劣的甘肃河西、定西和宁夏的西海固地区。这些地区的自然条件限制了地区农业产业发展，甚至不适合人类生存。1982年，中国启动了"三西"扶贫计划，这里成为全国第一个区域性扶贫开发实验地。1982年12月，中央财经领导小组研究"三西"地区农业建设问题，当月就决定实施"三西"农业建设计划，该计划在后来10年，每年投入专项资金2亿元，主要用于改善该地区的水利工程和农业基础设施[1]。

3.1.3 扶贫效果

本节从两个方面介绍1978—1985年的扶贫效果：一是贫困人口的下降，农民收入的上升；二是农业产业的发展。

1978—1985年是中国贫困人口减少最快的时期。根据国家统计局的数据，按照1978年的标准，贫困人口从1978年的25 000万人下降到1985年的12 500万人，很显然贫困人口减少了一半，贫困发生率也由30.7%下降到了14.8%。表3-1列示了1978—1985年的贫困发生率和贫困人口规模。

---

① 1992年，甘肃、宁夏都要求国家继续支持10年，到2002年两省区又请求国家再支持10年，2009年国务院再次延长了"三西"地区农业专项建设资金使用期限。

表 3-1 1978—1985 年部分年份中国农村居民贫困状况①

年份	贫困线/元·人⁻¹	贫困发生率/%	贫困人口/万人
1978	100	30.7	25 000
1984	200	15.1	12 800
1985	206	14.8	12 500

数据来源：国家统计局。

从表 3-1 可以看出，贫困发生率下降超过了二分之一，贫困人口从 1978 年的 25 000 万人，下降到了 1985 年的 12 500 万人。如果考虑到人口增长，中国这时期的减贫力度空前。值得一提的是，中国的贫困线与国际贫困线有差距，因此按照国际贫困线统计，同时期的贫困发生率应该从 90% 下降到了 60% 左右（根据世界银行发展研究局统计，参见第 2 章）。农民收入显著上升，如图 3-1 所示，农村居民人均收入从 1978 年的 133.6 元上涨到 1985 年年末的 397.6 元。

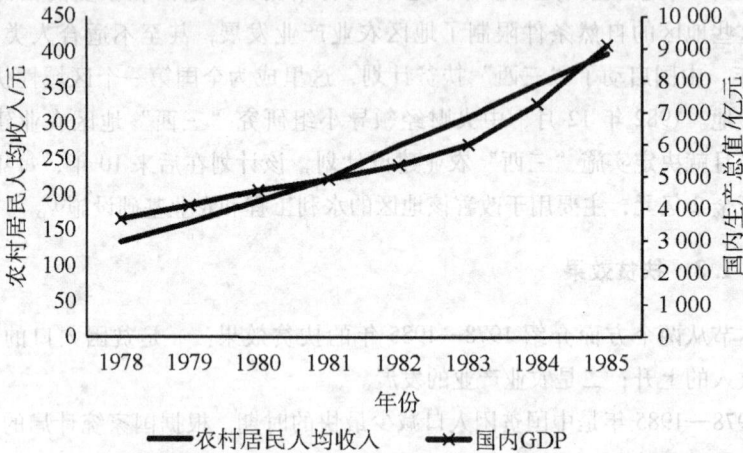

图 3-1 农村居民人均收入和国内生产总值走势（1978—1985 年）

数据来源：国家统计局。

---

① 贫困线的确定：首先，确定食物贫困线。根据当年中国农村住户抽样调查分户资料计算低收入组的食品消费清单，营养学家建议的每人每天 2 100 大卡必需的营养标准调整食品消费量，再乘以对应的价格并求和，即可得到食物贫困线。其次，确定非食物贫困线。1995 年以前，主要根据非食品消费支出比重计算非食物贫困线。但这种方法被认为是有缺陷的，因为在这里非食品消费项目选择和所谓"合理的食品支出占生活消费支出的比例"是经验的、主观的和武断的。为了克服这个问题，从 1995 年开始，国家统计局实际上采纳了世界银行的建议，根据食品消费支出函数回归模型来客观计算低收入人群的非食物消费支出。在实际计算时，同时考虑了不同地区人们的消费习惯、家庭结构、生产结构等因素对居民的消费支出、特别是食品支出产生的影响。最后，食物贫困线和非食物贫困线之和就是贫困线。

另外是农业产业发展情况。中国在这一阶段从土地制度、市场制度、人口流动政策和农村基础建设等方面对农业发展奠定了制度基础，并提供了要素支持。这段时期农业产业得到了发展契机。图 3-2 显示了农业产品产量增长走势。

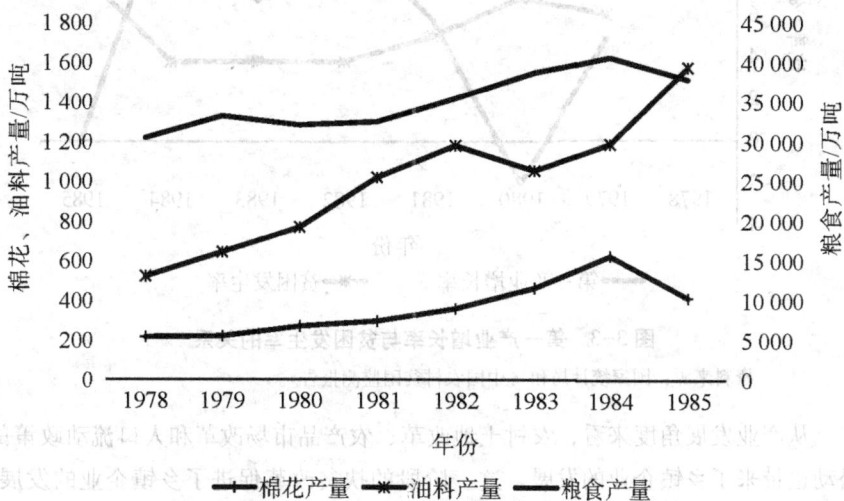

图 3-2　基本农产品的产量走势（1978—1985 年）
数据来源：国家统计局。

农业产业得到发展的主要原因在于这段时期的旧体制改革，包括家庭联产承包责任制、市场化改革以及促进人口流动的政策，从制度上解放和发展了农村生产力。经济规模大幅提升，国内生产总值从 1978 年的 3 678 亿元上涨到 9 098 亿元，增长幅度为 147.3%[①]。从农业产业发展的视角来看，中国通过制度改革和扶持农业发展的专项政策，提高了农村产业发展基础设施、人力资本积累，在市场化制度下促进农业发展。值得注意的是，这个阶段的农业产业发展与贫困发生率下降具有显著的联系，如图 3-3 所示。经济学家很早就提出农业发展在减贫中的重要作用，比如汪三贵（2008），以农业为主的第一产业增长对贫困发生率的弹性为 -1.13，即第一产业每增长 1%，贫困发生率就减少1.13%，是整体经济规模带来的减贫弹性的 2.2 倍。其中主要的原因就是这个阶段的中国贫困主要在农村农业领域，土地资源通过家庭联产承包责任制配置相对合理，大多农村人口可以从农业发展中获得收益。

———————

① 数据来源：国家统计局。

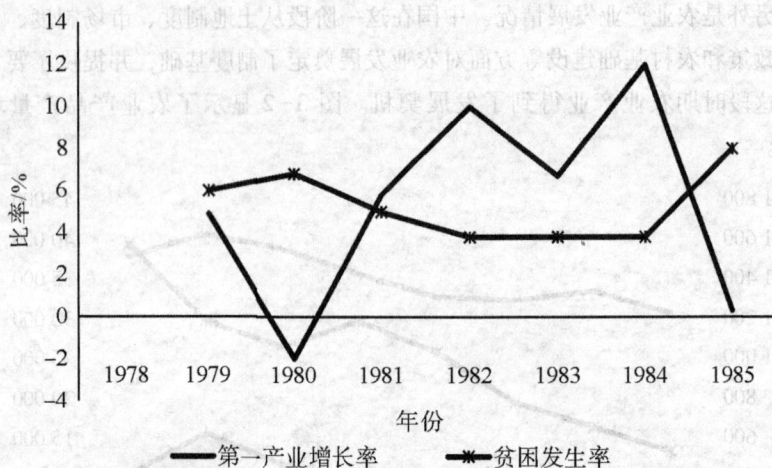

图 3-3　第一产业增长率与贫困发生率的关系

资料来源：国家统计局和《中国农村贫困监测报告》。

从产业发展角度来看，农村土地改革、农产品市场改革和人口流动政策的松动也带来了乡镇企业的发展。这一阶段的扶贫改革促进了乡镇企业的发展，并且在 20 世纪八九十年代推动了农村经济增长，在增加农村居民就业与收入和缩小城乡差距等各个方面都起到了十分重要的作用。1983 年开始，乡镇企业在农村迅速崛起。全国农村乡镇企业个数由 1983 年的 134.44 万个发展到 1985 年的 1 222.45 万个，增加了 8 倍。就业人数增加了 3 800 多万人，超过了同期农村劳动人口的总和。总产值由 1983 年的 1 016.83 亿元增加到 1985 年的 2 728.39 亿元，平均每年增加 63.8%。另外，在农村社会总产值增量中，乡镇企业产值占到 77.23%，成为农村经济增长的主要推动力量（汪三贵，2008）。

可以说，改革开放初期的改革极大地促进了农业和农村经济的发展，是改革开放 40 多年来，农业发展最快的阶段，农产品甚至在 20 世纪 80 年代出现了过剩现象。通过农业产业发展，农民收入快速增加，贫困人口大幅度下降。Lin（1992）的实证研究表明，土地改革的家庭联产承包责任制这一项改革就促进农业产业增长了 47%，国家提供统购价格措施解释了农业增长的 16%。

3.2 开发式扶贫探索阶段（1986—2000 年）

3.2.1 背景

上一个阶段的体制改革主要是以经济增长的涓滴效应和农业产业发展减少中国的贫困发生率。在扶贫方面，专项扶贫计划仍然主要是以"输血式"或者救济式为主。部分地区的自然资源禀赋和环境问题都限制了农业产业发展，这就使得一部分地区难以得到整体经济发展的福利和达到产业带动的减贫效果。换句话说，农村经济发展不能通过市场化的机制自动解决扶贫问题，贫困人口获得改革发展红利不会自动发生。相反，地区之间的发展差异逐步扩大，特别是在部分自然禀赋恶劣的地区，这就加剧了农村地区之间的发展不平衡问题。根据研究，1978—1985 年，农村基尼系数竟然上升了 17.4%（张磊，2007）。

在市场制度下，区域性的产业发展落后是客观存在的，区域性的贫困问题也就是客观规律的结果。比如，上一节所提到的"三西"地区的贫困问题就属于这类问题，在 1978—1985 年的发展阶段，中国政府对这类地区的扶贫政策以救济式为主。虽然对缓解贫困有一定正向作用，但是由于没有办法促进这些地区的产业发展，无法帮助该区域的农民形成内生发展能力。"三西"地区的扶贫模式主要是政府救助，由政府投入专项资金扶持。

1986 年开始，开发式扶贫模式开始实施。开发式扶贫主要是通过农村居民参与地区发展，注重激发贫困群众的内生动力，利用贫困地区的自然资源进行开发，在发展中提高农村居民的收入和人力资本积累，旨在形成贫困地区和贫困人口的发展能力。从 1986 年开始，中国政府将通过发展来解决扶贫作为扶贫政策的主要核心要义。政府支持鼓励贫困地区的贫困人口发展产业，开发当地资源。政府提供资金改善农业基础建设，改善贫困地区发展基础条件，同时为贫困地区发展提供其他要素支持，比如金融支持（扶贫贷款优惠政策），技术支持（开展农业技术培训，提高贫困人口技术文化水平），生态扶贫支持（保持贫困地区的生态和建设平衡，增强地区发展潜力），等等。

这一阶段的扶贫是在中国政府的主导下，经过一系列的专门组织和政策安排进行的①。1986 年中国政府成立了国务院贫困地区经济开发领导小组，统筹组织扶贫工作。在这个阶段中，1986 年确定了 331 个贫困县；1994 年提出的《国家八七扶贫攻坚计划（1994—2000）》，扩大贫困县的范围至 592 个，提出要在 20 世纪末期解决当时农村 8 000 万贫困人口温饱问题。这个阶段扶贫明确了扶贫目标，中国政府要在该时间期限内"解决贫困地区大多数群众的温饱问题"②，"使贫困户有稳定的经济收入来源"③；"八七扶贫攻坚计划"更是中国政府第一次提出明确目标、政策纲领的扶贫计划。

从阿马蒂亚·森的能力贫困理论来看，他提到利用经济增长创造公共资源来提升人力能力，这样不仅能够提高贫困人口的生活质量，还有助于内生地进一步促进经济增长（森，德雷兹，2015）。对应中国在该阶段的扶贫开发实践来看，开发式扶贫通过改善生产条件、培训贫困人口技能，提高区域教育水平，为发展脱贫提供基础条件。中国政府这个阶段主要从政策和资金上为贫困地区发展提供支持，同时涉及贫困人口教育培训等支持。政策方面延续上一阶段的改革，进一步促进市场化、放宽人口流动约束、针对扶贫成立专门机构和措施。在资金政策上，主要体现在税收优惠、转移支付和扶贫贷款贴息，比如《国家八七扶贫攻坚计划（1994—2000 年）》中，对贫困地区进行针对性的税收返回或者部分返回；1986—2000 年间对贫困地区进行转移支付，1986 年中国人民银行和中国农业银行设立了专项扶贫贴息贷款。

对于扶贫开发，我们将在本节和下一节展开介绍中国政府进行开发式扶贫的主要历程。

3.2.2　政策措施

我们主要从中国政府的改革政策和资金支持措施两方面展开介绍，最后简要说明除了资金支持之外的扶贫措施。

（1）改革政策。

推进市场化改革。1984 年 10 月，党的十二届三中全会通过了《中共中央关于经济体制改革的决定》（以下简称《决定》）。延续了上一阶段的改革开

---

① 这一时期针对扶贫的政策文件有：1987 年 10 月 30 日，国务院发布的《关于加强贫困地区经济开发工作的通知》；1990 年 1 月 10 日，国务院批转国务院贫困地区经济开发领导小组的《关于九十年代进一步加强扶贫开发工作的请示》；1991 年 11 月 29 日，中共中央发布的《关于进一步加强农业和农村工作的决定》；等等。

② 资料来源：《十三大以来重要文献选编》，北京：人民出版社，1991.

③ 资料来源：《十三大以来重要文献选编》，北京：人民出版社，1991.

放精神，该文件确认了上一阶段农村农业制度改革取得的成就。农村经济发展要求农产品市场扩大，该《决定》要求发展社会主义商品经济，构建合理的价格体系，突破把计划经济同商品经济对立起来的传统观念，明确认识社会主义计划经济必须自觉依据和运用价值规律，是在公有制基础上有计划的商品经济①。该《决定》在不断推进农村改革的基础上，同时在城市展开经济体制改革，进一步在全国建立其有利于产业发展的市场化制度、分配制度和价格体系等。从价格体系来看，1985 年后，中国开始强调放开价格，突出的特点是工业生产资料价格"双轨制"合法化、公开化和扩大化。同时，放开了除国家合同定购的粮食等少数品种以外的绝大多数农副产品的购销价格，并多次适当提高了粮食等主要农产品的国家定购价格。1986 年年底，国家放开全部小商品价格，并放开电冰箱、洗衣机、黑白电视机等耐用消费品的价格，逐步扩大了消费品市场调节价的范围。1985 年起，全面实施工业生产资料价格"双轨制"，并提高了煤炭和运输价格。截至 1988 年，市场调节价在全国零售商品总额中的比重达到 49.3%，比 1985 年提高了 15.3 个百分点（王磊 等，2018；张军，1997）。之后在 1992 年的 10 月，党的十四届三中全会通过的《中共中央关于建立社会主义市场经济体制若干问题的决定》进一步明确了价格改革的重点是完善价格形成机制，推进建立主要由市场形成价格的机制。中国开放了竞争性商品价格，逐步实现"双轨制"的并轨。同时也在劳动力市场、资本市场等要素市场推行市场化改革，并通过立法来加强对价格的管理②。这些市场化的政策是开发式扶贫的重要基础，这使得农村产业经济发展能够获得潜在的市场，农产品价格进一步市场化提高了农村居民的收入，使得贫困地区可以通过农产品销售得以摆脱贫困。

放松人口流动约束。1986—2000 年，中国政府关于人口流动的政策出现了从趋紧到放松的转变。1989 年 3 月，国务院发布《关于严格控制民工外出的紧急通知》《关于进一步做好控制民工盲目外流的通知》，要求地方政府严格管控农民工外出打工。1990 年 4 月，国务院发布《关于做好劳动就业工作的通知》，提出要建立临时务工许可证和就业登记制度，对农村进城务工实行严格管理并清退计划外用工。1991 年 2 月，国务院发布《关于劝阻民工盲目去广东的通知》；1991 年 7 月，国务院发布《全民所有制企业招用农民合同制

---

① 资料来源：《中共中央关于经济体制改革的决定》http://www.gov.cn/test/2008-06/26/content_1028140.htm。

② 在 1982 年和 1987 年分别颁布了《价格管理暂行条例》和《价格管理条例》，1997 年中国全国人大正式通过《中华人民共和国价格法》。

工人的规定》，规定企业必须在国家下达的劳动工资计划之内招用农民工。可以看出，这一阶段初期的人口流动管制回到了改革开放初期的管控情形，研究指出，1988—1991 年约有 1 000 万农民工被"压缩"回农村（李玲，2001）。1992 年开始，随着邓小平的南方谈话和党的十四大的召开，中国政府对人口流动的管制开始放松，并开始估计和引导农村剩余劳动力向非农产业和城市地区流动（尹德挺 等，2008）。1994 年 11 月，中国政府发布了《农村劳动力跨省流动就业管理暂行规定》，开始鼓励并管理农村劳动力跨地区流动就业，引导农村劳动力跨地区有序地进行流动。1995 年 9 月发布了《中央社会治安综合治理委员会关于加强流动人口管理工作的意见》，其中确立了"因势利导，宏观控制，加强管理，兴利除弊"作为管理农村剩余劳动力转移的指导思想，同时，从促进农村剩余劳动力就地就近转移、加强对农村剩余劳动力跨地区流动就业的调控和管理、实行统一的流动人口就业证和暂住证制度、整顿劳动力市场、改进和加强收容遣送工作等方面完善流动人口的管理政策（陆继霞 等，2019）。研究结果表明，1989—1995 年，流动人口数量的平均年增长率在 10% 以上（关吉，1997），1995 年的全中国流动人口约有 7 000 多万人，占总人口比重的 5.8%（叶敬忠 等，2018）；这一数字在 2000 年末达到了 1.2 亿人（国家统计局人口和就业统计司，2018）。从约束人口流动到鼓励和引导人口流动的转变，适应了农业产业发展和城市发展，对于农村减贫来讲，人口流动放松约束使得农村剩余的劳动力可以转移到其他地区和产业，并从其他产业和地区的经济发展中获益。对于农村产业发展来看，人口流动和要素价格市场化等改革，催生了乡镇企业的发展，并极大地促进了农村产业发展和农民脱贫①。

扶贫政策。这一阶段的扶贫政策方面主要是成立了国务院扶贫开发领导小组作为专门的管理组织，并推行以贫困县为瞄准目标的扶贫机制。首先，在1986 年成立了国务院贫困地区经济开发领导小组（并在 1993 年更名为国务院

---

① 关于乡镇企业发展，可以参看：潘维. 农民与市场：中国基层政权与乡镇企业 [M]. 2003. 晓越. 围绕扶贫攻坚目标加快贫困地区乡镇企业的发展 [J]. 农村经济与技术，1997（5）：3-4，11. 王会平. 大力兴办乡镇企业是脱贫致富的最佳选择 [J]. 工业技术经济，1996（6）：34-36. 等等。我们在后文将进一步介绍这个阶段的乡镇企业对于中国扶贫的意义。

扶贫开发领导小组)①。国务院扶贫开发领导小组设立国务院扶贫开发领导小组办公室，负责承担领导小组的日常工作。国务院扶贫开发领导小组的主要任务是：①拟定扶贫开发的法律法规、方针政策和规划；②审定中央扶贫资金分配计划；③组织调查研究和工作考核；④协调解决扶贫开发工作中的重要问题；⑤调查、指导全国的扶贫开发工作；⑥做好扶贫开发重大战略政策措施的顶层设计。中国的扶贫开发实行分级负责、以省为主的行政领导扶贫工作责任制。各省（自治区、直辖市），特别是贫困面积较大的省（自治区、直辖市），都把扶贫开发列入重要议程，根据国家扶贫开发计划制订本地区的具体实施计划。中央的各项扶贫资金在每年年初一次下达到各省（自治区、直辖市），实行扶贫资金、权力、任务、责任"四个到省（自治区、直辖市）"。所有到省的扶贫资金一律由省级人民政府统一安排使用，并由各有关部门规划和实施。从现在情况来看，国务院扶贫开发领导小组的成立是中国政府正式对扶贫开发向制度化的转变，并针对贫困问题的研究、规划、资金配置、考核等各个方面进行管理。

其次，是具体的扶贫计划的实施。1994 年，中国政府颁布的《国家八七扶贫攻坚计划（1994—2000）》，落实了"省长负责制"，并且把扶贫计划的实施结果作为官员政绩和晋升考核指标之一，从制度层面强化了地方政府对扶贫计划的推进。此后的 1996 年，中国政府又提出《中共中央国务院关于尽快解决农村贫困人口温饱问题的决定》（以下简称《决定》），这是为推行"八七扶贫攻坚计划"做了更加具体的工作要求。政府在 1996 的《决定》中强调了开发式扶贫方式："开发当地资源，发展商品生产，增加自我积累、自我发展的能力，是稳定地解决温饱问题、实现脱贫致富的根本出路。要围绕解决群众温饱问题，发动群众治水、改土、种树、修路，加强基础设施建设，改善生产条件和生态环境，实现可持续发展；切实抓好农业生产特别是粮食生产，提

---

① 国务院扶贫开发领导小组是国务院的议事协调机构，成立于 1986 年 5 月 16 日，当时称国务院贫困地区经济开发领导小组，1993 年 12 月 28 日改用现名。调整后的成员包括国务院办公厅、国务院扶贫办、中央组织部、中央农办、农业农村部、国家发展改革委、民政部、财政部、中国人民银行、中央军委政治工作部、中央宣传部、中央统战部、中央和国家机关工委、外交部、教育部、科技部、工业和信息化部、国家民委、人力资源社会保障部、自然资源部、生态环境部、住房城乡建设部、交通运输部、水利部、商务部、文化和旅游部、国家卫生健康委员会、审计署、国务院国资委、国家广播电视总局、国家统计局、国研室、中国银行保险监督管理委员会、证监会、国家能源局、国家林业和草原局、供销合作总社、中央军委国防动员部、中国铁路总公司、开发银行、农业发展银行、农业银行、全国总工会、共青团中央、全国妇联、中国残联、全国工商联、国家电网有限公司、中国南方电网有限责任公司等有关部门的负责同志。参见，http://www.cpad.gov.cn/col/col282/index.html。

高粮食自给水平。在此基础上，因地制宜地发展多种经营和乡镇企业，增加农民收入。把有助于直接解决群众温饱问题的种植业、养殖业和以当地农副产品为原料的加工业，作为扶贫开发的重点。根据目前贫困地区的条件，过多地发展一般工业项目是不切实际的。从多年的实践看，与其他产业比较，种植业、养殖业、林果业和以当地农产品为原料的加工业是最有效的扶贫产业。发展这些产业，不仅能够充分发挥区域资源优势，有广阔的市场，投资少、见效快、成功率高，而且覆盖面广，家家户户都能干，家家户户都受益。扶贫攻坚必须把发展这些产业作为重点，优先安排。国家扶贫专项贷款要集中用于这些产业，其他扶贫资金也要向这些产业倾斜并与之配套使用。扶持的方式，主要支持带动贫困户脱贫的龙头企业，把贫困户脱贫致富与发展农业产业化结合起来。"①

可以看出这段时期的开发式扶贫已经重视农村产业发展的重大意义，在支持贫困地区基础建设的基础上，提供资金政策支持，发挥地区优势发展农业，鼓励乡镇企业发展。值得注意的是，在贫困地区促进产业发展离不开要素的转移配置，除了资金支持（参见下一小节），还需要技术、人力资源、基础设施供给、制度供给等。该《决定》明确了扶贫资金管理、人才技术和教育支持："中央专项扶贫资金的分配和使用，要和分级负责、以省（自治区）为主的扶贫工作责任制结合起来，和扶贫攻坚任务结合起来，与解决温饱问题的进度直接挂钩，做到资金到省（自治区），权力到省（自治区），任务到省（自治区），责任到省（自治区）。所有到省（自治区）的扶贫资金，一律由省（自治区）政府统一安排使用，由省（自治区）扶贫开发领导小组具体负责，组织各有关部门规划和实施项目。"②"组织沿海发达省、直辖市对口帮扶西部贫困省、自治区……，动员富裕县的企业到西部贫困县去，利用人才、技术、信息、市场、管理、资金等各种优势，在互利互惠的基础上与贫困县共同开发当地资源。"③ 我们注意到，中国政府对扶贫绩效的考核制度，国务院扶贫开发领导小组直接管理各级扶贫组织，并且对贫困地区"一把手"的扶贫任务进行考察，"……各有关省（自治区）的党委和政策，每年都要就解决贫困人口温饱的进度向党中央和国务院作出专题报告……对如期完成解决群众温饱任务，有突出成绩的，要提拔、重用或予以奖励；对不负责任、无所作为、完不

---

① 资料来源：《中共中央国务院关于尽快解决农村贫困人口温饱问题的决定》，1996年。
② 资料来源：《中共中央国务院关于尽快解决农村贫困人口温饱问题的决定》，1996年。
③ 资料来源：《中共中央国务院关于尽快解决农村贫困人口温饱问题的决定》，1996年。

成任务的，要就地免职或降职使用"①。

在这个阶段，中国政府瞄准到了县一级。1986 年，中国政府第一次制定了国家重点贫困县的标准②。按 1985 年农民人均纯收入计算，农区县低于 150 元，牧区县低于 200 元，革命老区县低于 300 元，即列入国家扶持范围。1986 年，中国政府陆续确定了 331 个国家重点扶持贫困县。1994 年，颁布实施了《国家八七扶贫攻坚计划（1994—2000 年）》，对贫困县进行了一次调整。按照 1992 年农民人均纯收入超过 700 元的县一律退出，低于 400 元的县全部纳入的方法，在全国范围内确定了 592 个国家重点扶持贫困县③。这些贫困县涵盖了中国 72%以上的农村贫困人口④，主要分布在中西部地区（中西部贫困县占比达到 82%）。

（2）资金支持

我们主要从税收、金融和转移支付三个方面介绍这一时期的中国政府开发式扶贫政策。第一是税收优惠政策。这一政策主要反映在《国家八七扶贫攻坚计划（1994—2000）》以及之后的《中共中央国务院关于尽快解决农村贫困人口温饱问题的决定》中，提出"对国家确定'老、少、边、穷'地区新办企业，其所得税可以在 3 年内予以征后返还或者部分返还"，后来直接三年内免征所得税；另外在贫困地区免除了粮食订购任务；对所有尚未解决温饱问题的贫困户，按照农业税条例的有关规定，减免农业税和农业特产税。另外，1994 年中国进行了分税制改革，中央财政将财政穷省征收的资源税全部留给地方政策，中央不再分成。

第二是在金融方面。1986 年，中国政府发布的《关于帮助贫困地区尽快

---

① 资料来源：《中共中央国务院关于尽快解决农村贫困人口温饱问题的决定》，1996 年。

② 国家扶贫开发工作重点县和连片特困地区县的认定，http://www.gov.cn/gzdt/2013-03/01/content_2343058.htm。

③ 2001 年颁布实施的《中国农村扶贫开发纲要（2001—2010 年）》，对国家重点扶持的贫困县进行第二次调整，贫困县改称国家扶贫开发工作重点县，将东部 33 个重点县指标全部调到中西部，东部不再确定国家级重点县。同时，西藏自治区作为特殊扶持区域，整体享受重点县待遇，不占重点县指标。全国共有 592 个重点县，作为扶贫开发的重点区域。2011 年，颁布实施《中国农村扶贫开发纲要（2011—2020 年）》，对国家重点扶持的县进行第三次调整。按"高出低进，出一进一，严格程序，总量不变"的原则进行调整，但不得将连片特困地区内重点县指标调到片区外使用。这次调整，原重点县共调出 38 个，原非重点县调进 38 个，全国重点县总数仍为 592 个。

④ 可以看出，这段时期的开发或扶贫以县为主要瞄准对象，仍然有很大部分贫困人口被排除在贫困县外的。在下一节的开发扶贫深化阶段（2000—2012）将对瞄准对象设定到村，参见本章第三节。

改变面貌的通知》中，要求中央银行连续 5 年设立 10 亿元的专项贴息贷款资金。在 1996 年的《中共中央国务院关于尽快解决农村贫困人口温饱问题的决定》中，提出在现有的扶贫信贷资金基础上，每年再增加 30 亿元的扶贫贷款，用来重点支持效益好、能还贷、能带动千家万户脱贫致富的种植业、养殖业、林果业和农产品加工业项目。在金融扶贫方面，中国政府在 2001 年颁布了《扶贫贴息贷款管理实施办法》，将扶贫贷款的发放和管理权给中国农业银行，之后在 2008 年，扶贫贷款管理权限下放到省一级，并开放允许其他金融机构参与扶贫贷款工作①。

第三是转移支付方面。1986—2000 年转移支付的主要形式是国家对贫困地区提供资金援助。在"八七扶贫攻坚计划"及其具体实施方案中提到，中央财政每年增加 15 亿元的转移支付，主要用于农田基本建设、修建乡村公路、解决人畜饮水、推广科学技术和农民技术培训。同时，地方政府必须配套扶贫投入，要求"地方投入到国定贫困县的扶贫资金比例，根据各省、自治区不同的经济发展水平和财政状况，要提高到中央扶贫投入的百分之三十至百分之五十。达不到规定投入水平的，要按比例调减中央投入到该省、自治区的扶贫资金。调减下来的资金用于能够达到配套比例的省、自治区"②。相对于前一阶段的"三西"扶贫计划，这一阶段转移支付不仅用于改善乡村基础建设，还对科技培训等增加人力资本投资的方向有所覆盖。还有一个不同点是，这个阶段的扶贫计划突出了"项目"的重要性，要求"为了支持中西部贫困地区开发，国务院各部门在实施'九五'计划时，要和国家'八七扶贫攻坚计划'的实施相衔接，把国家的大型区域开发项目与扶贫结合起来，优先向集中连片的贫困地区安排一批水利、交通等基础设施项目和资源开发项目，带动当地农户就业，脱贫致富"③——明确了通过项目来促进脱贫。总之，可以看出中国政府在这个阶段重视从产业发展的开发式扶贫来展开扶贫计划，从公共品供给、制度供给、资金供给、人力资源（农业科技投资和培训）等方面对贫困地区进行产业化发展支持。

（3）其他扶贫政策。

除了主要的扶贫政策和资金支持鼓励产业发展的开发式扶贫外，中国政府同时对教育扶贫和医疗保障制度提出了要求，作为开发式扶贫的补充。比如在

---

① 资料来源：2008 年，《关于全面改革扶贫贴息贷款管理体制的通知》，http://www.gov.cn/zwgk/2008-06/02/content_1002276.htm。

② 资料来源：《中共中央国务院关于尽快解决农村贫困人口温饱问题的决定》，1996。

③ 资料来源：《中共中央国务院关于尽快解决农村贫困人口温饱问题的决定》，1996。

《中共中央国务院关于尽快解决农村贫困人口温饱问题的决定》中，"贫困地区落后的一个重要原因，就是科技教育滞后，劳动者素质低。要把扶贫开发转移到依靠科技进步、提高农民素质的轨道上来。要加大科技扶贫力度，选择一些成熟可靠、容易掌握、增产增收效果显著的适用技术，认真加以推广。积极推进贫困地区教育改革，把重点放在普及初等教育、扫除文盲和对农民进行适用技术培训上来，为当地农民解决温饱、脱贫致富服务。积极发展合作医疗，逐步建立农村的基本医疗保障制度，减轻农民的医药负担，减少因贫致病、因病致贫返贫的现象"。同时，中国政府还提出了对资源匮乏的贫困地区进行人口转移或者组织劳务输出。

3.2.3 扶贫绩效

在这个阶段中，中国政府建立了国务院扶贫开发领导小组，推行了目标明确、多举措并举的"八七扶贫攻坚计划"。该阶段的扶贫开发是以促进贫困地区的产业经济发展为主要目标的扶贫战略。我们从减贫效率和产业发展两个方面来介绍本阶段的扶贫开发效果。

首先是减贫方面。表 3-2 报告了 1986—2000 年的贫困发生率和贫困人口的规模变化趋势。贫困发生率从 1986 年的 15.5% 下降到了 2000 年末的 3.4%；贫困人口减少了 9 000 多万人，平均每年减少 660 万人。如果将 1987 年作为对照基年，中国农村贫困发生率从 30.7% 下降到了 3.4%，贫困人口减少了将近 2 亿人。考虑到人口增长和贫困线提高，贫困居民的生活水平得到显著的提升。其他研究表明，贫困县农民的人均收入在 2000 年年末达到了 1 338 元，该数字在 1986 年为 648 元，年均增长率为 12.8%（黄国勤，2018）。

表 3-2 1986—2000 年农村贫困状况

年份	贫困线/元·人⁻¹	贫困发生率①/%	贫困规模/万人
1986	213	15.5	13 100
1987	227	14.3	12 200
1988	236	11.1	9 600
1989	259	11.6	10 200
1990	300	9.6	8 500

---

① 贫困发生率：也叫贫困人口比重指数，是指低于贫困线的人口占总人口的比重。

表 3-2（续）

年份	贫困线/元·人⁻¹	贫困发生率/%	贫困规模/万人
1992	317	8.8	8 000
1994	440	7.7	7 000
1995	530	7.1	6 540
1997	640	5.4	4 962
1998	635	4.6	4 210
1999	625	3.7	3 412
2000	625	3.4	3 209

资料来源：国家统计局。

从贫困县的农业发展来看，"八七扶贫攻坚计划"执行期间，国家重点扶持贫困县农业增加值增长 54%，年均增长 7.5%；工业增加值增长 99.3%，年均增长 12.2%[①]。可以看出，这个阶段针对贫困县的扶贫开发，不仅促进了农村农业产业发展，还促进了乡镇企业发展，带动了贫困地区工业产业发展。这也从侧面证明，该阶段以产业发展为主要目标的扶贫策略是成功的。

这个阶段的扶贫开发还主要是为贫困地区提供基础公共设施。1986—2000年的 15 年间，在中国农村贫困地区修建基本农田 9 915 万亩，解决了 7 725 多万人和 8 398 多万头大牲畜的饮水困难。到 2000 年年底，贫困地区通电、通路、通邮、通电话的行政村分别达到 95.5%、89%、69% 和 67.7%[②]。

"八七扶贫攻坚计划"还改善了贫困地区的教育条件和福利保障机制。592 个国家重点扶持贫困县中有 318 个实现基本普及九年义务教育和基本扫除青壮年文盲的目标。职业教育和成人教育发展迅速，有效地提高了劳动者素质。大多数贫困地区乡镇卫生院得到改造或重新建设，缺医少药的状况得到缓解（黄国勤，2018）。

值得注意的是，这个阶段的扶贫开发延续了之前的市场化制度改革，比如推进价格体系建立，放松人口流动等政策措施。一方面，相对发达产业发展吸收了农村过剩的劳动力，并且使得这些可以外出务工的贫困人口受益；另一方面，城市地区经济发展为农村产业发展提供了市场，乡镇企业获得发展契机。

---

① 数据来源：黄国勤. 中国扶贫开发的历程、成就、问题及对策 [J]. 中国井冈山干部学院学报，2018，63（3）：119-126.
② 数据来源：黄国勤. 中国扶贫开发的历程、成就、问题及对策 [J]. 中国井冈山干部学院学报，2018，63（3）：119-126.

乡镇企业在这个阶段获得突破性发展，被称为一个"意外的收获"。乡镇企业极大地推动了农业产业化进步，增加了农村人口的就业和收入。1984年，中国政府在《国务院转发农牧渔业部和部党组关于开创社对企业新局面的报告的通知》中，承认了乡镇企业在国民经济组成中的重要地位。这就将乡镇企业从农村经济发展的重要部分，提高到了国民经济重要组成部分的高度。这也让乡镇企业获得了发展上的政策优势。据统计，1985年，中国乡镇企业有600多万个，总产值为1 500多亿元，吸收就业8 000多万人（朱信凯 等，2017）。此后，政府在1985年和1986年的文件中提出鼓励设立乡镇企业，并在信贷和税收等方面提供政策优惠。

一个例子是华西村。华西村建于1961年，是江苏省江阴县（今江阴市）的一个生产大队。华西村在20世纪60年代是当地最穷的一个村，村里集体资产1 764元，银行负债15 000元。当时，村里买了一台拖拉机，但是开不进村子，因为村里连一条石子路都没有。那时候留下这样一首民谣："华西人住的茅草房，穿的补丁装，吃的麸皮糠、薄粥汤，口袋两面光，还要拖儿带女去逃荒。"1969年，华西村创办第一个村办企业小五金加工厂，开始发展集体工业、探索工业化道路。以此为肇始，创造了后来乡镇企业异军突起的奇迹，经历了由农到工、以工补农、工业致富的历史进程。到了1991年，华西村建立了20多个小企业，年产值达到5亿元。1993年建立了华西集体公司，并在1999年在深圳证券交易所上市。到2016年，华西村成为中国最富有的村子之一[①]。

另外，王艺明和刘志红（2016）对"八七扶贫攻坚计划"做了政策评估发现，"八七扶贫攻坚计划"对61%的贫困县具有长期持续的减贫效应，并且扶贫政策效果具有一定的滞后性。这个研究一方面为产业扶贫的长效性提供了证据，另一方面也提出了这个阶段扶贫政策的问题，即"八七扶贫攻坚计划"瞄准率需要提高。因此，下一个阶段的扶贫政策进一步将扶贫对象聚焦到贫困村一级，我们将在下一小节对此进行介绍。

---

① 资料来源：杨良敏，马玉荣，蒋志颖. 华西村："天下第一村"的共富实践 [J]. 中国发展观察，2019（15）：17-24.

3.3 开发式扶贫深化阶段 (2001—2012 年)

3.3.1 背景

上一阶段的扶贫开发取得了成功，但是还存在一些问题。上一阶段的扶贫开发改善了贫困地区的基础设施，通过扶贫项目和支持产业发展等方式，极大地提高了贫困地区的居民收入和生活水平。而出现的不足之处在于，扶贫开发主要还是通过项目展开的，在以贫困县为扶贫单位的时候，存在扶贫对象失准的问题。比如，在扶贫资金的使用方面，存在扶贫贷款难以到达贫困居民手中的问题。比如，在 1986 年开始实施的金融扶贫政策，要求重点支持农业产业，但是贫困地区的农户由于缺乏资源禀赋，难以获得扶贫贷款。1996 年开始的贴息贷款是通过中国农业银行发放和管理的，在实施过程中也难以对扶贫居民展开贷款工作。此外，除了贫困县内的贫困居民，还存在相当一部分贫困人口不在贫困县中，根据国家统计数据，2000 年年末的 3 209 万贫困人口中，有 40%左右处于非贫困县；而上一阶段的扶贫开发政策和资金支持只能用于贫困县，导致相当部分的贫困人口难以获得扶贫计划的红利。此外，王艺明和刘志红（2016）对"八七扶贫攻坚计划"做了政策评估发现，"八七扶贫攻坚计划"对 61%的贫困县具有长期持续的减贫效应，发现贫困县中有相当部分的非贫困人口。

除了上一阶段的问题，还有新的扶贫工作挑战。主要挑战是随着中国市场化改革，虽然贫困人口持续减少，但是居民收入差距不断加剧。2001 年年末，中国国内生产总值达到 11 万亿元，人均产出达到了 8 700 元，居民的消费支出达到 3 987 元。可以看出，国民经济发展极大地改善了居民生活水平，但是中国依然有 6 200 多万人的生活水平处于贫困线以下（按照 2000 年的贫困线标准 865 元计算）。特别是在城乡二元结构背景下，工业快速发展并不能直接带动农业发展，城镇化的提高也不会带动农村经济增长。城乡居民的收入水平差距有扩大的趋势，比如 2001 年农村居民收入为 2 366 元，而城镇居民收入达到 6 860元，农民收入仅仅占城镇居民收入的三分之一。

此外，还有一个重要的背景是，2000 年 10 月，中国政府做出了一个判断，即"从新世纪开始，我国将进入全面建设小康社会，加快推进社会主义现代化的新的发展阶段"①。全面建设小康社会的目标显然要阻止区域之间收入差距扩大的趋势。因此，着力推进贫困地区的经济发展是全面建设小康社会的前提，加大农村贫困地区的扶贫开发力度成为这一阶段的重要任务。

所以，在2000年，党的十五届五中全会表示，要继续坚持开发式扶贫，要求增加扶贫投入、加强贫困地区的基础建设，同时关注贫困地区的教育、文化和卫生保障等②。2001年，国务院颁布了《中国农村扶贫开发纲要（2001—2010年）》（以下简称《纲要》），在总结前一个扶贫阶段的经验和成功中，提出现阶段扶贫的几个重要的措施。第一是提出瞄准度更高的"整村推进"扶贫计划，即以贫困乡村为基础制定扶贫规划，落实扶贫任务③。"整村推进"成为了该阶段最重要的特征之一。第二是进一步支持农业产业化，扶持种养殖业。《纲要》要求"因地制宜发展种养业，是贫困地区增加收入、脱贫致富最有效、最可靠的途径。要集中力量帮助贫困群众发展有特色、有市场的种养业项目"。这是延续了开发式扶贫的核心精神，即以市场为导向，调整经济结构，开发当地资源，发展商品生产，改善生产条件，走出一条符合实际的、有自己特色的发展道路④；而这其中最重要的一点是扶持产业化发展。第三是鼓励多元社会主体参与扶贫开发。中国各级政府为了持续支持农村经济发展，创造了良好的政策环境和投资条件，以吸引多种所有制经济组织参与贫困地区的经济开发。首先是吸引能够提高产业层次、带动千家万户增加收入的农产品加工企业，能够发挥贫困地区资源优势并改善生态环境的资源开发型企业，能够安排贫困地区剩余劳动力就业的劳动密集型企业，能够帮助贫困群众解决"买难、卖难"问题的市场流通企业等；其次是强化沿海发达地区对口帮扶西部贫困地区工作；同时还吸引其他愿意参与扶贫的组织。第四是注重全面扶贫开发。在围绕扶持贫困地区产业经济发展的同时，强化政府转移支付力度，重视科技、教育、卫生保障等，促进全面脱贫和社会保障脱贫。以下介绍的政策措施主要是围绕这四个方面展开的，即推行"整村推进"、重点支持产业化、鼓励多元主体参与扶贫以及全面扶贫开发。

---

① 资料来源：《十五大以来重要文献选编》中，人民出版社，2001年版。
② 资料来源：《十五大以来重要文献选编》中，人民出版社，2001年版。
③ 资料来源：《十五大以来重要文献选编》下，人民出版社，2003年版。
④ 资料来源：国务院关于印发中国农村扶贫开发纲要（2001—2010年）的通知，http://www.gov.cn/zhengce/content/2016−09/23/content_5111138.htm。

3.3.2 政策措施

（1）"整村推进"计划。

"整村推进"是该阶段扶贫开发最明显和最重要的特征之一。"整村推进"就是以扶贫开发工作重点村为对象，以增加贫困群众收入为核心，以完善基础设施建设、发展社会公益事业、改善群众生产生活条件为重点，以促进经济社会文化全面发展为目标。"整村推进"从贫困人口的生活生产等各个方面开展基础建设，主要项目有人畜饮水项目、新建和扩建公路、基本农田、种养殖业项目等。除了加大政府转移支付之外，还提出整合社会各方资源，促进社会参与扶贫开发。

"整村推进"是中国在总结了甘肃省整村推进模式的基础上进行总结，并于 2001 年在全国范围内推行的。中国政府在全国确定了 14.8 万个"整村推进"扶贫开发的贫困村，覆盖了 80% 左右的贫困人口，占全国行政村总数的 21.4%[①]。"整村推进"强调利用村庄作为一个单位，动员农民参与，全面发展农村扶贫。规划的内容主要有六个方面：改善基本生产生活条件的基础设施建设；调整产业结构、增加农民收入的服务体系建设；提高人口基本素质的社会事业建设；树立文明新风的精神文明建设；规范有序的民主政治建设；以班子建设为核心的村级民主制度建设。到 2005 年年底，已有 4.5 万个村按规划完成了建设任务。在五年来的"整村推进"扶贫开发过程中，新增基本农田640 万亩，新增改扩建乡村道路 66.6 万千米，新增及改良人工草场 1 906.6 万亩，新增教育卫生用房 638.4 万平方米，解决了 1 937.9 万人、2 512.2 万头大牲畜饮水困难[②]。

"整村推进"将扶贫规划下沉到贫困村一级。要求调整完善村级扶贫规划，并经村民大会或村民代表大会通过。村级规划要明确对基本农田、人畜饮水、道路、贫困农户收入、社会事业改善和村级领导班子等方面的建设要求。村级规划主要是从改善贫困村的基本生产生活条件，为贫困村经济发展提供基础条件开始；核心目标是开发优势产业，不仅要关注农业发展，还要以市场为导向，按照优质、高产、生态、安全的要求发展特色优势产业，鼓励贫困农民

---

① 资料来源：张磊.《中国扶贫开发政策演变（1949~2005 年）》［M］. 北京：中国财政经济出版社，2007.

② 资料来源：积极实施整村推进扶贫开发，http://www. gov. cn/ztzl/fupin/content＿396653. htm。

调整农业结构，吸引农产品加工销售企业到贫困村建立原料基地①。最终通过产业发展提高农村贫困居民收入。

2010 年年末，中国总共实施了 12.6 万个贫困村的"整村推进"计划，完成了贫困村总数量的 84%，中央政府和地方政府总共投入了扶贫资金 789 亿元，每个贫困村投入平均约为 63 万元。根据中国扶贫开发领导小组办公室统计，"整村推进"使得贫困村农民人均收入提高了 20% 以上；同时"整村推进"还使贫困村在基础设施、产业发展、社会事业、村容村貌等方面实现了突破，不仅改善了贫困村的生产生活条件，增加了扶贫对象的收入，提高了贫困群众的自我发展能力，同时还打造了扶贫开发进村入户的平台，成为构建大扶贫格局的重要载体②。但是，"整村推进"还是存在一些不足。比如缺乏宏观规划指导，对"整村推进"贫困村的投资规模、建设任务、建设标准等没有提出明确要求，"整村推进"的实施效果差别较大；专项扶贫资金总量有限，资源整合力度不够，村与村之间投入不均，部分村投入严重不足；没有建立扶贫对象瞄准机制，一些最困难的人口没有得到有针对性的项目扶持。此外，"整村推进"的检查验收和项目后续管理工作有待进一步加强。这些都对新一轮的"整村推进"工作提出了严峻的挑战③。

2012 年的《扶贫开发整村推进"十二五"规划》提出了更多要求：首先是强化宏观管理，政府主导，结合群众参与。由政府把握"整村推进"，形成的工作机制是"中央统筹、省负总责、县抓落实"的扶贫开发管理体制。其次，"整村推进"坚持产业开发、基础设施建设与能力建设相结合。再次，根据贫困村自然条件和经济发展状况，对有一定发展基础、具备开发条件的村，重点发展特色优势产业；对发展基础差、经济落后的村，坚持基础设施建设、产业培育和能力建设并重；对地理上自然相连的贫困村，统筹规划，连片开发。最后，"十二五"期间规划了 3 万个贫困村和 200 个西藏贫困乡，分布中西部 21 个省（市）。目标是发展特色产业，争取 2015 年实现一户发展一项种植、养殖、加工、旅游等增收项目，一村争取培育一个主导产业；到 2015 年，实现具备条件的贫困村和西藏 200 个贫困乡镇所辖行政村通公路、改善农田水

① 资料来源：国务院关于印发中国农村扶贫开发纲要（2001—2010 年）的通知，http://www.gov.cn/zhengce/content/2016-09/23/content_5111138. htm。

② 资料来源：国务院扶贫开发领导小组办公室，http://www.cpad.gov.cn/art/2012/10/19/art_50_10362. html。

③ 资料来源：扶贫开发整村推进"十二五"规划，http://www.cpad.gov.cn/sofpro/ewebeditor/uploadfile/2012/10/19/20121019144156104. pdf。

利设施、提高农业生产生活条件和生态环境进一步改善；同时关注生态建设和社会公共服务建设，提高贫困地区的教育技术水平。

（2）支持产业化发展。

《中国农村扶贫开发纲要（2001—2010年）》明确提出：①把发展种养业作为扶贫开发的重点。②推进农业产业化经营。对具有资源优势和市场需求的农产品生产，要按照产业化发展方向，连片规划建设，形成有特色的区域性主导产业。积极发展"公司+农户"和订单农业。引导和鼓励具有市场开拓能力的大中型农产品加工企业，到贫困地区建立原料生产基地，为贫困农户提供产前、产中、产后系列化服务，形成"贸工农一体化""产供销一条龙"的产业化经营。加强贫困地区农产品批发市场建设，进一步搞活流通，逐步形成规模化、专业化的生产格局。

（3）鼓励多元主体参与扶贫。

第一，东西部对口帮扶。

从1996年开始，国家开始实施东西部对口扶贫政策①，目的是利用东部发达地区的资源、人才和项目对口帮助落后的西部地区。根据1996年国务院扶贫开发领导小组文件②，确定由北京市与内蒙古自治区，天津市与甘肃省，上海市与云南省，广东省与广西壮族自治区，江苏省与陕西省，浙江省与四川省，山东省与新疆维吾尔自治区，辽宁省与青海省，福建省与宁夏回族自治区，大连市、青岛市、深圳市、宁波市与贵州省等开展扶贫结对帮扶。其中，对于贵州省的对口帮扶城市从1996年的4个增加到2011年的8个。

对口帮扶的主要模式有以下几种：①开展经济技术合作，帮助贫困地区发展有利于尽快解决群众温饱的种植业、养殖业和相关的加工业，帮助贫困地区发展劳动密集型和资源开发型产品的生产。②帮助贫困地区进行人才培训以及人才引进，东部地区的领导干部、技术人才流动到西部欠发达地区，一方面是可由中央对欠发达地区干部进行培训和锻炼，另一方面是促使贫困地区人力资本的流入和自身人力资本的积累。③组织东部发达地区的企业对西部同类的、效益较差的企业进行帮助。④组织劳务合作，这就是要求将西部贫困地区的剩

---

① 关于东西对口扶贫的提出是在1979年7月，中共中央以中发（1979）52号文件批转的乌兰夫在全国边防工作会议的报告，要求国家"要组织内地省、市，实行对口支援边境地区和少数民族地区"。参见，国家民委政策研究室.国家民委民族政策文件选编（1979—1984）[M].中央民族学院出版社，1988.

② 国务院办公厅转发国务院扶贫开发领导小组关于组织经济较发达地区与经济欠发达地区开展扶贫协作报告的通知，国办发〔1996〕26号。

余劳动力输出到发达地区从业。这种模式得益于中央层面对人口流动管理的放松，以及在扶贫工作背景下对地区之间市场行业分割状况的改变。党的十二届三中全会强调："经济比较发达地区和比较不发达地区，沿海、内地和边疆，城市和农村，以及各行业各企业之间，都要打破封锁，打开门户，按照扬长避短、形式多样、互利互惠、共同发展的原则，大力促进横向经济联合，促进资金、设备、技术和人才的合理交流，发展各种经济技术合作，联合举办各种经济事业，促进经济结构和地区布局的合理化……"① ⑤捐赠，发动社会力量，在自愿的前提下，开展为贫困地区捐赠衣被、资金、药品、医疗器械、文化教育用品和其他生活用品的活动。

东西部对口扶贫经过 20 世纪八九十年代的发展，已经从原来的对口帮助发展到现阶段的东西部协作，协作范围不断扩大，长期固定的协作关系不断增强，东西部地区之间的企业合作也逐步涌现。同时，东西部扶贫协作的机构和机制形成并逐步完善。机构上：在全国，国务院扶贫办公室负责协调东部发达地区支持西部贫困地区的扶贫协作工作；在"结对子"省份，成立专有部门，由省里主要领导负责。机制上：建立各种会议制度、工作机制，以加强结对省份之间关于扶贫开发信息的交流与沟通。以闽宁为例，两省区省委党委、政府分别成立了闽宁对口帮扶领导小组，对扶贫工作加以指导；两省区省委党委、政府均有分管领导参加；党政主要部门均为领导小组成员；领导小组每年不定期召开会议，部署扶贫协作工作；闽宁联席会议每年召开一次②。

第二，定点帮扶计划。

相对于对口扶贫，定点帮扶计划涉及范围更加广泛，一般指国家机关、企事业单位、民主党派以及民间团体等参与到扶贫工作当中，利用各单位的资源和比较优势开展扶贫工作③。因此，定点帮扶计划涉及了从中央部门到民间团体等各阶层的国内扶贫力量。数据显示，在 2000 年年底，全国参与定点扶贫计划的部门和单位已经超过 130 个。以高校定点帮扶为例：在高校定点帮扶方面，2000 年教育部为推动东西部教育对口支援，启动了"东部地区学校对口支援西部贫困地区学校工程"和"西部大中城市学校对口支援本省（自治区、直辖市）贫困地区学校工程"。高校具有教育资源多、专业人才多、科研成果

---

① 党的十二届三中全会通过的《中共中央关于经济体制改革的决定》(1984 年 10 月)。

② 参考：李勇. 改革开放以来东西扶贫协作政策的历史演进及其特点 [J]. 党史研究与教学，2012（2）：36-43.

③ 该定义来自：朱信凯，彭超. 中国反贫困：人类历史的伟大壮举 [M]. 北京：中国人民大学出版社，2017.

丰富等独特优势。高校进行定点帮扶，一方面，可以充分发挥自身的优势，为农村脱贫提供人才、智慧与技术支持。另一方面，高校可以在扶贫实践工作中，探索丰富理论知识。精准扶贫政策实施后，更多的高校参与到扶贫工作中来，对扶贫点进行考察，因地制宜地规划了扶贫项目，建立了扶贫新模式。2014 年 4 月，内蒙古农业大学被确立为四子王旗公合成村的定点帮扶单位，并为该村选派了一名驻村第一书记。2014 年帮扶以来，内蒙古农业大学的领导及科研人员多次来到扶贫点进行调研考察，给予了人、财、物、智等多方面的帮扶。作为一所农业类院校，内蒙古农业大学充分发挥了自身的农业科技优势，在深入了解公合成村的贫困根源后，引进了众多产业项目，缓解了公合成村的贫困状况，并取得了重大成就。此外，2002 年农业部组织专家帮助定点扶贫地区建立特色优势农业，制定《农业部定点扶贫地区优势特色农业开发规划》①，该规划所确定的优先扶持的农业产业或农产品，是定点扶贫地区资源禀赋优、市场潜力大、产业基础好、辐射能力强，在国内区域市场有一定竞争优势，有条件形成产业化经营的农业产业或农产品。到 2010 年，国家提出更加广泛的、吸引社会力量参与扶贫的政策②。"……二是要调动各方力量推进定点扶贫工作。中央和国家机关各部门各单位、人民团体、参照公务员法管理的事业单位、国有大型骨干企业、国有控股金融机构、国家重点科研院校、军队和武警部队，均应参加定点扶贫工作，承担相应的定点扶贫任务。支持各民主党派中央、全国工商联参与定点扶贫工作。积极鼓励各类大型民营企业、社会组织承担定点扶贫任务。通过扎实有效的工作，力争做到定点扶贫单位对国家扶贫开发工作重点县的全覆盖。"（《关于进一步做好定点扶贫工作的通知》第二条）。参与定点扶贫的中央和国家机关等单位达到 310 个，军队和武警部队与全国 63 个县、547 个乡镇、2 856 个贫困村结对，首次实现定点扶贫对全国 592 个国家扶贫开发工作重点县的全覆盖③。

---

① 参见《农业部定点扶贫地区优势特色农业开发规划（2003—2007 年）》（以下简称《规划》）。《规划》以国务院颁布的《中国农村扶贫开发纲要（2001—2010）》为指导，坚持开发式扶贫方针，坚持发挥比较优势和以市场需求为导向的原则，立足现有基础，突出地域特色，确定了每个帮扶县近期应优先扶持的特色农业产业。即：湖北省宣恩县为贡水白柚和肉羊，咸丰县为魔芋和仔猪，来凤县为反季节及特色蔬菜（含生姜）和瘦肉型猪，鹤峰县为无公害茶叶和肉羊；湖南省保靖县、古丈县、龙山县均为反季节及特色蔬菜和肉羊，永顺县为反季节及特色蔬菜和肉牛。

② 具体参见：中共中央办公厅、国务院办公厅印发《关于进一步做好定点扶贫工作的通知》，2010 年 5 月。

③ 资料来自：中央、国家机关和有关单位定点扶贫结对关系名单，http://www.cpad.gov.cn/art/2015/9/8/art_50_22397.html。

第三，国际组织参与扶贫。

随着中国扶贫事业的发展进步，国际组织也参与到中国扶贫工作中来。主要的国家组织有世界银行、亚洲开发银行、联合国开发计划署以及联合国粮农组织等，还有一些国际非政府基金参与，比如美国福特基金会等。这些国际组织主要是通过资金援助、贷款以及技术支持和综合项目援助等方式参与。以世界银行为例，世界银行及其后成立的国际开发协会（IDA）、国际金融公司（IFC）等共称为世界银行集团，都对发展中国家进行优惠贷款援助。其中国际开发协会（IDA）的职能与业务是向最贫困国家政府提供无息贷款（信贷）和赠款，扶贫导向明确。世界银行于 20 世纪 90 年代开始参与中国扶贫开发工作。扶贫模式主要包括：综合性扶贫开发项目、技术援助开发项目、合作加强扶贫开发机构能力建设、共建减贫交流合作平台、减贫项目援助、针对贫困人口金融基础设施投资开发项目等模式。1994 年，中国发布"八七扶贫攻坚计划"，次年世界银行为密切配合中国政府，相继在中国支持了四个专门扶贫贷款项目，即集中于广西、贵州和云南等地的西南扶贫项目，在四川、陕西和宁夏的秦巴山区扶贫项目，在甘肃、内蒙古和青海的西部扶贫项目以及山西扶贫项目。项目覆盖我国最贫困的 9 个省（自治区）108 个国家级贫困县。由世界银行与中国政府签订协议，世界银行提供 58 亿人民币贷款规模，政府以扶贫贴息贷款来提供相应的配套资金投入，农民以投工投劳的方式进行投入。项目主要涉及农村基础设施开发、农民技术培训、农村剩余劳动力输出、发展农村基本教育等方面。2000 年以来，世界银行又与中国合作开展了诸多项目，如PHRD 赠款，项目实施时间为 2001—2003 年，项目资金总计 293 万元，项目区为西南、秦巴山区，建设内容为项目评价、喀斯特地区可持续发展、小额信贷项目等。以及世界银行贷款第四期扶贫项目（中国贫困农村社区发展项目），实施背景是我国利用世界银行贷款遇到硬贷利率高的问题，英国国际发展部（DFID）提出愿意提供赠款来软化世界银行硬贷，故与世界银行、中国合作开展了该项目，该项目以农户为基础，采用跨行业和内容综合性的模式，分层次满足贫困人口的不同需求（何丽，2018）。此外，1987—2006 年，联合国粮食计划署对中国进行了无偿粮食援助，资助总额达到 10 亿美元（由于中国的扶贫事业发展良好，从 2006 年开始，联合国世界粮食计划署停止了对中国的粮食援助，中国也从被援助对象变成援助国）。亚洲开发银行对中国基础建设贷款，对中国贫困地区的基础建设做出重要的贡献，截至 2000 年年底，中国总共获得亚洲开发银行贷款超过 110 亿美元。

3.3.3 扶贫效果

该阶段是中国扶贫进一步精细化政策调整实施的时期。国家提出了低收入人群的概念和贫困线,确定了国内贫困人口的数量。在2000年,中国贫困人口约3 200万人,低收入人口6 000万人。进入2000年后,中国开始了针对村级的精细化扶贫政策,确定了14.8万个贫困村,推向"整村推进"计划。以村为单位进行扶贫开发,有效解决了之前以县为单位的开发区扶贫方式。在该阶段,中国利用更广泛的社会、国际资源参与扶贫开发,以国内为例主要是东西部对口帮扶和定点帮扶政策的实施。

这种以村为单位的扶贫计划和更加精细化的对口扶贫和定点扶贫计划的实施,是中国扶贫事业的伟大尝试。通过对人财物等资源的集中和精细化管理配置,重点改善贫困地区基础建设、教育、医疗等方面的条件,培育贫困地区的产业基础,把扶贫和产业培育结合,配合劳动力培训和劳动力转移就业等模式,"整村推进"计划得到了显著成果,极大地改善了贫困人口的生活环境、生产能力和风险抵御能力。可以说:第一,"整村推进"计划标志着中国的扶贫事业进一步精细化,改变了之前扶贫阶段的大水漫灌方式(洪名勇、洪霓,2016);第二,"整村推进"期间调动了广泛的社会力量参与中国扶贫;第三,扶贫过程中重视对基础设施、人力资本培育、产业扶持等有利于贫困人口和地区自身产业基础发展的方面,为贫困人口和地区构建了长期的产业发展环境。

"整村推进"期间中国贫困人口从2000年的4.6亿人口,下降到2012年的9 899万人[1]。其中2010—2012年,农村贫困人口减少了7 000万人,农村贫困率从17.2%下降到10.2%,贫困人口收入从3 273元上升到4 602元。基础建设方面,到2012年,贫困自然村通路、通电、通电话等都达到92%以上。人力资本方面,农村劳动力文盲率下降到8.9%(朱信凯、彭超,2017)。

3.4 精准扶贫阶段(2013—2020年)

3.4.1 背景

从20世纪80年代到2000年年初,中国扶贫模式从以政府主导的区域开发逐步转向农户参与式扶贫,先后经历了国家级贫困县政策,农村发展扶贫项

---

① 数据来源:国家统计局。

目和国家级贫困村项目（汪三贵，2008）。从总体来看这些扶贫政策取得了较好的成效，扶贫资金能在短期内提高农户的收入（Ravallion & Jalan，1999；Park et al.，2002；贾俊雪 等，2017）。但扶贫工作也存在一些问题。例如，随着经济发展，贫困人口分布变得更加分散，以县为对象的扶贫政策就难以瞄准贫困人口（李小云 等，2005；汪三贵 等，2007）。同时，农村居民收入的基尼系数明显上升，并且收入不平等的上升显著增加了贫困发生率（Yao，2000；Ravallion & Chen，2009；汪三贵，2008）。

此外，村级扶贫政策存在的精英俘获问题，导致了贫困村内部相对富裕的家庭收益更加显著，贫困农户收益不明显（Park & Wang，2010）。基于之前扶贫政策中所出现的贫困农户识别问题和精英俘获问题，中国政府需要改进扶贫政策以惠及真正的贫困人口（汪三贵，2008）。

基于上述背景，国务院颁发的《中国农村扶贫开发纲要（2011—2020年）》中提出"建立健全扶贫对象识别机制，做好建档立卡工作，实行动态管理，确保扶贫对象得到有效扶持"[①]。2013年11月，习近平总书记在湘西十八洞村考察时，提出"精准扶贫"理念，此后，精准扶贫成为新时期中国扶贫工作的主要模式[②]。

相对于早期扶贫政策，精准扶贫政策的微观主体进一步精确到贫困家庭，通过有针对性地帮扶消除贫困，可以说精准扶贫是对前期农村扶贫开发政策的系统性改进。精准扶贫通过对贫困户的精准识别、精准帮扶、精准管理和精准考核来推进。首先是精准识别，通过贫困户申请、群众评议、公告公示、抽查核验、录入信息等一系列步骤，对贫困户进行有效识别及"建档立卡"，识别工作主要集中于2014年；其次，在精准识别的基础上，根据致贫成因有针对性地采取措施进行精准帮扶；再次，精准（动态）管理涉及对建档立卡贫困户的动态管理，及时识别出新贫困户，并剔除已经脱贫的家庭；最后是精准考核，主要是针对地方政府和家庭的脱贫成效进行量化考核[③]。根据国务院扶贫办相关数据，2014年完成了全国精准识别并建档立卡的"一号工程"，共计贫

---

① 资料来源：国务院印发《中国农村扶贫开发纲要（2011—2020年）》http://www.gov.cn/gongbao/content/2011/content_2020905.htm。

② 在习近平总书记提出"精准扶贫"论述后，国务院办公厅于2014年1月印发了《关于创新机制扎实推进农村扶贫开发工作的意见》，将精准扶贫作为创新扶贫开发工作机制之一；2014年5月印发了《建立精准扶贫工作机制实施方案》，在全国范围内推行精准扶贫；2016年11月，国务院印发了《"十三五"脱贫攻坚规划》，并将精准扶贫、精准脱贫定为扶贫攻坚基本方略。

③ 资料来源：国务院扶贫办《建立精准扶贫工作机制实施方案》：http://www.cpad.gov.cn/art/2014/5/26/art_50_23765.html。

困人口是 8 962 万[1]。

3.4.2　政策措施

精准扶贫政策措施的形成需要考虑到贫困的多维性。这方面主要是来自阿马蒂亚·森关于能力贫困和权利贫困的研究，以及后来学者对多维贫困的扩展和测度的研究（张全红 等，2014）。中外学者的研究表明，多维贫困是限制扶贫政策效应的主要原因，需要从多维贫困来实施扶贫计划（高艳云，2012；高艳云，马瑜，2013；Alkire & Seth，2015）。新时代的精准扶贫政策从识别、帮扶、管理和考核都进一步精细化，同时也考虑了贫困的多维度性质。下面以"六个精准、五个一批"来介绍精准扶贫政策[2]。

精准扶贫对象。一方面，建档立卡名额的分配方法是国家统计局依据2 855元的收入标准，估计出各省和县的贫困发生率，按10%的上浮比例逐级向下分配的。另一方面，名额分配到村后，由于村级行政单位缺乏农户收入数据，在贫困户识别过程中，建档立卡名额只能采用民主评议的方法配置使用。

精准项目安排。项目安排精准就是要做到因户因人施策，扶到点上、扶到根上，不能大而化之，"眉毛胡子一把抓"，要找准每个贫困户的致贫原因。加强产业项目的调研论证，不能让"病急乱投医"的项目盲目"上马"以及"想当然"的项目随意"上马"，要着力破解项目造血功能不足、同质化严重、商品化程度不高等现实困境，带动贫困群众走上经济内生增长、自主脱贫致富的可持续发展道路。

精准资金使用。2016年国务院发布了《关于支持贫困县开展统筹整合使用财政涉农资金试点的意见》[3]。要通过试点形成"多个渠道引水、一个龙头放水"的扶贫投入新格局。省级政府负总责、强化监督，县级政府抓落实、权责匹配，遵循精准发力、注重实效的基本原则。纳入统筹整合范围的财政涉农资金，资金项目审批权限完全下放到贫困县。贫困县要把财政涉农资金统筹整合使用与脱贫成效紧密挂钩，资金使用要精确瞄准建档立卡贫困人口。

措施精准到户。根据《国务院精准扶贫工作机制实施方案》的要求，对贫困户要逐村逐户制订帮扶计划，实现措施精准到户。我国幅员辽阔，各地区自然地理条件迥异，发展水平相差悬殊，扶贫措施到户在推进过程中应因地制

---

① 数据来源：http://www.cpad.gov.cn/art/2014/7/23/art_5_34536.html；http://news.cnr.cn/zt2017/dgxsd/izfp/xgbd/20171201/t20171201_524046945.shtml。

② 参考资料：http://news.youth.cn/gn/201610/t20161011_8736291.htm。

③ 资料来源：http://www.gov.cn/xinwen/2016-04/22/content_5066937.htm。

宜，符合实际。对于贫困发生率已经较低、贫困人口零散分布、自然地理条件较好的地区，应严格贯彻措施到户，一户一策解决贫困问题。

因村派人（第一书记）精准。为了更好地实施精准扶贫，各地都在选派思想好、作风正、能力强、了解当地实际并愿意为群众服务的优秀干部到农村基层担任第一书记。因村派人（第一书记）精准是实现精准扶贫的组织保障。作为原单位选派的优秀中青年干部、后备干部，第一书记和驻村工作队在宣传贯彻脱贫攻坚方针政策，开展精准识别、精准帮扶、精准退出，加强基层党组织建设等方面，具有"生力军"作用。

脱贫成效精准。该时期脱贫攻坚的目标是：到2020年我国现行标准下农村贫困人口实现脱贫，贫困县全部摘帽。扶贫既要着眼于2020年前消灭绝对贫困人口，也要放眼2020年之后对相对贫困人口的帮扶工作。要提早进行规划，做好政策衔接，在坚决打赢脱贫攻坚战的同时，充分做好与相对贫困进行长期斗争的持久战准备，巩固扶贫成效，建立脱贫致富的长效机制。

五个一批。五个一批是：发展生产脱贫一批、易地扶贫搬迁脱贫一批、生态补偿脱贫一批、发展教育脱贫一批、社会保障兜底一批。一是发展生产脱贫一批，引导和支持所有有劳动能力的人依靠自己的双手开创美好明天，立足当地资源，实现就地脱贫。二是易地搬迁脱贫一批，贫困人口很难实现就地脱贫的要实施易地搬迁，按规划、分年度、有计划地组织实施，确保搬得出、稳得住、能致富。三是生态补偿脱贫一批，加大贫困地区生态保护修复力度，增加重点生态功能区转移支付，扩大政策实施范围，让有劳动能力的贫困人口就地转成护林员等生态保护人员。四是发展教育脱贫一批，治贫先治愚，扶贫先扶智，国家教育经费要继续向贫困地区倾斜、向基础教育倾斜、向职业教育倾斜，帮助贫困地区改善办学条件，对农村贫困家庭幼儿特别是留守儿童给予特殊关爱。五是社会保障兜底一批，对贫困人口中完全或部分丧失劳动能力的人，由社会保障来兜底，统筹协调农村扶贫标准和农村低保标准，加大其他形式的社会救助力度。要加强医疗保险和医疗救助，新型农村合作医疗和大病保险政策要对贫困人口倾斜。要高度重视革命老区脱贫攻坚工作。总的说来，是精准锁定农村贫困人口，建档立卡，分类施策。

3.4.3 扶贫效果以及乡村振兴战略

30多年来，我国扶贫开发事业取得巨大的成就，在世界的反贫困进程中形成了中国模式与中国经验。我国政府随着我国经济和社会的发展情况以及扶贫阶段的变化，不断制定目标、调整政策以切合实际。从改革开放至党的十八大之后，扶贫政策的重点从"大规模针对贫困区域整体"到"精准扶贫"变化，目标逐渐细化，政策更加精确具体，这是一种模式和理论的创新，也是扶贫事业的进步。

本节我们从之前的研究成果来总结精准扶贫的绩效。由于学术界目前还没有办法对精准扶贫时期的综合扶贫绩效进行评估，所以我们选择代表性研究进行评述。陈耿宣等（2019）对建档立卡农户数据进行研究，研究发现，精准扶贫显著提高了农村"建档立卡"贫困户的收入水平，如表3-3所示。其中，家庭收入水平提高16.17%，人均收入提高14.49%。如果把样本缩小到贫困县，"建档立卡"贫困户的收入增加53.59%，人均收入增加49.0%。进一步研究表明，贫困户的收入增长主要来源于农业经营补贴和农业经营收入，但精准扶贫未促使贫困户参与就业。

表 3-3　精准扶贫前后农户收入变化

指标	年份	N	均值检验	
			均值	t 值
"建档立卡"贫困户				
家庭收入	2014	1 830	17 197.45	3.735 3***
	2016	776	20 639.88	
人均收入	2014	1 830	4 532.34	7.767 0***
	2016	776	6 636.21	
非贫困户				
家庭收入	2014	7 665	39 489.75	12.722 8***
	2016	6 983	51 833.01	
人均收入	2014	7 665	9 839	17.719 5***
	2016	6 983	14 627.09	

资料来源：陈耿宣，张逸兴，贾钦民，等. 精准扶贫与农村"建档立卡"贫困户收入：基于准自然实验的实证研究，2019，工作论文.

我们发现，精准扶贫主要通过增加"建档立卡"贫困户农业经营收入和农业经营补贴，进而提高家庭收入，但对贫困户就业并没有显著影响。基于本文的实证结果，我们提出如下政策建议：第一，产业扶贫补贴项目能够有效提高贫困户收入。精准扶贫主要通过对农业产业补贴激励"建档立卡"贫困户参与农业生产经营项目，并有效增加了贫困户的收入水平，因而我们建议在推进精准扶贫工作中应该以产业发展为重心。第二，农业产业的选择应该因地制宜。本书实证结论表明，"建档立卡"贫困户收入增长的可持续性依赖于农业生产经营的可持续性，因此，在精准扶贫工作中应该因地制宜发展特色产业，与2020年以后的乡村振兴战略相衔接，保持当地产业的发展潜力。第三，如果长期的生产经营补贴不具有可持续性，有可能导致脱贫户返贫，那么，精准扶贫应当激励贫困户积极参与劳动力市场，激发脱贫的内生动力。本书评估了精准扶贫的阶段性成果，为未来政策调整提供了基础性资料。

此外，宋俊秀等（2019）对特困连片地区的精准扶贫绩效进行研究。他们基于2011—2016年的样本数据，结合多维度贫困内涵，从经济发展水平、居住环境水平、社会发展水平及文化教育水平四个维度构建了连片特困地区精准扶贫绩效评价指标体系，运用模糊综合评价法，对全国14个连片特困地区扶贫绩效进行多维度评价，并从扶贫瞄准机制、产业融合、运用大数据三个方面对扶贫绩效进行评估。

表3-4可以看出，精准扶贫时期，连片特困地区在经济发展、居住环境、社会发展和文化教育等多个维度都得到显著的改善提升。我国东南部内陆地区扶贫效果较好，而西南边缘地区扶贫绩效相对一般。

表3-4　2011—2016年连片特困地区扶贫绩效得分

年份	2011	2012	2013	2014	2015	2016
经济发展水平	0.082 8	0.106 1	0.134.1	0.159 8	0.188 1	0.217 4
居住环境水平	0.096 6	0.106 0	0.115 8	0.130 9	0.147 1	0.165 5
社会发展水平	0.096 4	0.123 3	0.148 7	0.165 8	0.187 0	0.228 2
文化教育水平	0.125 6	0.157 5	0.190 5	0.211 4	0.242 7	0.386 0
综合得分	0.401 4	0.492 9	0.589 1	0.667 9	0.765 0	0.997 0

资料来源：宋俊秀，王嘉薇，钱力. 连片特困地区精准扶贫绩效评价与模式创新 [J]. 黑龙江八一农垦大学学报，2019（3）：108-114.

总之，目前来看精准扶贫阶段在2020年收官之年，完成全面脱贫，但是从长期的、可持续发展方面来看，精准扶贫阶段将是乡村振兴阶段的起点，而不是乡村发展的终点。

3.5　乡村产业振兴阶段（2021年至今）

3.5.1　背景

（1）党的十九大报告针对经济、生态、文化、社会、政治五个方面对乡村振兴战略提出了20个字的总要求：产业兴旺、生态宜居、乡风文明、治理有效、生活富裕，首次提到产业发展对于乡村振兴的重要性。从该战略要求中可以发现产业兴旺是实现乡村振兴战略的首要任务。

（2）我国脱贫攻坚取得全面胜利，继而提出乡村产业振兴战略。习近平总书记在2020年底召开的中央农村工作会议上强调，"脱贫攻坚取得胜利后，要全面推进乡村振兴，这是'三农'工作重心的历史性转移"，要求全党全中央和全社会投入到乡村振兴上来。《国务院关于促进乡村产业振兴的指导意见》指出，牢固树立新发展理念，落实高质量发展要求，加快构建现代农业产业体系、生产体系和经营体系，推动形成城乡融合发展格局，力争用5~10年时间，农村一二三产业融合发展增加值占县域生产总值的比重实现较大幅度提高，乡村产业振兴取得重要进展。这些都为促进乡村产业振兴指明了方向，对于促进乡村振兴高质量发展具有指导意义①。正所谓：产业兴，百业兴。乡村产业作为解决乡村地区发展不平衡不充分的重要抓手，是乡村振兴战略的物质基础。

（3）产业兴旺是解决农村一切问题的前提。乡村振兴战略是国家推进农村农业农民发展的下一步重要举措，而推进乡村振兴的关键在于产业兴旺，产业兴旺是乡村振兴的重点，有助于带动乡村其他各项事业的同步发展。只有在产业发展壮大的时候，才可以更好地吸引当地大学生、外地企业家、当地劳动者回乡发展，以此保留住优质的人才资源，为乡村产业发展增添动力，以人才带动产业的振兴。

（4）产业兴旺也有助于打通城乡经济循环，促进要素的平等交换、双向流动。当前我国在新时代下的新发展格局以国内大循环为主，国内国际双循环共同发展，城乡经济作为国内大循环的重要组成部分，在推动我国整体经济发展的过程中发挥着不可或缺的作用。农村作为消费潜力最大的空间，必须要解

---

① 姜长云.乡村产业振兴：凝神聚力才能行稳致远[N/OL].经济日报（2019-08-27）[2022-06-24]，https://www.xuexi.cn/lgpage/detail/index.html？id=903588435863154527.

决以往要素流通不畅的问题，全面助力国内大循环，扩大内需，打通城乡经济循环，缩小城乡差距。

（5）产业兴旺能够增进民生福祉。乡村产业的发展能够牵动一系列就业机会，农民可以参与到产业发展的过程中去。产业兴旺拓宽了农民的收入渠道，使农民生活得到改善，由此农民的幸福感也可以得到提升。与此同时，家乡有了主导产业，一部分外出务工人员就可以选择留在家乡发展，间接地解决了留守儿童与留守老人的问题，产业兴旺带动了家乡的人气兴旺。

（6）产业兴旺有利于夯实我国脱贫攻坚所取得的成果，发展乡村产业是实现脱贫致富的根本之策[①]。我国大多数贫困地区通过开发当地的资源，发展特色优势产业，实现了脱贫攻坚。但从总体上来看，产业发展水平较低，不够完善，还需要继续推进更深层次的产业结构，构建持续稳定的产业格局，不断地发展完善当前的产业，防止返贫现象的发生。

大力倡导乡村产业振兴是当前乃至未来我国在"三农"问题上的着手点和发力点，只有加快发展乡村产业，实现乡村产业振兴，才能更好地推动农业全面升级、农村全面进步、农民全面发展。

3.5.2 存在的问题

（1）乡村产业规模小。

当前我国乡村产业布局较为分散，据统计，仅有28%的乡村产业集中在各类园区，乡村产业呈现出数量大、规模小的趋势。这种情形下也就很难形成规模经济，降低生产成本，制约了农业现代化发展的步伐。除了规模问题外，乡村产业的种类也比较单一，贫困户出于技术、观念、资源等因素，一般只考虑发展单一的经济作物，完全依靠该作物的经济效益。这种单一的产业结构，抗风险能力很低，一旦发生自然灾害等不可抗力因素，农民当期的收入就会受到影响，甚至是回到贫困的状态。规模和种类的问题表明了整个地区缺乏一个主导产业，大多是小型农村企业，示范性的龙头企业少，实力普遍较弱，战略目标短浅，无法达到持续稳定的发展，存在返贫的风险。

（2）基础设施薄弱。

对于一些贫困地区来说，经济发展较为落后，乡村基础设施建设比较薄弱，道路、水电、网络、通信等基础设施建设滞后，农民与外界的连接存在困难，也无法接触最新的技术和发展成果。同时，由于发展水平低下，工业化、

---

① 资料来源：孙志刚，《加快发展乡村产业》，人民日报。

机械化、自动化水平也相对较低，集约化生产程度低，农民大多仍旧采用较为原始的劳作方式，存在滥用化肥、农药等与安全生产息息相关的问题，同时与产业相关的污水排放和处理问题较为棘手，由此可能引发土壤和环境问题，导致土地质量退化，进一步制约了乡村产业的发展。基础设施是保障乡村产业发展的基石，只有在完备的基础设施建设上，乡村农业才能与外界连接，参与到产业发展过程中，向外界展示乡村产业发展的成果。

（3）乡村产业科创程度低。

科技和创新是一个产业实现可持续发展的原动力，是时代发展进步的结果，也是新时代乡村产业振兴发展的必要元素。据统计，我国在"十三五"期间，农业科技对农业发展的贡献率超过56%，但仍旧存在创新体系不健全的问题，创新产业分布具有严重的地区倾向，大多数贫困地区还是较为传统的发展模式和产业体系。农业科技的服务和推广体系不够完善，呈现出高新技术产业数量少、规模小的现状，主要是物联网、大数据、人工智能等信息技术与乡村产业的融合度低，发展滞后。

（4）乡村地区人才的缺失。

人才在乡村产业振兴过程中发挥了极其重要的作用，是乡村产业振兴的重要支撑。当前，高校毕业生等优秀人才大多不愿意到经济不发达的偏远贫困地区，直接导致了发展乡村产业所需要的经营、管理、会计、电商等人才缺乏。乡村产业的缺失也直接导致了当地农民倾向于外出务工，致使与乡村产业发展相契合的本土人才流失，而留在乡村的小孩和老人，根本无法参与乡村产业发展。以上两类主体的缺失造成了农村人力资源结构的单一化甚至是匮乏性，在起始阶段就制约了乡村产业的发展。针对上面提到的问题，国家也在积极出台相关优惠政策，鼓励高校毕业生踊跃到贫困地区寻求发展，推进选调生、西部计划等人才培养方案，以双赢的政策造福乡村产业振兴。另外，在推进党员干部培养的过程中，注重培养大学生党员的服务意识和奉献意识，敢于和愿意主动投身到国家和人民需要的地方，为祖国乡村产业振兴战略的落实发挥出自己的一份力量。

（5）一二三产业融合度低。

另外一个十分突出的问题是，农村地区一二三产业布局明显不协调，产业融合层次低，农业多种功能开发不足，除休闲农业、乡村旅游迅速发展外，农村新产业新业态种类还不够丰富①。作为第一产业的农业是乡村地区的首要产

① 方晓红. 加快推动乡村产业振兴的思考 [J]. 农家参谋，2019（20）：26-27.

业发展市场，也是产业发展的切入点，但在发展的过程中存在第一产业向后的延伸不够，只聚焦于提供原材料，忽略了更具附加价值的环节，从产地到餐桌的链条不完善。第二产业上体现出来的问题是没有很好地利用工业技术，助力农业的发展，农产品精加工不足，转化率也不高，在连接融合农业上还有很大的工作要做。最后是附加价值最大的第三产业——服务业，农民缺乏一定的创新发展意识，一味地关注实实在在的农作物，忽视了当地的生态价值、人文价值，乡村价值开发不够。造成这样的原因主要在于当前各产业项目负责人和农民只注重当下的发展，忽视了其他要素在产业发展过程中所发挥出来的协同效应，缺乏合作交流意识，从而导致了乡村产业整个的附加值低下，产业链结构不正常。

3.5.3 发展举措

（1）优化乡村产业结构。

推动乡村产业多样化发展，鼓励农民发展多种类产业，促进多种作物交叉种植，提升经济效益，增强乡村产业的抗风险能力。同时，注意乡村产业的协调发展，杜绝产业发展不平衡不充分的问题，号召农民互帮互助，促进共同发展。引导农民与农业合作社以及企业建立原料基地、加工基地，实现生产在乡村，加工在乡镇，增收在农民。要推动乡村产业的规模化发展进程，发挥特色优势主导产业的作用，在主导产业周围发展小规模乡村产业，形成产业联结机制，构建新型产业体系。另外，各大龙头企业也要积极地与农户建立关系，响应国家政策，"产业做龙身，企业做龙头"扶农帮贫，打造"龙头企业+农户+政府"的三方产业结构，发挥协同效应。鼓励农业产业化龙头企业与贫困户合作创建绿色食品、有机农产品基地，带动农民进入大市场。

（2）促进产业融合发展。

要加快一二三产业的融合发展，打造高融合、高标准、高价值的乡村产业发展模式。推进农业发展同工业技术的有效衔接，提升农业生产标准，提高农业生产率和转化率，促进乡村农业科学发展，推动农业与工业的有效连接，充分利用和发挥出农业的价值。随着人民物质生活的提高，越来越多的人开始追求精神层面的满足，间接地给农村一二三产业的融合发展带来了契机。要以第一产业和第二产业为基础，全面创新推进服务业的发展，立足地区特色优势产业，大力发展休闲农业、乡村旅游业、餐饮业、电商产业等新产业形态，挖掘农村发展潜力，打造乡村产业发展的核心竞争力，拓宽农民的收入渠道，增加农民的生活幸福感，增进民生福祉。

（3）创新产业发展新动能。

在信息技术高度发达、数字化盛行的时代，发挥科创技术在乡村产业发展过程中的作用，在生产、流通、销售等环节创新服务体系，促进科技和创新与乡村产业的高度融合。发展"互联网+"、电子商务、直播带货等现代农业模式，运用电商模式，提高农产品进入市场的能力和效益，让农民分享农产品的增值收益。大力培育乡村产业创新主体，建设一批农产品加工技术集成基地，建设国家农业高新技术产业示范区和国家农业科技园区。

与此同时，充分发挥高等院校毕业生的主力军作用，积极引导高校毕业生、农民工、科研人员等优秀人才参与乡村产业发展进程，利用新技术、新理念发展特色优势产业，为农村产业发展带来新的发展动能和发展市场经济所需要的经营、管理、金融等专业知识，推动乡村经济与城市经济更好地衔接和融合发展。

（4）围绕质量效益振兴乡村产业。

乡村产业振兴、乡村产业富农目标的实现离不开产业发展过程中的质量效益问题，只有紧紧围绕提升农业质量标准这一要点，才能真正实现乡村产业振兴。农民现有的种植养殖技术较为单一，在一些难于攻克的关键问题上缺乏专业知识的指导，完全凭借经验来进行农作是不够的，很容易走进低效低质的死胡同，忽视掉经济作物中的最大价值。为此需要结合现代社会中先进的理论知识，以知识作为补充，提升农民的种植养殖水平，提高农业自身质量效益。规范农民的种植水平，以合作社的方式组织农民参与到技术培训中去，打造规范化、专业化农业农村发展平台。同时，先进技术的推广也可以为后续的流通、销售环节打下基础，逐步打造乡村产业发展的核心竞争力，巩固农村发展大好形势。

4 产业扶贫的机理和特征

本章主要基于产业视角构建扶贫的理论框架，重点分析产业扶贫的机理和特征。首先在第一节研究贫困的特征和维度，从要素、消费市场和公共品供给三个维度来区分贫困的特征，这三个维度刻画了不同时期的贫困阶段性特征。第二节在一般层面上构建扶贫机制理论，从（第一节提到的）三个维度来研究如何选择扶贫机制。第二节分为两个部分：第一部分构建扶贫机制选择的一般框架，第二部分进行产业扶贫与转移支付扶贫两种扶贫模式比较分析。第三节阐述如何将不同的贫困类型（三种维度特征）与不同的扶贫模式（产业扶贫和转移支付）相匹配。第四节重点讨论产业扶贫的特征，主要讨论产业扶贫的内生性、可持续性以及局限性。第五节将本章的分析框架用于分析产业扶贫机制。

首先，需要强调的是本章所说的贫困的特征和维度是基于产业发展视角的。其次，我们在本章所构建的简单分析框架是一个可以扩展的分析模式，不仅用于分析扶贫模式，还可以扩展到分析产业扶贫模式和转移支付模式（本章只关注前者）。最后，我们在本章第五节所做的扩展应用是一个初步的理论框架，具体的产业扶贫政策制定需要更加细致的分析。

4.1 贫困的特征和维度

本小节从产业发展视角来分析导致贫困的原因，主要分为三个维度：要素维度、消费市场维度、公共品维度。在具体分析这三个维度之前，我们首先区分几个概念——贫困的维度和多维贫困。本节关注的是导致贫困的维度（或者原因），比如文献中提到的要素禀赋（要素禀赋又称为资源禀赋，是一个地区拥有的各种生产要素，包括资源、资本、劳动力、技术等方面）（森，2014）、地理自然资源（罗楚亮，2012；罗庆、李小建，2014）、社会资本

（谭燕芝、张子豪，2017）、技术要素（马超、吴振磊，2010；张莉，2015）、制度要素（Acemoglu et al.，2002；罗小芳、卢现祥，2011）等。本章将致贫原因分成三个维度展开分析。而多维贫困概念侧重的是贫困的特征，比如国内外关于多维贫困测度的研究（张全红 等，2017），关注的是贫困的多维性，包括收入贫困、权利和能力等不平等①。

4.1.1　要素维度

这里的要素维度主要是产业发展所需要的生产要素，一般包括土地、资本、劳动力、技术四个要素。显然，有一些学者认为要素致贫还包括自然资源禀赋、地理环境、经济文化、社会保障要素以及数据要素等，但是为了简化分析，我们这里只关注传统的四个要素，其他的要素研究放在第五节的扩展当中进一步讨论。

土地要素。土地是生产要素的广义定义，可以有多种形式，从农业用地到商业房地产再到特定土地上可利用的资源。可以从土地上开采、提炼石油和黄金等自然资源，供人类消费。农民在土地上种植农作物可增加其价值和实用性。对于被称为古典政治经济学家的早期法国经济学家来说，这片土地是产生经济价值的原因。一方面，尽管土地是大多数企业必不可少的组成部分，但土地的重要性可以根据行业不同而降低或提高。例如，一家科技公司可以轻松地以零土地投资开始运营。另一方面，土地是房地产企业最重要的投资。此外，随着产业发展阶段的不同，土地的重要性程度也会发生变化，比如早期的农业发展需要更多的可耕种土地，但是随着农业发展，一些原来不可耕种的土地也变得可以使用。

资本要素。在经济学中，资本通常是指金钱。但是，金钱不是生产要素，因为它不直接参与生产商品或服务。相反，它使企业家和公司所有者能够购买资本货物或土地或支付工资，从而促进了生产过程中的使用。对于现代主流（新古典）经济学家来说，资本是价值的主要驱动力。最新的观点认为，资本

---

① 多维贫困分析起始于阿马蒂亚·森的能力贫困理论。他认为，贫困不仅是收入水平的低下，更是能力遭到剥夺，如严重的营养不良、慢性流行病和文盲等（郭熙保、罗知，2005）。该理论将贫困的概念从收入贫困扩展到能力贫困和人类贫困，是贫困理论研究的一座里程碑。随后，一些学者和国际机构开始构建和发布包含多维信息的指数，从多维的角度来度量贫困程度，例如能力贫困指数和人类贫困指数等（郭熙保、罗知，2005）。从2010年开始，联合国开发计划署和牛津大学贫困与人类发展研究中心（OPHI）合作开发推出了多维贫困指数（MPI，也称A-F贫困指数，由Alkier和Foster于2011年提出），公布了通过10个指标测算的全球各国的MPI。目前，国内对多维贫困的研究大多按A-F多维贫困测度方法展开（张全红等，2017）。

不仅包括生产的资本（货币），还包括社会资本。其中，社会资本是行动者在行动过程中获取和使用的嵌入在社会网络中的资源，包括信任、关系和网络等。社会资本以社会网络为主要载体，通过人情来往、互帮互助和信息传递等形式发挥作用，进而通过资源的获取方式和使用状况影响贫困（关爱萍、李静宜，2007）。

劳动力要素。劳动力是指个人为将产品或服务推向市场而付出的努力。同样，它可以采取各种形式。例如，旅馆的建筑工人和服务客人的服务员或接待他们进入旅馆的接待员一样，都是劳动力的一部分。在软件行业中，劳动力是指项目经理和开发人员在构建最终产品时所做的工作。即使是从事创作的艺术家，无论是绘画还是交响乐，也被视为劳动力。对于早期的政治经济学家来说，劳动力是经济价值的主要驱动力。生产工人的工资和时间取决于他们的技能和培训。未经培训和未经训练的工人的劳动通常以低价支付。熟练和训练有素的工人被称为人力资本，他们获得的薪水更高，因为他们带给工作的不仅仅是身体上的能力。例如，会计师的工作需要对公司的财务数据进行综合分析。人力资本丰富的国家可以提高生产力和效率，技能水平和术语上的差异还可以帮助公司和企业家套利相应的薪资差距。这可能会导致整个行业的生产要素发生转变。例如，在将工作外包给训练有素的劳动力和薪水明显较低的国家之后，信息技术行业的生产过程发生了变化。

技术要素。科学技术是第一生产力，技术越来越成为企业之间存在效率差异的原因。为此，技术就像金钱一样，是生产要素的促进者。例如，在制造过程中使用机器人可以提高生产率和产量。同样，在自助餐厅中使用自助服务亭可以帮助公司减少人工成本。通常，当将工艺流程或设备应用于生产时，剩余生产率或全要素生产率（TFP）会增加，该生产率用于衡量四个生产要素中未说明的剩余产出。经济学家认为，全要素生产率是推动一个国家经济增长的主要因素。公司或国家的全要素生产率越高，其经济增长就越快。

如果要素维度出现不平等或者极度匮乏，就可能导致生产力低下，产业难以形成，最终导致贫困长期持续。甚至有研究认为，生产要素的缺失是中国农村贫困的重要原因（刘华容，2011）。一旦资本供给不足，就会严重制约区域经济发展，导致区域贫困更加严峻（王曙光，2009）。比如，①劳动力要素不足导致的贫困。有研究发现，劳动力外流会加剧农村贫困，使流出地陷入贫困的概率更大、程度更深（赵曼、程翔宇，2016）。同时也有研究认为，人口素质低长期制约着贫困地区发展，是影响贫困地区脱贫致富的一个重要因素，给贫困地区在技术推广、产业结构转型升级、市场主体培育等方面带来诸多不利影响（李志平 等，2000）。可以看出，劳动力要素包含多方面的内容，如自身的教育素质、家庭状况、经济程度和创新能力等，这些对于贫困人口自身发展和脱贫都具有重要影响。②技术要素不足导致的贫困，有关研究显示，1953—2005 年，科技投入对中国经济增长贡献率达 17.5%（江蕾 等，2007），科技进步成为中国加快区域发展和摆脱区域贫困的强大动力，特别是在扶贫开发的各个阶段，科学技术一直扮演着重要的角色，发挥了积极的促进作用。有研究还系统地总结了我国科技扶贫实践特色模式，包括贫困乡村科技扶贫示范、科技型特色产业促进、科技信息扶贫、科技致富示范、科技培训和科学普及、科技特派员等（马超、吴振磊，2010）。国内学者张莉则采用面板数据模型研究发现，科技进步对贫困减缓具有显著的积极影响，有利于西部地区的贫困减缓（张莉，2015）。③资本要素不足导致贫困，以金融资本为例，谭燕芝和彭千芮（2019）就研究了金融与家庭贫困之间的关系，对于目前的贫困状况而言，仅仅从国家宏观层面、金融机构中观层面着手解决贫困问题远远不够。我国贫困人口在金融市场中由于或主动或被动的原因被"边缘化"，金融机构在农村金融市场"沙漠化"，金融资源向更富裕的群体倾斜，金融机构与贫困人口之间存在着巨大的鸿沟。在金融动荡和不平等加速发展的经济背景下，我国贫困人口面临着更加复杂与艰难的金融市场环境和多重挑战。他们的研究结果表明，金融支持能够显著抑制贫困的发生，且城镇地区相较农村地区更明显（谭燕芝、彭千芮，2019）。

4.1.2 消费市场维度

改革开放以来，我国贫困人口大幅度减少，农村普遍脱离贫困，这离不开农民大规模的市场参与。从产业发展角度来看，一个关键点是消费市场的发展程度——需求端发展，如何影响产业发展的。学者一般从产业转移来解释中国改革开放过程中的减贫，比如普遍的观点认为，中国贫困人口迅速减少得益于持续的高速经济发展。改革开放后，中国大陆承接亚洲"四小龙"的产业转移，发挥廉价的劳动力资源和土地资源优势，迅速发展成为"世界工厂"，完成了农业人口大国向世界第一工业大国的转型。在此过程中，农村剩余劳动力向城市转移成为产业工人，农村贫困人口"在增长更快的非农业部门或城市部门中就业并获得更高的收入"（章元、丁绎镤，2008），即普遍脱离贫困离不开改革开放后农民的大规模市场参与行为。这种观点是从产业转移和对外贸易的背景下解释"产业扶贫"的。本章我们从新时代背景来讲消费市场发展对产业扶贫的重要性。原因是，现阶段的扶贫是难以通过上一个阶段的农村人口转移和外出务工的方式来提高收入水平的。新时代的扶贫对象在一定意义上属于绝对贫困人口，一方面难以参与产业转移历史①，另一方面也没有参与市场的能力甚至意愿②。

因此，基于现阶段的贫困背景，我们提出消费市场维度作为致贫因素。以产业发展消除贫困，市场是消除贫困的第一因素。市场反贫困功能直接体现在以下两个方面：一是将农民从土地中解放出来，促进农民向劳动报酬更高的第二、三生产领域转移，实现其家庭收入增长（改革开放阶段的减贫模式）；二是以消费需求市场力量带动贫困地区特色产业发展（新时代产业扶贫模式）。换句话讲，从产业需求端来看，如果消费市场发展程度比较低下，那么通过产业扶贫就难以获得显著成效。中西部地区的农民距离市场较远，他们外出务工的时间较晚，且人力资本积累不足。几方面原因叠加起来，造成中西部地区农民的市场参与程度较东部沿海地区农民低。

4.1.3 公共品维度

公共品具有消费的非排他性和非竞争性，完全由私人提供会存在效率或福利损失，必须由政府来提供。本章将公共品维度分为两个部分：一部分是一般公共品供给，包括道路、电网、网络等；另一部分是制度供给，比如政府治理、营商环境等。这两种公共品供给的缺失都会导致贫困，但是要明确的是，在不同时期这两种公共品的重要程度不同。以下分两类公共品供给简单介绍贫困的公共品维度。

一般公共品供给，如表4-1所示。对于贫困地区，一般公共品供给是提高地区生产率，改善农民生活质量并最终减少贫困的重要措施。联合国开发计划署也在《中国人类发展报告》中强调"惠及13亿人的基本公共服务"的重要性③。从现有的研究来看，一般公共品主要分为三种类型：生活性公共品、生产性公共品和服务性公共品。

---

① 现阶段农村贫困现象又呈现出一些新的特征：一是农村贫困人口出现区域集聚性，"农村贫困人口逐渐向我国中西部深石山区、高寒区、民族地区和边境地区集聚，具有贫困户、贫困村、贫困县、贫困区（片）等多级并存的组织结构和空间分布格局"（刘彦随 等，2016）。

② 因为在开放的市场机会条件下和均等的农村社会政策下，特定区域的农民以及特定群体的农民，更容易落入贫困或是堕入社会下层（桂华，2019）。

③ 由于历史积留问题太多，农村公共品总量仍然不足，供给水平与城市相比存在较大差距（曲延春，2017）。

表 4-1　一般公共品

分类	主要项目
生活性公共品	居住、饮水、厕所
生产性公共品	通电、通路（以及道路硬化）、通电话、通宽带
服务性公共品	卫生室、幼儿园小学、社会保障

大部分研究集中在一般公共品的供给模式和供给效率方面（张建伟，杨阿维，2017；代芝静 等，2020；彭文慧，2020；朱泓宇 等，2019）。本章主要侧重说明，不同公共品的缺失是导致贫困的重要因素以及不同扶贫阶段应该提供什么类型的公共品。具体而言，从产业发展角度来看，贫困地区产业发展离不开基本的公共品供给，比如贫困地区的特色农产品需要公路运输到消费市场；为了产业可持续发展就需要保障贫困地区人口的基本生活和风险分担以及金融支持等公共品供给。但是在不同的扶贫阶段，所需要的重点公共品供给并不相同：在扶贫早期阶段，贫困地区还没有形成产业基础，扶贫重点是保障基本生活，即该阶段的扶贫工作中主要的公共品供给是生活性公共品。随着贫困地区的发展，其具备了一定的产业基础，比如农业生产或者特色养殖，那么在这个阶段就需要政府提供更多的生产性公共品，以满足贫困地区产业发展对公共品的需求。在产业发展到一定程度之后，贫困地区人口逐渐脱离贫困，进入乡村发展阶段，那么就需要政府提供更多的服务性公共品。

制度供给①。之前介绍的公共品主要是一般的公共品，但是还有一种公共品随着产业发展其重要性慢慢凸显，即制度供给。产业经济发展取决于要素聚集和配置效率（这里假定消费市场是外生的），前者主要是各种要素禀赋的积累，后者主要依靠的是制度质量。20 世纪中叶以来，越来越多的现代经济发展实例表明，丰裕的自然资源并不一定带来稳定、快速的增长，相反会致使一些国家与地区陷入"停滞"状态（如委内瑞拉、玻利维亚、尼日利亚、刚果等国）（何雄浪，姜泽林，2017）。尽管有很多解释，但是目前学术界一般认同的是制度原因造成了资源禀赋的配置效率低下，导致了国家和地区陷入贫困。比如 Acemoglu 等（2003，2012）的研究表明政府对制度体制的选择是产业经

---

① 20 世纪 80 年代以来，随着"重新发现制度"和"回归国家"的呼声高涨，学术界在对行为主义批判的基础上迎来了新制度主义的浪潮。制度成为社会科学领域的一个基本概念，是规范社会秩序、约束经济社会行为的重要规则。同时，制度也是一个复合体系，是一种社会组织的规则，包括惯例、程序、习俗、角色、信仰、文化和日常生活中的常识。制度除规范社会行为外，对资源优化配置和发挥资源效益也有重要的影响。制度对经济增长起着关键性作用。

济发展的决定性要素。回到扶贫研究中，在区域贫困治理实践过程中，要素禀赋条件和制度建设越来越受到不同程度的重视，很多地区在扶贫政策设计、扶贫资源配置、扶贫产业选择等决策过程中都会综合考量这两个方面的因素。从已有研究来看，要素禀赋和制度质量除单方面对区域贫困治理绩效产生影响外，还存在交互作用的现象。有研究表明，低质量的市场分配资源制度和产权制度遏制了自然资源促进经济发展的潜在优势，从而导致"资源诅咒"效应产生（何雄浪，姜泽林，2017）。Libman 以俄罗斯为例，通过研究区域民主政治制度的差异对自然资源禀赋与区域经济发展关系的影响发现，政府行政效率越高，且无腐败现象发生，区域自然资源禀赋就越容易转化为区域经济发展的动力。由此看出，区域贫困的原因与要素禀赋条件和制度质量的关系存在密切的联系，制度保障能够抑制"资源诅咒"效应恶化，也能让"资源诅咒"变为"资源福音"（Libman，2013）。

图 4-1 是本章介绍的三个贫困维度。上述的三个维度具有可扩展性，要素维度可以包括除了传统四要素的其他要素，如数字要素；公共品维度可以包括更多的由政府提供的公共服务或者产品，比如 5G 基础建设；消费市场维度主要是指国内的消费市场，但是也可以扩展到"双循环"背景下的国际消费市场以及庞大的国内消费市场，详细参见第五节。

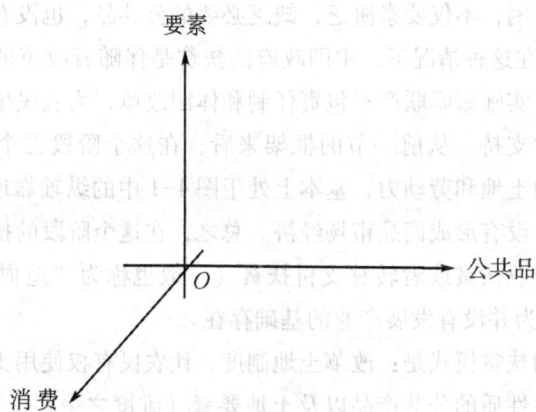

图 4-1 贫困的三个维度

4.2 扶贫机制

本小节简要介绍了扶贫的机制，下一小节比较两类主要的扶贫机制：产业扶贫和转移支付。主要目标是厘清当前主要的扶贫机制以及其特征。

4.2.1 扶贫机制

我们主要选取现阶段的主流扶贫展开介绍。张岩松（2004）根据中国反贫困实践的情况和经验将中国扶贫机制进行了梳理，把中国扶贫机制总结为十种，分别是：区域开发、基础建设、发展生产、发展特色经济、科技扶贫、劳务输出、易地搬迁开发、小额贷款、动员社会力量参与扶贫、外资援助。从第三章的中国扶贫进程介绍来看，中国扶贫经验缺失前面十种扶贫模式，但是我们为了简化，将按照中国扶贫发展阶段来展开分析，重点放在政府主导的扶贫、开发式扶贫和新时代精准扶贫三个阶段的扶贫机制。

4.2.1.1 政府主导的扶贫机制

这个阶段（1987—1985 年）的主要问题是历史遗留的计划经济制度问题导致的大面积贫困，不仅要素匮乏，缺乏必要的公共品，也没有形成现代消费（商品）市场。在这种情况下，中国政府的扶贫是伴随着改革的，主要是针对土地制度改革，实施家庭联产承包责任制和体制改革，为农民生产提供基本的产权保障和制度支持。从前一节的框架来看，在这个阶段三个维度都是匮乏的，除了大量的土地和劳动力，基本上处于图 4-1 中的纵轴靠近原点附近。同时，这个阶段并没有形成商品市场经济。总之，在这个阶段的扶贫是制度性的改革，而不是产业扶贫或者转移支付扶贫（一般也称为"造血式"和"输血式"扶贫），因为并没有发展产业的基础存在。

这个阶段的扶贫模式是：改革土地制度，让农民有权使用土地进行生产活动——提供制度性质的公共产品以及土地要素（维度之一、二）；进行改革开放，利用国际市场来发展本国的产业，所以有一些学者将中国的扶贫历史与改革开放历史绑在一起（汪三贵，2007；汪三贵、曾小溪，2018）——这就通过改革开放提供了消费市场（维度之三）。

4.2.1.2 开发式扶贫机制

这个阶段早期（1986—1993 年）是当初的制度改革扶贫效应耗尽之后，中国在 1986 年的减贫速度开始下降（汪三贵，2007）。20 世纪 80 年代开始实施农村开发式扶贫，在这段时期中国成立了国务院贫困地区开发领导小组，来协调参与扶贫的多方参与者，主要是促进贫困地区经济发展，并确定在贫困县以级为单位展开扶贫项目，这时候主要是政府拿出专项资金，覆盖了农户和企业的农业和工业贷款项目；以工代赈项目利用贫困地区富余农村劳动力建设基础设施；财政发展资金用来支持贫困县的各项投资。此外，贫困地区还享受到一些税收优惠政策。总结来看，这一阶段早期扶贫机制是在要素维度进行要素补偿，主要是政府财政税收资金转移支付。

到了20世纪80年代后期农业生产率就停止了，有些地区甚至出现了下降趋势（汪三贵，2007），这基本上是前一时期的要素补偿边际效应递减导致的。这一阶段后期（1994—2000年），国家在1994年展开了"八七扶贫攻坚计划"，这一计划基本上是强化了20世纪80年代后期的扶贫措施。主要措施是帮助贫困户进行土地改良和农田基本建设，使大多数乡镇通路和通电，改善多数贫困村的人畜饮水问题；普及初等义务教育和初级预防与医疗保健服务；此外就是减少对沿海省份贫困县的支持，将扶贫重点进一步放到中西部地区（汪三贵，2007）。可以看到，在三贫困维度框架下，这个时期的扶贫主要还是政府的一般公共品供给，属于政府转移支付。

4.2.1.3 新时代精准扶贫的机制

这里我们首先介绍新时期（2001—2012年）的扶贫，再过渡到精准扶贫计划（2013—2020年）。这两个时间段的共同特征就是扶贫机制相对于以前，更加精细化和产业化，从原来的以政府为主导的"输血式"扶贫，转变为以产业扶持为主的新时期扶贫及新时代精准扶贫。具体而言，在2000—2012年，之前通过政府主导的扶贫已经脱离了绝大部分，贫困人口主要集中在西部地区，并且集中到乡村。所以这段时期，扶贫工作集中到西部，并以村为单位实施"整村推进"计划。这一时期开始注重培育地区产业发展基础，在新的"中国农村扶贫开发纲要（2001—2010年）"中注重发展科学技术、教育、文化和卫生事业，并且政府意识到疾病是使农户陷入贫困的一个主要因素①。在贫困三维度框架下看，这一时期中国扶贫从原来的要素补偿，过渡到要素的培育（发展科学技术、教育、卫生等事业），并且利用外部市场发展来吸收劳动力（这一时期进一步放宽人口流动政策，鼓励农民外出打工）。

精准扶贫阶段（2013—2020年）主要有《中国农村扶贫开发纲要（2011—2020年）》《中共中央国务院关于打赢脱贫攻坚战的决定》（2015

---

① 参见：http://www.gov.cn/zhengce/content/2016-09/23/content_5111138.htm。

年），国务院《关于打赢脱贫攻坚战三年行动的指导意见》（2018 年）；以及一系列关于精准扶贫的指导意见①。这些政策特征在于将扶贫工作聚焦到产业上来。主要从产业发展角度来开展扶贫计划②，这一时期的扶贫机制有：

（1）教育扶贫（袁利平，李君筱，2020；王草，2018）。通过在农村普及文化教育，使农民有机会通过提高思想道德意识和掌握先进的科技文化知识来实现改造，并达到保护自然的目的，同时以较高的质量生存。政府组织引导高校和社会资本参与贫困地区的教育和培训，以提高贫困地区的教育水平。2017年 1 月，国务院印发《国家教育事业发展"十三五"规划》，提出要打赢教育脱贫攻坚战。教育扶贫作为阻断贫困代际传递的关键性手段，主要是通过教育扶贫和扶教育之贫来提高贫困人口和贫困地区的行动能力和综合素质，提高教育扶贫精准度，凝聚教育脱贫力量，从而实现 2020 年全面打赢脱贫攻坚战的宏伟目标。通过加大对教育领域的投入和支持，包括政策倾斜、资金投入和完善教育基础设施等一系列方法落实教育扶贫的目标③。可以看出，这种扶贫方式从要素维度进行补充，为打造产业发展基础。

（2）金融和保险扶贫（潘锡泉，2018；陈铄南，2020；高杨洋，2019）：与财政扶贫相比，金融扶贫有望成为"造血式"扶贫的重要工具。财政资金往往是以无偿拨款的方式发放给贫困地区或贫困户，具有公益性特征，而金融资金是以低息贷款的方式借给涉农组织或贫困人员，具有营利性特征，相比传统的财政扶贫，金融扶贫倾向于支持扶贫性产业项目，有助于实现"授之以鱼不如授之以渔"的彻底脱贫目标。

（3）因村派人（第一书记与大学生"村官"）（张洪振 等，2020；宋全云 等，2019；夏亚华、刘汉成；2020）：以第一书记为例。选派驻村"第一书记"是基于新时代我国农村发展形势和精准扶贫实际。第一书记作为农村精准扶贫的重要外部力量，与驻村工作队以及村两委共同开展精准识别、建档立卡、精准管理、精准帮扶等工作，成为国家实施精准扶贫机制的有机组成部分。在基层扶贫工作由"漫灌"向"滴灌"转变过程中，第一书记带领基层

---

① 参见：http://www.rmzxb.com.cn/zt/2019jzfpzxd/index.shtml。

② 精准扶贫关注贫困家庭的贫困原因，不仅从产业发展来稳固脱贫，还建立了广泛的扶贫机制，包括基本保障、教育等；具体总结为"六个精准、五个一批"，参见精准扶贫脱贫的基本方略是六个精准和五个一批：http://www.scio.gov.cn/xwfbh/xwbfbh/wqfbh/2015/33909/zy33913/Document/1459277/1459277.htm。本章主要从产业扶贫角度来讲。

③ 比较有代表性的是贵州省的教育扶贫。近年来，贵州省致力于"穷省办大教育"，在扶贫的大背景下大力实施教育扶贫工作，保障基础教育、加强教育资助、突出发展职业教育，率先全部免除中职学费，举全省之力实施"9 + 3"教育计划。

干部发挥了关键性作用。选派第一书记本质上是以增加农村基层领导力资源供给为突破口，在精准扶贫过程中，要重点引导农户发展壮大增收产业，为脱贫攻坚提供产业支撑。特别是在培育特色产业、发展集体经济、扩大转移就业上，要持续加大帮扶力度，倡导、扶持村级组织和市场主体创办农业专业合作社、产业协会，进一步健全完善利益分配机制，保证村级集体合理收益（夏亚华、刘汉成；2020）。从贫困三维度框架来看，选派第一书记主要目标是为贫困基层派出优秀的"经理"，作为贫困地区产业发展对接外部消费市场的"经理"。这种做法直接解决了贫困地区缺乏对接消费市场的人才问题，被欧盟称为"要素补偿"机制（下一小节详述要素补偿的机制）。这种扶贫模式尽管补充了贫困地区人才要素，但是主体却是政府①。

（4）旅游扶贫（黄渊基，2018；张琰飞、陆薇，2019）：旅游扶贫最早是由原贵州省旅游局在1991年提出的；2013年，习近平总书记提出"精准扶贫"的口号，次年，国务院颁布的《关于促进旅游业改革发展的若干意见》首次提出"旅游精准扶贫"的概念，因此在精准产业扶贫中得到更多的关注。我国的旅游精准扶贫工作是在国家政策的指引下开展的，是一种自上而下的体系。一般而言，由政府为旅游精准扶贫工作提供政策和资金支持，营造发展旅游业的大环境。旅游扶贫是典型的产业扶贫模式，在该模式下：第一，政府在旅游精准扶贫中主要起主导与协调作用，给予贫困户、社区和企业等参与旅游业的政策支持，同时要协调好各方利益。第二，社区作为贫困户的基层组织，能够引导贫困户参与旅游业，弥补政府、企业和贫困人口在旅游精准扶贫方面的局限性。第三，企业也是旅游精准扶贫的参与者，通过政府的政策支持，吸收贫困人口参与旅游业，开发旅游产品与市场。第四，贫困人口在旅游精准扶贫过程中既是扶贫的对象，又是扶贫的主体②。利用前文的分析框架，这种扶贫模式是政府作为市场参与者，组织利用贫困地区的自然资源禀赋，与公司进行投资开发，贫困人口作为旅游产业参与者获得收益。这种模式中政府并不是一般意义上的政府，而是作为产业参与者，这也是中国地方政府特有的一种职能，即企业化政府的职能（陈耿宣，2018）。关于旅游扶贫的具体模式我们将在本书后文详述。

---

① 一般而言，政府只提供公共品，比如通路通电等，特殊的公共品如制度供给也是政府提供，但是一般政府只能通过转移支付和减税费等方式来增加贫困地区的资金供给和要素积累。中国特殊的制度，能够在社会资源要素匮乏的情况下，通过要素补充机制，将贫困地区产业发展所需要的、不能由市场力量驱动的要素，通过政府来引导；一个例子是第一书记和大学生"村官"。详见后文论述。

② 我们将在本书后面章节对这种模式进行展开讨论。

（5）电商扶贫（朱桥艳，2020；张夏恒，2018）：农产品电子商务扶贫是脱贫攻坚的有力抓手，在带动贫困群体脱贫减贫和实现贫困地区乡村产业振兴方面发挥着重要作用。农产品电子商务扶贫是响应国家"互联网+"战略，是解决"三农"问题，推动精准扶贫的重要途径和载体。2015年11月国务院办公厅在《关于促进农村电子商务加快发展指导意见》中明确指出，农产品电子商务是转变农业发展方式的重要手段，是精准扶贫的重要载体。更值得注意的是，"2019年9月广东省委省政府首次部署'建设广东东西部扶贫协作产品交易市场'重大决策，试图发挥好政府和市场'两只手'作用，实现'买全国、卖全国'，推动脱贫攻坚和乡村振兴有效衔接"[①]。相对于旅游产业扶贫，电商扶贫模式中贫困农民的产业参与程度更高，但是关键点在于：在该模式下政府的角色侧重于公共品提供者和市场维护者，主体主要是农民和企业。在本书的框架下，政府主要提供了公共品，发挥了"维护市场"的作用，比如前文的广东政府建设全国性的产品交易市场——在消费市场维度上为产业发展提供助力。值得强调的是，之所以能够展开电商扶贫，也得益于政府对通电、通路和通宽带等基础公共品的供给充足。

现实中还有更多的扶贫模式，上文主要选取代表性模式来介绍扶贫模式的特征。为了简化后文分析，我们将以上的扶贫模式或者机理归结为两大类：产业扶贫和转移支付（扶贫）。产业扶贫包括电商扶贫、旅游扶贫以及前文没有提到的其他产业扶贫模式；转移支付扶贫主要是公共品供给，包括一般公共品和制度供给，以及要素补偿[金融扶贫、人力资本（第一书记）]。本书的关注点是产业扶贫，但是为了说明产业扶贫机制，我们有必要将产业扶贫和转移支付（扶贫）进行对比分析。具体见表4-2。

表4-2 产业扶贫与转移支付扶贫

分类	项目
产业扶贫	旅游扶贫、电商扶贫等
转移支付扶贫	要素补偿（金融、人才）与公共品供给

4.2.2 产业扶贫和转移支付

在本小节我们需要通过对比产业扶贫和转移支付扶贫机制来回答两个问题：为什么在习近平新时代的精准扶贫阶段强调产业扶贫模式？为什么中国可以实施

---

① 吕绍刚，胡苇杭. 广东东西部扶贫协作产品交易市场开业[EB/OL].人民网，(2019-9-29)[2022-5-26]. https://baijiahao.baidu.com/s？id=1645967361796207490&wfr=spider&for=pc.

产业扶贫？后一个问题的回答初步表明了我们对中国扶贫机理和经验总结。

转移支付。由图4-2（图4-1改编）可以看出，在中国改革开放初期，国内没有形成成熟的商品消费市场，因此我们在图4-2中省去了垂直于纸面的"消费市场"轴。按照本章的分析框架，当没有消费市场存在的时候，我们只能依靠国际市场，国内扶贫则主要通过转移支付模式，或者是"输血式"扶贫。中国的确是通过这种方式来解决扶贫问题的，分别在第一、第二阶段完善了对贫困地区的公共品供给。

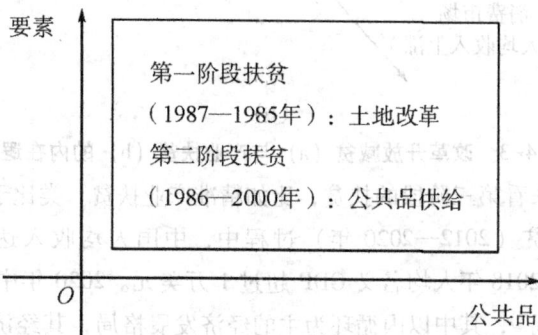

图 4-2　转移支付扶贫主要集中在第一、第二扶贫阶段

产业扶贫。本质上，图4-3补充了图4-2省去的消费市场，并将"消费市场"轴改为"国际市场"。这是因为按照历史事实，前两个阶段减贫事业的成功，主要来自中国对外开放的策略，而不是完全来自转移支付扶贫。因此，如果从更一般的减贫事业来讲，中国贫困人口的减少在很大程度上来自产业发展。我们这里是在更广泛意义上对"减贫事业"的讨论，而不是对绝对贫困人口的扶贫的讨论——在广泛意义上，产业扶贫的意义更加重要。

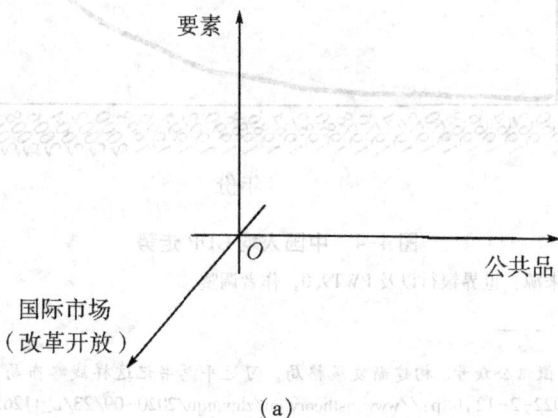

（a）

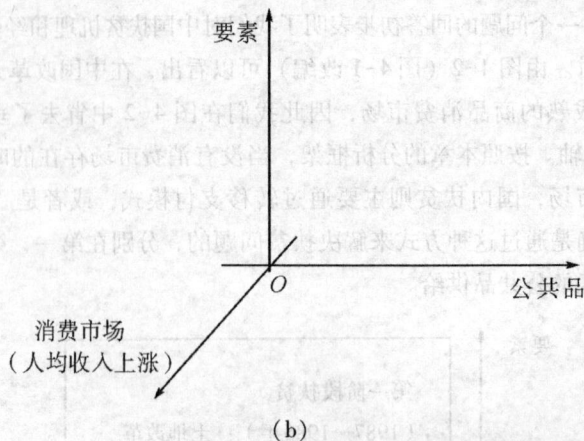

图 4-3 改革开放减贫（a）与产业扶贫（b）的内在逻辑

从图 4-4 来看第三阶段的扶贫，比如精准产业扶贫。类比于改革开放，在第三阶段的扶贫（2012—2020 年）过程中，中国人均收入达到 5 000 美元（2012 年），到 2018 年人均名义 GDP 超过 1 万美元。2020 年中央提出了"双循环"发展格局[①]，其中以内循环为主的经济发展格局，其经济条件就是国内形成了巨大的消费市场，更深层次的原因是人均收入/GDP 的上升。

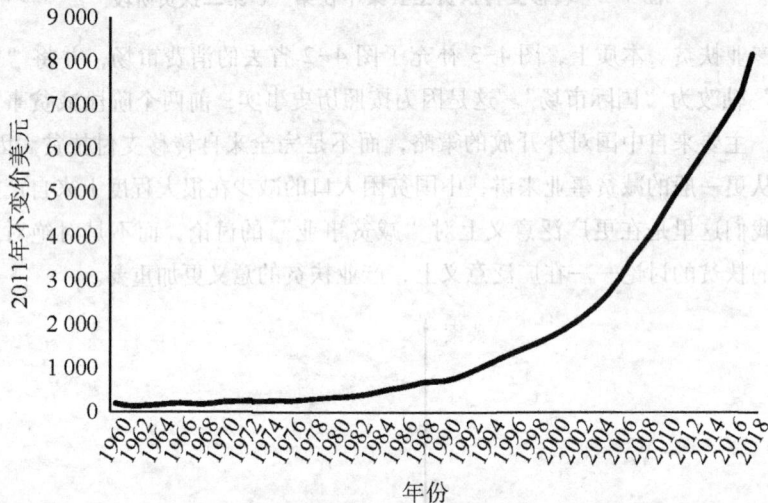

图 4-4 中国人均 GDP 走势

资料来源：世界银行以及 PWT9.0，作者调整。

---

① 学而时习微信公众号. 构建新发展格局，习近平总书记这样战略布局[EB/OL]. 求是网.（2020-09-24）[2022-2-12] http://www.qstheory.cn/zhuanqu/2020-09/23/c_1126531690.htm.

因此，产业扶贫能够推行的原因在于：①国内形成了巨大的消费市场；②前两个扶贫阶段形成了产业发展必要的要素积累和公共品供给。这就回答了第一个问题。

第二个问题是中国是如何实施产业扶贫的？在前文中我们发现，随着经济发展和市场壮大，产业发展进入更高层次，那么相应地就需要更高级别的要素供给、公共品供给。简单来讲，产业扶贫需要图4-3中三个维度的要素相互匹配，而不仅是提供三个维度的支持。一个例子是，如果当前要对某一个贫困村展开电商扶贫计划，那么我们就需要：①要素维度：懂得电商销售的人才，比如第一书记，能够支持生产特色农产品的技能、自然环境、资金等；②公共品：需要道路基础建设、网络建设，甚至是5G基站；③中心城市形成了巨大的消费市场。具体如图4-5所示。这里的本质问题变成了：如何匹配产业与扶贫模式？因为不同的产业需要与有匹配的要素、公共品以及消费市场相匹配，假定消费市场规模给定的情况下，要素和公共品的匹配是我们关注的重点。第三节和第五节将继续在本章的框架下讨论扶贫机制匹配的问题。

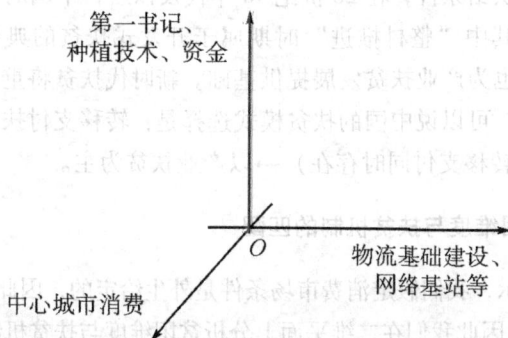

图4-5 一个例子：特色农产品的电商扶贫模式

4.3 贫困维度与扶贫机制的匹配

首先，不同的贫困维度条件下需要选择相应的扶贫模式，即产业扶贫和转移支付。其次，不同的产业需要匹配相应的要素和公共品。这两种匹配使用的是同一个框架。本节主要介绍前一种匹配机制。后者将在本章第五节的扩展应用中介绍。

4.3.1　贫困的三个维度

根据前文的分析，贫困的维度是要素、消费市场和公共品。每一个维度或者多个维度的条件变化都可能会导致贫困。我们简单回顾每个维度致贫的产业机理。第一，要素维度导致贫困的机制是，现有的要素难以与消费市场需求和公共品相匹配，因此难以培育出适合贫困地区的产业基础。第二，缺乏成熟的消费市场，直接从需求端抑制了贫困地区产业发展。第三，公共品供给，不管是一般公共还是制度和服务等高级别公共品匮乏，都直接影响产业要素的配置效率以及生产、流动和消费的效率。

4.3.2　扶贫机制

根据中国扶贫历程总结，我们将扶贫机制大致分为产业扶贫和转移支付扶贫。在改革开放早期的扶贫阶段，中国主要通过政府主导的转移支付扶贫，对农村贫困地区投入资金改善农村人口的基本生活条件、生产条件以及基本的道路和水利公共品供给条件；在20世纪90年代及以后，中国的扶贫开始慢慢过渡到产业扶贫，其中"整村推进"时期属于开发式扶贫的典型，融合了转移支付扶贫，同时也为产业扶贫发展提供基础。新时代扶贫将重点放在了产业扶贫模式上。因此，可以说中国的扶贫模式选择是：转移支付扶贫模式→混合模式（产业扶贫和转移支付同时存在）→以产业扶贫为主。

4.3.3　贫困维度与扶贫机制的匹配

为了简化展示，我们假定消费市场条件是外生给定的，因此在分析中省略了"消费市场"轴。因此我们在二维平面上分析贫困维度与扶贫机制的匹配模式。

图4-6反映了前文所介绍的分析框架的简化。首先强调的是，我们假定存在消费市场，并且保持不变[①]；其次需要强调的是，我们以产业发展的视角来研究扶贫机制[②]。图4-6中，我们看到纵轴是要素（向上为正），横轴是公共品（向右为正）。我们得到四个象限，分别为四种情形和相应的扶贫机制匹配。第一象限中：要素和公共品都为正，即在这种情形下贫困地区的产业要素和公共品供给充足，那么就具有发展产业的基础条件，因此这个象限应该是以

[①]　如果消费市场发展，比如本章第五节关于乡村振兴的介绍中讨论到居民收入增长导致了消费市场的规模和结构变化，那么此时需要用比较静态分析方式讨论消费市场的变化如何影响扶贫机制的政策选择。

[②]　其他的比如社会保障扶贫，虽然也可以纳入本框架中来分析，但是并不是作为主要内容，我们会在第五节的扩展中简单提及。

产业来扶贫；例子是新时代的精准产业扶贫。第二象限中：公共品缺乏而要素充足，那么我们应该以公共品供给补偿该地区的公共品，同时培育产业基础的混合模式，使得产业要素能够与公共品相匹配；例子是"八七扶贫计划"。第三象限中：要素和公共品都匮乏，那么应该以公共品供给为主的转移支付模式进行扶贫，比如早期扶贫政策以及特殊地区的异地搬迁扶贫，都属于转移支付扶贫。第四象限中：要素匮乏但是公共品充足，这就说明缺乏发展产业的关键要素，比如贫困地区一般缺乏能够联系农业生产和外界消费市场的"经理人"或者"企业家"，这种特殊的要素缺乏导致贫困地区产业发展落后；例子是第一书记和大学生"村官"制度，通过政府手段将"人力资本"注入贫困地区，对贫困地区进行"要素补偿"[①]。

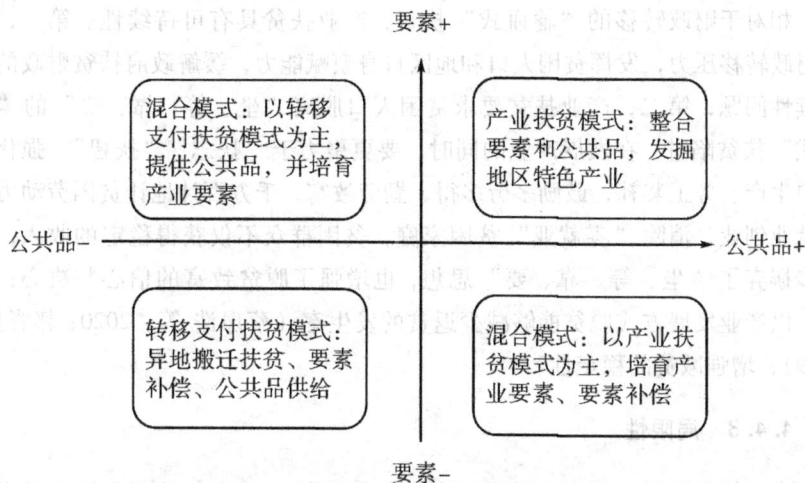

图 4-6　贫困维度与扶贫机制的匹配：一个简化的框架

4.4　产业扶贫的特征

4.4.1　内生性

相对于"输血式"扶贫，产业扶贫的内生性来自其经济发展的内生性。第一，产业发展关注经济循环内生动力，培育贫困地区的产业发展主体和产业技能。通过以产业为发展中心，参与市场经济发展，内生地提到了贫困地区的

----

① 参见本章第五节中对"要素补偿"的展开论述。

经济发展所需要的要素积累和技术要素。比如通过产业扶贫，将贫困农民纳入产业中，通过"干中学"发展特色产业；第二，产业扶贫是通过结合市场、公共品和贫困地区禀赋（以及政府要素补偿）发展符合贫困地区的资源比较优势的特色产业，避免了贫困地区对救济式的国家扶贫的依赖，而是通过激发贫困人口自身内生动力从根本上实现脱贫。第三，产业扶贫能够更多地吸引社会资本参与，而不仅是依赖政府主导，通过产业扶贫项目，内生地需要引入企业和金融保险机构参与，从而发挥社会其他资本的力量来发展贫困地区，社会其他资本的参与为产业扶贫注入了血液。

4.4.2 可持续性

相对于财政转移的"输血式"扶贫，产业扶贫具有可持续性。第一，缓解财政转移压力，发挥贫困人口和地区自身禀赋能力，缓解政府扶贫财政的可持续性问题；第二，产业扶贫要求贫困人口脱离"坐、等、靠、要"的"输血式"扶贫陷阱，在发展产业的同时，要更聚力于"扶志""扶智"，强化贫困户生产、务工奖补，鼓励多劳多得、勤劳致富，千方百计地让贫困劳动力实现就业创业，消除"零就业"贫困家庭，贫困群众不仅获得稳定的收入，更逐步摒弃了"坐、等、靠、要"思想，也增强了脱贫致富的信心与决心；第三，以产业发展方式脱贫能够减少返贫的发生率（蔡璟浩 等，2020；郭彩星，2019），增强减贫的稳定性。

4.4.3 局限性

产业扶贫的局限性在于其适用条件和组织模式探索，需要良好的要素积累，公共品供给以及成规模的消费市场以及产业扶贫的组织模式探索。第一，要素积累，产业发展需要相适应的产业要素，如何积累符合贫困地区比较优势的产业要素是一个难点。第二，公共品供给，产业发展不仅需要一般公共品的供给，还需要能够维持产业发展的制度供给，同时这些公共品需求也是随着产业发展阶段不同而变化的。第三，成规模的消费市场发展，产业发展的外部约束主要来自消费市场的成熟度，如果没有广大的消费市场（或者说，居民收入的提升和财富的积累），那么发展扶贫也是不可能的。第四，组织模式。产业扶贫在实践中的困难在于组织模式的探索，不同的产业、不同的地区特征以及不同的发展阶段都需要不断地探索合适的、符合地区特色的组织模式（郭敏 等，2019；蓝海涛 等，2019）。

4.5 扩展和应用

4.5.1 分析框架的扩展

产业扶贫的机制选择。本小节将前文的贫困三维度框架扩展应用到产业扶贫机制分析。以产业发展的要素资源配置视角分析在产业扶贫层面，政府是如何根据产业发展要求来匹配要素和公共品匹配的（我们假设消费市场状况不变），最终达到产业扶贫的目标。因此，我们在前文的要素维度和公共品维度就会做出相应的扩展。

要素的扩展。前文的要素主要是生产要素，在扩展分析中可以加入或者替换为其他要素，比如具体到旅游产业扶贫，那么要素就包含了自然资源禀赋、文化传统等特殊的产业要素。

公共品的扩展。前文的公共品供给主要是指一般公共品，在扩展分析中可以将公共品扩展到特定的特殊公共品，比如随着产业发展，原来的道路公共基础设施难以支持新的产业形式（电商产业），那么就需要新的公共品供给，比如 5G 基站，直播售货培训，以及更好的营商制度环境等。在分析转移支付扶贫中，公共品也涉及基本生活保障措施、义务教育等。总之，这些扩展都是基于具体的产业扶贫或者转移支付扶贫需求而作的扩展，但是基本的框架并没有改变。

为了更好地介绍扩展的分析框架，本节将利用产业扶贫来作分析。我们基于产业发展视角来进行分析。产业项目扶贫都要立足贫困地区要素资源状况而合理配置。要素资源是一切经济活动的前提条件，一般是指进行社会生产经营活动时所需的各种社会资源。根据其对产业项目发展的重要性可以分为基础要素资源（如劳动力、土地、资金等）和高级要素资源（如种植技术、多品种套种技术、生产管理、市场发现等）。经济学要素资源理论认为，要素资源不仅在一定条件下可以相互替代，而且也会随着经济发展的不同阶段而呈现出不同的价值和作用，因而在产业发展不同时期也要求随之不断调整与优化（张志新 等，2019）。

"……农业产业项目随着贫困地区要素资源禀赋而由初级向高级的不断演化，既是事物发展的一般规律，也是区域经济发展的基本经验。"资料显示，亚洲"四小龙"之所以能在几十年内进入新兴工业化国家或地区行列，其中最重要的原因是其都能充分利用发达国家产业结构转型的机遇，适时选择并优化本区域的产业项目，并在产业项目演进过程中合理配置要素资源。总体来看，亚洲"四小龙"产业项目演进过程中的要素资源配置基本遵循了一条规律：初级阶段主要以自然资源为主，中级阶段则是以追加的资本积累和劳动力素质提升为主，高级阶段主要以技术、知识为代表的高级要素及其配置为主。……"（张志新 等，2019）

表4-3中以农产品产业项目为例，可以看出随着产业发展，所需要的产业要素和公共品发生变化。并且，可以想象得到，不同的产业需要的核心要素和公共品需要也不同。表4-3内容是同样适用于前文的分析框架，但是需要对要素和公共品做出适当的扩展。

表4-3 产业项目发展及其要素要求①：一个例子

项目	初级阶段	中级阶段	高级阶段
项目类型	蔬菜大棚、西瓜种植、白兔养殖等低端农产品生产	设施农业、农业机械、农产品加工、储藏、保鲜等方面	资源节约型农业、农业装备、农业生物工程与农业技术等
产业要素	自然资源、简单劳动力为代表的初级要素资源开发利用为主	资本、农业生产技术等要素资源逐渐成为项目发展的关键	新能源、新材料和以生物工程、基因工程信息技术为代表的农业技术
核心要素供给	土地和劳动力	技术和资本	技术和人力资本
公共品供给	道路和水利	物流基础建设	优质公共品和制度环境

4.5.2 应用4-1：要素补偿——以"第一书记"为例

本文所提到的"要素补偿"机制是中国扶贫机制中特殊的经验，只用中国特殊的官僚制度和政府企业化的制度背景，才可能实现"要素补偿"。因为市场经济中，关键要素是"流到"回报率更高的产业和地区，所以像"第一书记"/大学生"村官"这样的优质人力资本难以通过市场配置到贫困地区。中国政府通过干部晋升制度来进行干预，使得"第一书记"/大学生"村官"能够通过官僚市场配置，而不是市场配置。因此我们在这里称之为"要素补偿"。我们将在本节中对"第一书记"/大学生"村官"制度进行详细分析，以说明中国产业扶贫中的中国特色。

---

① 本表来自，张志新等（2019），经改编。

（1）第一书记制度的背景。

选派驻村"第一书记"的历史沿革于 2001 年，为加强基层组织建设，推进农村经济社会发展，安徽省率先启动从党政机关事业单位中选派干部到贫困村和后进村担任"第一支书"。2018 年，中央一号文件明确指出提升组织力，抓乡促村，把农村基层党组织建成坚强战斗堡垒，建立选派第一书记工作长效机制，全面向贫困村、软弱涣散村和集体经济薄弱村党组织派出第一书记。实施农村带头人队伍整体优化提升行动，注重吸引机关企事业单位优秀党员干部到村任职，选优配强村党组织书记。根据各地资料粗略估算，截至 2020 年年底，全国各层级选派的行政村第一书记总数达到 20 万人，驻村扶贫工作队员则有上百万人（夏亚华、刘汉成，2020）。

在精准扶贫背景下，2015 年国家颁布《关于做好选派机关优秀干部到村任第一书记工作的通知》，旨在加强全国 12.8 万个贫困村以及 14 个集中连片特困地区的基层治理和建档立卡等扶贫工作，让第一书记成为扶贫梯队中的攻坚力量。第一书记作为国家治理向基层治理嵌入的代理人，具有"政府—市场—社会"多维度的主体特性，在年龄、学历、领导力等人力资本和原单位资源乃至个人社会关系网络等社会资本上具有比较优势。面对贫困村人才流失、村"两委"领导力不足、资源禀赋匮乏、财政资金有限、当地企业带动无力，以及农民"等靠要"思想固化等问题，第一书记能充分发挥其人力资本和社会资本优势，盘活村内原有的人、财、物和自然资源，利用好上级扶贫资金和社会群体捐赠，实现贫困村"资本—资源"内外联动。

（2）第一书记的选拔①。

河南省选拔第一书记的公开资料②

根据河南省委的具体要求和洛组通〔2017〕35 号《关于做好驻村第一书记轮换工作的通知》精神，洛阳市将从市、县（市、区）党政机关和国有企

---

① 类似于大学生"村官"的选拔，通常，大学生"村官"选拔计划由上级政府部门决定。大学生"村官"与村庄的匹配主要遵循籍贯就近原则。政府鼓励大学生"村官"到其家乡或附近的村庄任职，这样大学生"村官"对本地农村发展更为熟悉，且可以减少语言障碍。具体而言，大学生"村官"的选拔包括以下几个环节：首先，地方政府部门决定大学生"村官"招聘计划并发布招聘公告。其次，大学生"村官"应聘者参加统一的笔试，成绩较高者进入面试环节。再次，招聘工作组开展面试工作，并依据面试者的沟通技能、政治觉悟和社会规范等多个方面的能力进行打分。同时，招聘组还会注重面试者是否做好了基层工作准备、是否熟悉农村发展工作及未来职业规划。最终，面试者的最终成绩是笔试成绩与面试成绩的加权平均。最终成绩较高者将会接受政治审查，通过者将会接受相应的岗前培训以为其到农村工作做好准备（宋全云 等，2019）。

② 参见：https://www.sohu.com/a/200560290_773650。

业、事业单位选派新一批优秀干部到村担任第一书记。经研究决定，在两公司范围内公开选拔新驻村第一书记人选，现将具体事项公告如下：

一、驻村地点与任职时间

洛阳市汝阳县三屯镇杜沟村，任职期限为2~3年。

二、选拔条件

1. 中共正式党员，政治素质好，坚决贯彻执行党的路线方针政策，热爱农村工作；

2. 有两年以上工作经历，事业心和责任感强，作风扎实，不怕吃苦，甘于奉献；

3. 有较强工作能力，敢于担当，有培养潜力的干部，原则上从副科级及以上干部中选拔；

4. 具有正常履职身体条件，年龄一般在45周岁以下；

5. 有农村工作经验或涉农方面专业技术特长的优先。

……

（3）第一书记的概况。

选派人员以机关事业单位为主。按照个人申请、单位推荐、组织部门审核确定第一书记选派人员。一是以机关事业单位为主。据调查，2016年全国第一书记来自机关单位的占比为42.85%，来自事业单位的占比为39.8%，来自国企的占比为17.35%。二是年龄相对年轻。第一书记年龄大致在35~55岁，平均年龄为39岁，最大的为55岁，最年轻的仅为26岁。三是文化程度相对较高。第一书记中拥有大学本科学历的占比为58.16%，拥有研究生学历的也达到了27.55%，相对于主要以中小学学历为主的村干部，第一书记在乡村治理中拥有显著的文化知识优势。

（4）第一书记的晋升。

第一书记经历是干部晋升的政治优势。通过周黎安（2018）的官僚市场可以解释为什么中国政府能够选拔优秀年轻官员到贫困地区做第一书记。一般在第一书记选拔的文件中会提到第一书记的激励制度[①]，比如广西2019年11月和2020年4月印发的《进一步关爱激励脱贫攻坚（乡村振兴）工作队员的若干措施》《激励脱贫攻坚（乡村振兴）工作队员担当作为决战决胜脱贫攻坚的若干措施》，对加强工作队员尤其是对"十三五"以来驻村期间表现突出工作队员的政治激励进行了明确。目前学术界并没有对第一书记经历和干部晋升

---

① 大学生"村官"同样是作为干部补充和储备。

的一般研究，但是可以得到一些初步证据：比如，2019 年固原县提拔重用 85 名驻村第一书记[①]；河南省从第一书记中选拔乡镇领导干部[②]；海南省提拔优秀第一书记[③]。

（5）要素补偿。

通过前文的解释，我们提出要素补偿的解释。中国产业扶贫过程中积累了要素和公共品供给，但是进行产业扶贫还需要优质的"经理人"，第一书记通过严格选拔和培训，利用自身的社会资本和人力资本联系贫困地区产业与外部消费市场，是优质的、贫困地区缺乏的产业要素。但是这种要素并不属于公共品，难以通过一般政府职能进行补偿。中国特殊的"双市场"制度，能够让政府可以通过"干部市场"来配置第一书记，而不是通过市场来直接供给——因为市场不可能把优质的人力资本配置到贫困地区。

因此，我们称之为要素补偿，这种特殊的制度让产业扶贫得以进行。不然即便是有产业要素和公共品以及消费市场，贫困地区仍然难以迅速发展产业。类似于乡村振兴计划，不同的是，乡村振兴可更广泛地吸引社会资本进入乡村产业，涉及更多的制度改革，但是这已经超出本书范围。但是本书所介绍的框架可以应用到乡村振兴计划分析中，我们将在下面简单讨论。

4.5.3　应用 4-2：乡村振兴

收入增长引起消费结构变化和消费市场扩展。到 2019 年年底，中国消费指出对 GDP 的贡献率为 57.8%，消费成为拉动经济的新增长点。并且在"双循环"经济发展格局的背景下，扩大内需成为战略基点。2019 年 10 月 14 日，经国务院同意，商务部等 14 部门联合印发了《关于培育建设国际消费中心城市的指导意见》，指导推进国际消费中心城市培育建设工作[④]。推动经济高质量发展和新一轮高水平对外开放的重要举措，可以促进我国形成强大国内市场，增强消费对经济发展的基础性作用[⑤]。内循环与乡村振兴核心在于依托和

---

① 参见，https://m.thepaper.cn/baijiahao_4795667。

② 参见，http://liuyan.people.com.cn/threads/content? tid=5778507。

③ 参见，http://news.eastday.com/eastday/13news/auto/news/china/20161118/u7ai6215286.html。

④ 参见：http://www.gov.cn/xinwen/2019-10/25/content_5444727.htm。

⑤ 随后，青岛市公布了《青岛市商业网点专项计划（2019—2035）》，提出要"把青岛建设成为享誉世界的国际消费中心城市"。四川省出台类似政策，宣布计划分类培育 1 个国际消费中心城市、"7+2"个区域消费中心城市，即支持成都培育建设国家消费中心城市，支持泸州、德阳、绵阳、乐山、南充、宜宾、达州 7 个区域城市培育建设区域消费中心，以及遂宁和内江两个成渝地区双城经济圈。

刺激国内消费市场，发展乡村产业。本章的分析框架可以应用于乡村振兴中的产业发展模式分析。

现阶段在完善脱贫攻坚之后衔接的是乡村振兴战略。乡村振兴重点关注乡村产业发展，产业扶贫与乡村振兴战略一脉相承，两者在最终目标上具有高度一致性。根据本书框架，我们可以发现乡村振兴需要更多的产业要素、公共品供给。当前，产业扶贫为乡村振兴奠定了良好的产业基础，但是仍然面临问题。首先，在要素维度，如何使得城乡要素更加有效地流动①，以及新的数字要素如何在乡村振兴中发挥作用等问题在当前处于探索阶段。其次，需要制定与数字经济发展相适应的一般公共品供给体系，其中破除城乡壁垒、促进要素高质量流动是一个重要的方面。最后，从消费市场变化来讲，乡村振兴过程中发展产业需要关注目标市场需求结构的变化，不然将会导致同质化的竞争和过剩的生产。

---

① 参见：https://baijiahao.baidu.com/s? id = 1683924880214063124&wfr = spider&for = pc，讨论了农业产业要素变革问题。

5 贫困地区产业发展现状

5.1 贫困地区的特征

当前，我国贫困地区普遍存在地理位置偏远，交通设施不完备，基础设施不完善，资源匮乏，现代技术元素欠缺，产业发展较为单一，产业规模很小或者不成规模，产业结构不合理，抗风险能力较弱等一系列问题。这些问题是遏制乡村产业发展最基础和最直接的原因。而这些现状构成了乡村产业发展的基本环境特征，下面本书将从环境、要素、产业结构、技术四个方面进行更具体和深入的分析。

5.1.1 环境禀赋

（1）地理环境。

一个乡村的地理环境决定了其发展所需的、能够获取的各项资源，同时也决定了它与外部生产经营环境之间接触交流的可能性，是乡村发展的最基本条件和物质基础。我国目前大多数乡村呈现贫困现状的最重要原因就是该地区位置偏僻，地势陡峭，土地土壤贫瘠，不利于农业、养殖业、畜牧业等产业的发展，各种作物的生长环境极其恶劣，在产量上明显低于我国作物的平均产值，只能勉强保证最基本的生存所需，相当一部分地区甚至达不到基本生存量，表现出"吃不饱，穿不暖"的现状。

2019 年 8 月 12 日，国家统计局发布《扶贫开发持续强力推进脱贫攻坚取得历史性重大成就——新中国成立 70 周年经济社会发展成就系列报告之十五》。该报告指出，受自然、历史等诸多因素影响，我国贫困具有区域性特征，中西部地区整体性贫困相对突出，特别是一些"老少边穷"地区，自然环境恶劣，交通设施落后。"老少边穷"地区大多位于经济发展落后的中西部山区和丘陵地区，如东部的沂蒙山区、闽西南、闽东北地区，中部的太行山区、吕梁山区、大别山区、赣南地区、井冈山区，西部定西干旱山区、西海固地区等。"老少边穷"地区的地势多属于山区、高原、丘陵、喀斯特地貌等，干旱十分严重，具有降水量小、季节性明显的特点，主要集中在夏季。同时，具有喀斯特地貌的地区，地表水源也不能使用，地表水渗透严重。又或是山高坡陡，水土流失严重、自然灾害频发。

还有一处地理环境特殊的地方，我国高海拔地区——西藏。在我国2 800多个县级行政单位中，西藏那曲市双湖县是全国海拔最高的县，平均海拔在5 000米以上，地处藏北高原深处，被人们称为"人类生理极限实验场"，空气含量仅为偏远地区的五分之二，是我国自然环境最恶劣的地区之一。由于西藏地处高原高寒地区，适合农耕的土地仅占全区土地总面积的0.42%，主要分布在日喀则、拉萨、山南、昌都四个地区，人均耕地不足1.4亩①。

地理位置是无法改变的，它在一开始就给农民带来了巨大的压力，特别是在第一产业上，导致我国贫困地区发展受到根本性约束，影响了资源配置效率，产业发展困难，产业经济可行性低。

（2）气候环境。

气候环境与地理环境一样，都与乡村产业密不可分，对乡村的发展具有根本性、实质性的影响。乡村产业活动与外界的气候环境时刻保持紧密接触，它不仅会影响与产业相关的内容，也会对实施产业发展的主体产生直接的影响。关键在于该气候对人类的友好程度，是否有利于人类在一个安全、舒适的环境中推进产业的发展和规划。

中国不同地区的气候类型：不同的经纬度被划分成不同的气候带，在不同的气候带下，温度、湿度、风力风向、气压、蒸发等因素各有不同，呈现出按纬度分布的地带性。西北地区身处内陆，海洋季风无法抵达，故具有西风带内陆干旱气候。青藏高原由于海拔高，面积大，具有独特的高寒气候。东半部属于大范围的季风气候：夏季盛行海洋季风，湿热多雨；而冬季盛行大陆季风，寒冷干燥。如我国东北地区就属于季风气候，呈现出夏季高温、雨热同期的特征，这有利于农作物的生长，河流众多，灌溉水源充足。同时平原面积广阔，便于大规模的耕作，适合发展多种经营。但同时，季风的不稳定性可能会造成多旱涝灾害；另外，纬度高，冬季热量不足，容易受到寒潮侵袭，导致水土流失加剧，土壤肥力流失。

---

① 李俊清，向娟.民族地区贫困成因及其治理 [J].中国行政管理，2018（10）：57-61.

作为农业大国，我国对气温、降水等气候条件的依赖性较高，这对农业的生产和日常活动都会产生重要影响。气候环境的变化在一定程度上会影响甚至导致贫困，加大了贫困的范围。我国农村气候问题具有明显的区域性，且与生态环境脆弱有很强的关联性（李裕瑞 等，2016），已成为我国农村扶贫工作面临的主要问题与障碍。气候环境对农业最直接的影响途径就是通过降水、气温等变化直接导致干旱、洪水，造成经济损失，更进一步导致了土地贫瘠，生产能力下降，可耕种面积减少。在我国内陆干旱和半干旱地区，气候成为了制约乡村发展产业的关键要素，宁夏中南部西海固地区有"十年九旱"之称，降雨量与蒸发量常年失衡，不少地区还出现了"十年十旱"的悲惨境况。

5.1.2　要素

（1）外在要素——资源。

贫困地区想要发展，最直接的办法就是依靠当地的特色优质资源，打造优势产业，因地制宜，提高资源的配置效率。然而问题在于，有很大一部分贫困地区不是不愿意利用资源进行配置与开发，而是当地根本没有可用的、充足的、有价值的资源供其开发使用，如雨水、耕地。

对外来说，外界资源的输入也十分困难。这是由于贫困地区地理位置偏僻，基础设施落后，还有很多乡村没有通等级公路，交通不便，乡村产业建设所需的资源无法运输到农村内部，同时生产的物资也不能运输到外界进行交换，物流的输入和输出十分困难。除道路问题外，供水、供电、供气、网络通信等生产要素也未实现农村全覆盖，导致农村只能发展一些基础性的产业，资源开发不足。

扶贫资金分配准确性不足。国家在支撑乡村产业发展过程中，下拨的扶贫资金没有很好地分配到贫困地区真正需要和值得投放的地方，存在扶贫资金浪费的现象，部分政府没有以市场为导向，盲目地修建养殖基地、农业基地等，忽略了农民缺乏管理经验和专业知识技术等因素，造成了资金的浪费问题，没有起到扶贫的效果。

（2）内在要素——人才。

一是人才的外流。由于贫困地区产业结构不完善，乡村产业数目很少，也就缺乏一定的就业岗位，农村的年轻人大多就选择外出打工，背井离乡，留在农村的自然也就剩下了老人与小孩，劳动力无法参与到产业发展过程中。同时，当地的大学生为了摆脱贫困大山的束缚，在外地完成高等教育之后，大多不会选择返回家乡，而是留在外地就业和生活。一方面，是出于对工资待遇上的考虑；另一方面，乡村地区的就业前景不如发达地区，产业发展速度缓慢。先天的不足与后天的落后使得人才发展前景黯淡。不可否认的是，也会有不少人愿意回到家乡，带动家乡致富，但这也只是少数，毕竟农村的产业结构还不完善，发展潜力虽大但没有得到充分开发。这一趋势也就造成了农村地区知识分子的缺失，产业发展所需的经营、管理、金融、会计等人才始终欠缺，制约经济进一步发展。

二是人才培养路径的缺失。在我国贫困地区，家庭贫困的另一个突出表现是家庭无法支撑起让家里的孩子接受教育，很多孩子从小就开始劳作，知识水平低下，这种经济上不支持是造成农村孩子教育水平程度低的一个重要原因。另外，大多数乡村的教育体系也不完善，主要表现为教师队伍不齐、待遇很低、生活环境艰苦，教学设施不完备，教育经费短缺，直接导致了教师严重不足。孩子们无法得到受教育的机会，严重影响该地区的教育质量和学生的教育水平，使得该地区的贫困陷入了周而复始的循环中。

三是人才流入不足。其他地区的大学毕业生以及各种企业家、社会组织等更多地考虑到经济效益、发展前景、发展潜力等因素，综合考虑之后不愿意选择在一个贫困地区进行发展，外在的人力资源也就无从获取。

（3）其他要素。

金融服务支撑不够。金融机构如银行等对发展乡村产业的个体和企业提供的支持还不充分，贷款金额数目低，利息过高，担保人制度严格，由此造成了发展所需资金的匮乏，资本跟不上地区发展的速度，区域资源潜力无法得到释放，制约了经济的发展。另外，农村资源转变成资产的路径没有被打通，土地的流通流转资金过低，龙头企业不能在农村获取相应规模的土地进行生产，阻碍了社会资本的进入。

5.1.3　产业基础

（1）产业规模。

我国贫困地区小农户较多，是我国传统的一家一户单打独斗的生产模式，产业不成规模，产量很低。一方面是农村基础设施的不完善，全程只能依靠人工进行作业，人们的精力和时间有限，劳动效率也不高，能够完成的规模自然是小范围的。另一方面，农民的土地面积不大，或者成片分布，较为分散，无法做到片区式发展。小规模的产业带来了过高的生产成本，达不到规模经济的效果和功劳，脱离了我国新时期现代化建设进程的高速发展，差距仍旧存在，并且逐步扩大。

另外，产业的覆盖面不广。首先是产业范围的覆盖率，往往一个地区只涉及一类产品的开发，发展过于单一，带动周边经济发展的动能不足，在吸引外资、外商、外企进入方面很弱，发展潜力受到限制。其次是对贫困人口的覆盖面不足。一些产业的发展没有考虑到贫困农户的素质和能力问题，最终不能起到带动该区域大部分的就业问题，往往只惠及了少部分原本就较为富裕的人群，贫困农户的生活不能得到改善。

（2）产业结构。

由于地理环境、知识水平和技术水平的限制，农民只能在有限的知识领域和空间领域专注于一种产品的种植或养殖，往往忽视掉了产业结构这一产业发展生态，相应的单一产业结构抗风险能力很弱，一旦发生不可抗力的自然灾害问题，就会造成极具破坏性的损失。贫困地区较为常见的单一产业结构可以分为四类：第一类是第一产业的单作物种植，只发展农业，其中最极端的是只生产一种作物，这种产业结构的抗风险能力是最弱的；第二类是只发展第二产业，即工业，关注工业技术的升级与改造；第三类是只发展第三产业，即服务业，全村人民不劳作，只关注如何接待游客，发展旅游业等极具附加价值的产业。

在我国西南贫困地区，产业结构单一性现状极为突出。以李赛男在西南贫困地区乡村发展类型划分一文中的划分方法及研究结果来看①，西南贫困地区第一产业占比在所有样本中的平均值达到了 25.71%，西南贫困地区中该类型县域有 30 个，其中，四川有屏山县、甘孜县、德格县、石渠县等 8 个县；广西有隆安县、上林县、三江县、乐业县等 9 个县；贵州只有务川县；云南有昌宁县、巧家县、景东县等 12 个县。该类型主要分布在青藏高原东部、川西高原、云贵高原中部，在滇西南、桂东北、渝东南也有少量分布，从整个分布范围看，呈现小范围聚集、大范围扩散的趋势。青藏高原东部主要以种植青稞为主，川西高原以草场为主，云贵高原中部主要以草场为主，只有极少量的森林与水稻。产业结构的选择取决于地势也得益于多样化的气候条件：高山高原气候与热带、亚热带季风区气候；年降水量达到了 400~6 000 毫米；年日照时数在 800~2 600 小时；年太阳总辐射量在 4 000~8 000 百万焦耳/平方米；尽管气候条件在一定程度上有利于产业的发展，但起关键作用的地形地貌条件的限制、土壤的适宜性、自然灾害的频发等因素还是制约着产业的多样化发展。

过于单一的产业发展模式不具有长期持续发展的潜力，相反会出现许多的

---

① 李赛男. 西南贫困地区乡村发展类型及其乡村性评价 [D]. 重庆：重庆师范大学，2017.

问题和极大的风险，也不能带来较为充足的经济效益，无法达到协同效应，提升经济的附加价值。

（3）产业链条。

贫困地区的产业呈现出产业链条很短的特征，多数只涉及从种植到产品形成的过程，这一过程产品的附加价值很低，经济利益不高。对于产品成型之后延伸的价值链，是产生高附加价值的关键阶段，如考虑从产品到销售，从产品到餐桌，从产品到品牌，等等。这些都是延伸产业链中值得考虑和开发的部分，但目前延伸力度还不够，企业对价值链的完善、品牌化的构建等意识不强。

5.1.4 技术

（1）种植、养殖技术。

农耕技术过于原始化，缺乏学科知识的指导。农民的农作技术大多是从祖辈传下来的，由于从小便开始参与到家庭的农耕中来，其技术属于农民的"偏方"，有一定的现实价值和实践意义，但同时对于一些长期未得到解决的问题，仍然存在知识盲区，而这就需要对相关科学知识的掌握。农民或许清楚农耕的时间点，这是他们前辈的智慧，但他们或许不知道为什么有的时候产量多，而有的时候产量少。在他们固有的观念中，这可能是无法改变的，但如果了解了原因，运用一定的知识和技术，便可以取得较好的效果。

工业技术的运用欠缺。面对大范围大规模的农田，依靠人工耕作、播种可能需要花费相当长的时间，如果能够运用无人机技术、自动播种机器等技术，无疑能够极大地提高生产效率。但现实是我国无人机等技术的农业覆盖率不高，只有较为发达的省份有机会实现。

（2）科技化、现代化技术。

人才的流失和匮乏伴随而来的就是新兴的科学技术无法从经济发达的地区引入贫困地区，人们仍旧采取最原始、最传统的方式进行生产，生产效率很低，工业化水平不足。设施农业、智慧农业的标准得不到实现。农业农产品一体化加工流程无法得到普及和推广，农产品的提取率、转化率显著低于发达国家水平。同时，未成体系的加工流程也潜在地加大了运输成本，产业链本就不完善，中间环节又会榨取部分利益。技术的不足也导致了副产品的综合利用率很低，由此导致产品浪费现象严重。

科技型产品、创新型产品的不足。很多乡村地区的企业往往注重一般产品的生产，而高科技和创新型的产品比较匮乏，这类产品对人才的要求太高，乡村人才的流失无法支撑这种企业生态。但当前我国的社会主要矛盾已经转变成人民日益增长的美好生活需要和不平衡不充分的发展之间的矛盾，也就意味着人们越来越关注自己的生活追求，提升自己的生活质量。人们已经从过去单单购买蔬菜，到现在购买绿色蔬菜、有机蔬菜。作为农业发展大国，乡村地区仍旧是农产品发展的重要区域，但目前优质的绿色产品占总体产量比重很低，同质化现象严重。

文化、旅游产业技术运用不足。文化和科技融合建设生态不充分，5G、虚拟现实（VR）、超高清、增强现实（AR）、人工智能（AI）等技术的运用没有在文化产业中得到体现，沉浸式体验模式尚未开发，文化产业创新发展新动能单一。

5.2　贫困地区的产业发展

在国家各项乡村振兴、扶贫政策的支持下，我国贫困地区产业发展正在逐步走向光明，取得了相当的成绩。本书将从农业、农业加工、旅游业等来介绍相关情况。

5.2.1　农业

我国是农业大国，集中体现在农村人口众多、耕地面积广阔、农业产值规模大、农产品种类丰富等方面。在全面实现脱贫攻坚之后，各地区要在保障现有发展水平的基础上，以乡村振兴为抓手，持续推进乡村产业，特别是农业的深入发展。通过促进农业产业的发展，以建设现代化农业、智慧农业为目标，推动乡村经济的进步。我们要以农业农村优先发展作为指导，开发利用区域特色优势资源，因地制宜，提升农业产业化、规模化、专业化、现代化、品牌化、一体化水平，延伸农业产业链，提升价值链附加价值，增强农业的产业竞争力，达到让农民增收的目标。创新发展农业生产经营方式，支持农村合作社、家庭农场等利益联结机制的创建，健全农业社会化服务体系。

我国乡村人口数以及乡村相关产值如图 5-1 所示：

图 5-1　我国乡村人口数以及乡村相关产值

数据来源：国家统计局。

案例 5-1　河南省清丰县菌菇产业①

河南省濮阳市清丰县是典型的平原农业县，城镇化率位于濮阳市的尾端。清丰县属于北温带，四季分明，地势平坦，土地总面积达到了 834 平方千米，其中耕地面积约为 89.5 万亩，这种地势十分适合发展大面积农业种植。

清丰县传统的农作物主要包括玉米和小麦，主要集中在第一产业上，产业价值链短，与第二、三产业的融合度不够，同时很容易受到气候和市场环境的影响，产品的附加价值较低，农户增收幅度不明显。在此种情况下，清丰县做出如下调整：

（1）清丰县农业种植作物的综合考虑和选择。近年来，在我国大力推进乡村产业振兴和产业兴旺的大背景下，国家政府推出一系列扶贫措施，助力农村产业发展，号召各贫困地区因地制宜，利用区域特色资源，发挥自身优势，走出一条富民兴业的道路。考虑到农户承受风险的程度、农作的积极性以及资产回收率之后，清丰县选择了种植栽种周期短、见效快、易管理、利润空间大、推广简单的食用菌作为致富产物，重点推广。农户通过简单的学习便可以掌握食用菌的种植技术，稍加管理，便可以在较短的时间里得到增收，解决自

---

① 杜振华. 乡村振兴战略下农村产业扶贫现状及发展对策研究：以河南省清丰县菌菇产业扶贫为例［D］. 浙江：浙江工商大学，2018.

已的就业问题。同时，还可以辅于辣椒、红薯等进行培育，最大化农田的利用效率，提升农业的抗风险能力和农作物的经济效益。

（2）食用菌在清丰县的主导农业产业地位。清丰县大力推进食用菌基地建设，截至2020年年底，已建成食用菌基地70个，标准化大棚已建成1.2万座，食用菌种植面积约1 700万平方米，涵盖了17个乡镇。食用菌的种植过程涉及大量的劳动力，包括菌种的培育、采摘、削菇、装箱、加工、运输等各环节，属于劳动密集型产业，在一定程度上很好地解决了当地的就业问题。食用菌项目在清丰县的覆盖面积最广，是促进农户增收的第一动能，所有的贫困村都参与了进来，带动就业的增收的效果显著。2020年，清丰县食用菌产业综合产值突破25亿元，带动了1.5万名贫困户圆了小康梦，走出了一条党建引领脱贫攻坚、助推乡村振兴的新路子。

（3）辣椒、红薯种植促进农民增收。辣椒和红薯是除食用菌之外的另一个特色产业，可充分发挥和利用农田的利用率，调整产业结构，拓宽经济发展空间。辣椒的种植刚开始以零散的农户为主，后因为效益十分可观，便逐步扩大生产，形成了一大批辣椒种植大户。而红薯的种植一开始是自愿栽种的，有意愿的农民可以免费领取幼苗，成熟之后由政府安排收购途径，保证物有所销，同时也调动了农户生产的积极性。

5.2.2　农业加工业

农业加工业是在农业基础之上发展起来的，具有附加价值和发展前景。广义上的农业加工业指的是人工生产的原材料和野生动物资源为原料的总和所进行的生产活动，狭义上的农业加工业是指以农、林、牧、渔产品为原料所进行的工业活动。本书将具体讨论乡村产业发展中的农产品加工业的发展现状。农产品加工业涉及农业、工业、服务业三个领域，逐步发展成为我国国民经济与经济发展的基础性和支柱性产业。

近年来，我国农产品加工业有了长足发展，已发展成为农业现代化的支撑力量和国民经济的重要产业，对促进农业提质增效、农民就业增收和农村一二三产业融合发展，对提高人民群众生活质量和健康水平、保持经济平稳较快增长发挥了十分重要的作用。根据《新闻联播》报道，2020年我国农产品加工行业营业收入超过了23.2万亿元，转化率达到了67.5%，其中科技对农产品加工业发展的贡献率达到63%。国家预计到2025年，农产品加工转化率达到75%，农产品加工业与农业总产值比进一步提高；自主创新能力显著增强，转型升级取得突破性进展，形成一批具有较强国际竞争力的知名品牌、跨国公司和产业集群，基本接近发达国家农产品加工业发展水平①。中国农科院副院长孙坦表示："粮食、果蔬、油料、畜产品、水产品等领域的贮藏保鲜、快速遇冷、烘干、干燥、冷链、配送等初加工技术；非热加工、低温压榨等精深加工技术相继被攻克。一批具有自主知识产权的新技术快速应用，技术装备研发能力与世界先进水平差距逐步缩小。"

"十三五"期间，中国农业科学院加大对关键核心技术的研究，不断提高农业加工产业的转换率，在脱贫攻坚、乡村振兴、解决"卡脖子"问题上取得了一系列成果，如农产品加工研究所谷物加工团队通过研究，揭示了挂面干燥过程温度场分布、水分扩散和水分状态变化规律，建立了变温保质挂面干燥工艺，建成了高效节能自控挂面干燥工艺，挂面水分均匀度提高22%以上，干燥节能23%以上。该所一位工作人员提道："我们与河北金沙河面业集团合作十余年，利用关键技术和系统性技术支持，提升产品质量，拓展产品种类。如今该企业的销售额已经从十年前的十多亿元增长至上百亿元。"

在"十四五"期间，各农业加工研究所致力于全面加强与各农商产业的对接合作，共同攻克技术难关，开发更具附加价值的农产品，提升农产品的"含金量"。2021年，中国农业科学院农产品加工研究所正在筹建农产品加工与贮运国家重点实验室，不久将落户北京市海淀区，助力农产品加工业的深化发展。

案例 5-2 竹溪县特色农产品加工业发展②

竹溪县位于湖北省十堰市，地处鄂、渝、陕三省市交界的秦巴山腹地。由于处于秦巴山区，进出比较闭塞。竹溪县坐落在鄂西北的边陲，鄂西山区是湖北省的贫困地区，也是国家级贫困县较为集中的地区。

竹溪县具有发展农产品加工业的基础和条件。竹溪县兼有南北气候特征，十分适合农作物的栽种。此外，矿藏资源、物质资源丰富，是全国500个资源富县之一。另外，野生动物种类较多，有110多种树种，300多种中药材。耕地资源方面，耕地占7.38%，林地占77.87%，水面占1.2%，其他占13.55%。地理位置而言，305省道在境内横贯而过，交通比较方便。

竹溪县农产品加工业发展与经济发展之间的密切联系。竹溪县的产业结构比较单一，以农业种植为主。其中，农业加工业的比重在县城GDP中占比最

---

① 资料来源：《国务院办公厅关于进一步促进农产品加工业发展的意见》。
② 赵伟，管顺丰.竹溪县特色农产品加工转化现状分析与对策［J］.商场现代化，2006（22）：281-282.

高，这一点启发了政府和贫困农户意识到了农业加工业对落后地区经济发展的重要意义，结合该地区独特的资源禀赋，政府部门得出了依靠该地区特色资源的加工能够获取发展优势的结论。

竹溪县农产品加工业依靠的主要资源包括黄姜、茶叶、魔芋，其中黄姜一项就达到了工业总产值的 20%，是竹溪县县域经济的重要支柱。除了上述三种资源之外，茶叶、烤烟、贡米、蔬菜、药材等也是该地区产业发展的重要内容和力量，县委县政府坚持"南烟北茶"，统筹推进产业协调发展。

竹溪县协力魔芋实业有限公司旗下的"天欣"牌魔芋胶在国际国内市场上受到人们的欢迎，并被广泛运用于饮料、肉制品、糕点、奶制品等行业。农业加工业带动了两万多贫困农户从事种植，农户平均增收 4 000 元。

此外，梅子贡公司开发生产的有机茶食品，在湖北省率先实现了由"喝茶"到"吃茶"新消费习惯的转变，由此推出的乌龙茶、茶食品、茶多酚等一系列产品的加工使得农户的人均收入增加了一千多元。

集聚全国约 70% 黄姜产量的竹溪县，由于独特的地理区位优势，黄姜的品质极好，皂素含量很高，黄姜皂素被誉为"植物黄金"，主要用于生产 300 多种激素类药物。依托这个优势，竹溪县建成了全省唯一一个黄姜工程技术研究中心，形成黄姜—水解物—中间体原料药的全链条，原料加工—精深加工—产品贸易的多业态。从攻克加工过程中污水排放处理过程到公司的建立，竹溪县的发展吸引了不少上游企业进驻竹溪，他们投资建厂，推动了百亿生物科技园的建设。

5.2.3　旅游业

在 2016 年和 2017 年，中共中央一号文件连续两年强调要大力发展休闲农业和乡村旅游业，在这样的背景下，贫困地区在政府的推动下积极开展乡村旅游业规划实践。乡村旅游业立足于当地人文底蕴和自然环境，以当地村庄为空间，推出乡村产业发展模式。当前我国较为常见的旅游形式包括：花卉园艺型、农作物生产基地型、动物农场型、乡村体验型、度假村等。

农业农村部印发的《全国乡村产业发展规划（2020—2025 年）》指出，产业兴旺是乡村振兴的重点，是解决农村一切问题的前提。乡村产业内涵丰富、类型多样，农产品加工业提升农业价值，乡村特色产业拓宽产业门类，休闲农业拓展农业功能，乡村新型服务业丰富业态类型，是提升农业、繁荣农村、富裕农民的产业。乡村休闲旅游业是农业功能拓展、乡村价值发掘、业态类型创新的新产业。旅游业横跨一二三产业，带动了一二三产业的协同发展，涵盖生产、生活、生态三方面的内容，融通了工农城乡，具有长远发展前景①。

当前我国乡村旅游业发展呈现出良好的态势，各贫困地区积极推进特色乡村旅游业发展。各地区落实国家号召，推进建设特色鲜明、功能完备的旅游景区，充分结合当地的自然环境、人文底蕴，创新性发展新的旅游业态，不断拓宽旅游业务。各地区更加注重品质的提升，坚持以特色化、个体化为指导，实施精品工程项目，打造美丽田园乡村休闲旅游产业。另外，乡村还十分重视服务水平，以高标准要求产业的发展，打造高质量的、标准化的服务。

数据显示，2019年我国乡村休闲旅游业共接待游客33亿人次，营业收入超过8 500亿元。乡村旅游业不再局限于农家乐、采摘园这类单一业态，更多地开展创意设计、餐饮住宿、文创商品、特色农产品销售等多业态运营。在传统的自然风光、休闲度假等传统开发基础上，深入挖掘区域文化底蕴、生态涵养等复合型价值。这些积极向好的发展体现出了当下乡村旅游业顺应城乡居民消费拓展升级的趋势，满足了大众旅游、全域旅游的需求，乡村休闲旅游业展现出了广阔的市场前景。2015—2019年我国国内旅游业数据如图5-2所示。

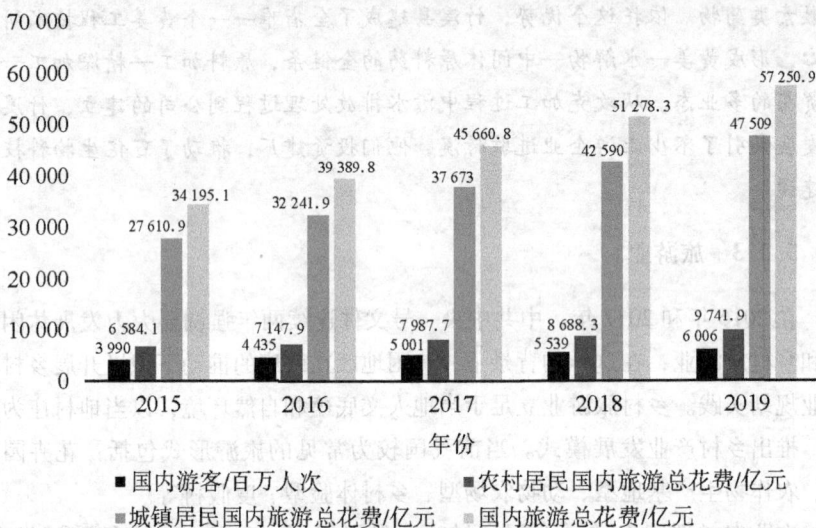

图 5-2　2015—2019 年国内游客数、旅游总花费数据

数据来源：国家统计局。

---

① 《全国乡村产业发展规划（2020—2025 年）》印发 [J]. 云南农业，2020（8）：8.

案例 5-3　东旺村的文化旅游业①

河北省保定市东旺村位于长子县南漳镇东南方向，距南漳镇 7.5 千米，东临 207 国道，交通十分便利。在认真学习和解读了其他贫困地区旅游业发展经验和模式之后，东旺村村委会启动了以炎帝文化为主线，上党农耕文化体验为主题的农耕文化体验园。当前园区建设已基本完工，能够满足游客吃、住、行三方面的需求，具有很大的发展潜力。

乡村文化记忆馆。该馆所陈列的是东旺村一个名为苏保祥的老人过去二十年所收藏的物品。当时的他出于自己的信念和兴趣，顶住了别人异样的眼光和冷嘲热讽，默默地坚持收藏这一习惯，才有了现在呈现出来的展品。这些物品包括了手作工具、测量工具、加工模具等，见证了东旺村发展的历史，向游客展示出古老的民风民俗。

非物质文化遗产。除了文化展品，东旺村还有潞麻绳坊。潞麻作为该地区特有的非物质文化遗产，生产技艺复杂、制作工艺讲究，目前能完整掌握这项技能的人已经很少了。

各类游玩项目和当地特色小吃。在体验了浓郁的文化熏陶之后，东旺村还设置了一些轻松的游玩项目，比如秋千、跷跷板、磨盘、迷宫等，还有上百年的奇树可以参观。饮食方面，当地父老乡亲精心准备了素席、粉油饼、夹饼、炸丸子等美食，不起眼的佐料却是当地独具特色的味蕾盛宴，其中的素席被列为第四批市级非物质文化遗产。

5.3　乡村振兴与产业发展

下面主要从乡村振兴的视角，分析我国产业发展的现状和取得的成效。

5.3.1　乡村振兴背景下产业发展要求

脱贫攻坚战的胜利对乡村振兴战略下的农村产业发展提出了新要求。在打赢脱贫攻坚战和推进乡村振兴的背景下，我国乡村产业发展的重点在于帮助贫困地区实现产业的"从无到有""从稀少到量增"，这是乡村振兴的基础。伴

---

① 贾莉. 乡村旅游业的发展研究：以东旺村为例 [J]. 农业开发与装备, 2019, (1): 152, 190.

随着脱贫攻坚战的胜利，做好全面脱贫战略成果与乡村振兴战略的衔接成为下一步发展的关键，同时，政府对产业发展也提出了更高的要求，强调帮助脱贫村实现产业"从弱到强""从单一到丰富"，这也是脱贫成果的延续，是对乡村振兴背景下产业发展的新要求。

大力推进乡村产业高质量发展。在过去，产业发展关注数量，强调新产业的推进和建设，在大力推进产业兴旺政策的带动下，现在需要更加关注产业的高质量发展，做到从数量扩大化的"产业发展"向质量优化的"产业振兴"的过渡。质量在一定程度上既可以保证农户稳定的增收，同时也是打造农产品竞争力的一大壮举，便于产品在多变和激烈的市场环境中站稳脚跟。只有以质量效益这一指标作为发展准则，才能真正实现产业振兴、产业富农、乡村振兴。

推进产业更进一步的融合发展。初期的乡村产业建设大多是以单一农户为基本单元发展起来的，存在产业规模小、产业结构单薄、产业融合度低、产业价值链短等问题，产业价值和产业发展潜力没有得到充分的开发和利用。为此，在乡村振兴战略的积极推动下，有必要进一步完善产业发展的模式，推动各产业之间的连接和融合，最大化地发挥乡村产业价值。大力推进乡村一二三产业融合发展，发挥乡村旅游在产业融合中的连接作用，结合美丽乡村建设打造独具特色的乡村旅游产业。

完善利益联结机制。政府不断推进企业与农户之间建立伙伴关系，打造"企业+农户+政府"等新型产业发展模式，助力乡村产业。这类机制和模式在于吸收企业参与到乡村产业发展中来，发挥它们的带头作用，同时在资金和产品销售流通上给予支持，保障农户的收入。当前，农业企业与农民的利益联结模式主要有新型订单模式、股份合作模式、服务带动模式、多层次融合模式等，或多或少存在联结松散、契约关系稳定性差等问题①。分散的农户在企业面前始终处于较为弱势的地位，只有组织好、引导好，才能达到企业与农户的双赢目标。另外，必须充分发挥龙头企业在产业发展中的关键作用，企业带动在一定程度上解决了"乱小散"的问题，质量、规模以及效益得到了保障和提升。国家要培育壮大龙头企业，支持农副产品的深度加工，就地消化农副产品，进一步延伸产业链。

充分发挥科技在产业发展过程中的创新作用。科技是第一生产力，产业发

---

① 杨博. 以农村产业融合发展助推乡村振兴[EB/OL].(2020-05-19)[2022-06-09].https://www.xuexi.cn/lgpage/detail/index.html?id=17828317885203073757&item_id=17828317885203073757.

展和产业兴旺需要依靠科学技术的支撑和引领作用，以跟上现代产业的发展步伐。在生产、流通、销售等环节注入创新技术，开发尝试新的生产方式、流通渠道和销售模式，不断提高种植技术和培育效率，以科技推动乡村产业的高质量发展，以科技保障一二三产业之间的有效连接和有效联动，使得产业链的延伸成为可能，提升产业发展的附加价值，将乡村农业产业打造成为智慧化、现代化业、科技型、创新型的产业。

5.3.2 案例分析

案例5-4 "龙头企业+合作社+农户"

在湖北省天门市，一片片花菜田将龙头企业、合作社、农户三方连接在了一起，串起了一条乡村产业链，让农户走出了一条脱贫致富的发展道路。该模式的发起人是天门市蒋场镇的李杨村的宋太山，他们家过去一直以种植棉花、黄豆等传统作物作为经济收入来源。由于传统的经济作物经济附加价值很低，多年来并没有挣到什么钱。同时又看到旁边的人纷纷盖了新房、买了小轿车，生活十分惬意，他决定拼一拼，给自己换个活法。

"合作社+农户"模式。传统的经济作物不行，宋太山就思考在李杨村这个地方，什么东西稀少、珍贵又可以卖到钱。李场村有许多野生半夏，一斤大约能卖十几元。选了产品，他又开始思考应该怎么销售出去，卖个好价钱。正好每年都会有一个甘肃老板来李杨村收购半夏，销路有了，宋太山下定决心，开始种植半夏。2013年，宋太山手里凑了将近一万元，开始自己学技术。到了第二年有了收成，老宋赚了一万多元，成为第一个"吃螃蟹的人"。不久后，这一消息就传了出去，吸引了周边以及潜江、京山、仙桃等地的村民前来学习栽种技术。宋太山看想学的人很多，便决定成立合作社。在他的带领下，一传十，十传百，半夏种植规模急速扩大。其中成绩最突出的是汪场镇雷场村的雷友平，他已经是当地的种植大户，半夏种植面积从最开始的8亩扩大到了120亩。同时，雷友平使用了滴灌、覆膜、机械喷雾等现代农业技术，还与知名药厂签订了合作协议。

"企业+农户"模式。潜江市竹根滩镇群联村的湖北南章莆中药科技有限公司半夏特1号纯种繁育基地，有10%的土地面积"专供"贫困户。该公司与贫困户签订合同，实行统一种苗、种植、管理、防治、采挖、销售、加工的"七统一"经营模式。贫困户在基地内劳作，采挖、销售后，公司所得的净利润直接分给贫困户。其中，在公司基地务工的贫困户陶爱枝，2020年的收入达到了 1.8 万元。

农户有话说。2021 年 1 月 21 日，村民何华山说："在合作社拿 6 万元工资，自己种植的花菜约有 8 万元收入，田里还有 6 亩晚花菜。有公司负责销售，能卖个好价！"2016 年，他带田加入落心合作社，种植花菜之余，还负责组织采摘和打包，当年就甩掉"穷帽"，2020 年收入约 16 万元。"卖完豆角卖黄瓜，接着又有西红柿、大椒上市，天天有活钱。"贫困户孙光辉通过瓜椒套种，两年摘掉贫困户帽子，找到了自家的致富路。

"一户带多户，多户连一村，乡村成基地，基地连市场。"湖北的半夏种植地区在推进产业扶贫过程中，使农业经营企业、农业专业合作社与贫困户抱团发展，带动乡村振兴、农民致富。同时，政府还推广八大产业扶贫模式，通过利益联结机制，将产业扶贫延伸到全市 95 个重点贫困村①。

案例 5-5　海南五指山市：茶旅融合促进乡村产业发展

海南省五指山是当地最负盛名的优质茶产区，被誉为"江河之源，盛产茶叶之地"，其中的海南红茶更是红茶中的极品。2013 年以来，茶业种植面积就从 3 000 亩扩大到近 8 000 亩，成功培育了"金鼎""水满香""水满润红"等多个茶叶品牌，并在 2015 年获得了农业部农产品地理标志登记认证，成为海南继三亚芒果、琼中绿橙以后第三个获得农业部地理标志认证的农产品。

海南五指山大力发展茶产业。海南省五指山市具有天然独特的生长环境，具有冬无严寒夏无酷暑、土质微酸、土层深厚肥沃等得天独厚的自然条件，所产出的海南大叶种堪称制作红茶的"极品"原料，由此海南红茶广销国内外。在 20 世纪八九十年代，茶叶的发展还没如今这么好，收购价格便宜，产量少，没有什么销路。在国家乡村振兴战略背景下，政府积极号召农户种植大叶种茶，充分发挥自然地理优势，种植高品质茶叶，如野生水满红茶，每斤可以卖到上万元。在"企业+合作社+农户"机制的带动下，政府联合龙头企业开展茶叶种植、加工等技术培训，推动茶叶种植现代化技术的发展与进步。

同时，五指山市也在积极推进茶产业与旅游业的协同发展，探索"以茶促旅，以旅带茶"的产业模式，寻找新的经济增长点。打造五指山茶舍旅游景点，设计开发多条旅游路线，丰富文旅项目，完备茶园基础设施建设，满足

---

① 廖志慧，王呈良. 湖北：串起扶贫产业链 插花贫困户甩"穷帽"［EB/OL］.（2021-02-01）［2022-05-06］.https://www.xuexi.cn/lgpage/detail/index.html？id=1459054292030586915&amp；item_id=1459054292030586915.

游客的吃、住、行的需求。当下，一批批如茗兰舍茶庄、椰仙生态茶园这样的茶旅融合旅游产品在五指山相继出现，这正是当地不断延伸产业链，探索茶旅融合新发展的缩影。

农民就业有保障，农户增收不用愁。五指山市政府为了进一步支持和推动茶叶产业发展，向广大农户采取保底收购策略，保障农户基本增收，提升农户种植的积极性。水满乡的椰仙生物科技有限公司茶农王启留说："今天不采茶，改除草了。在我们这里，只要干活，每天都有90元工资。"2020年1月，茗兰舍茶庄茶艺师王越为茶客沏一壶开春茗茶，她说："和以前在上海的酒店工作相比，能在家乡从事一份这么优雅的工作，真好！"

5.4 小结

本章从乡村振兴战略背景下产业扶贫入手，分析了我国贫困地区的产业发展要素现状，包括环境禀赋、要素、产业基础、技术四个方面的发展情况。然后对贫困地区现有的产业发展类型——农业、农业加工以及旅游业的发展情况进行了调查，在剖析的过程中进一步思考如何因地制宜，结合当地的实际情况，在改善现有产业基础上，结合乡村振兴战略背景下产业发展的要求，探索正确的、积极的、有效的"造血式"的产业发展路径。在分析产业发展方向的过程中，必须重视产业发展主体的重要性，在推动产业发展的进程和成效上具有不可替代的关键作用。在下一章节中，本书将对产业发展主体进行划分，分析各主体的价值效应。

6 产业扶贫和产业发展的主体

产业扶贫是国家扶贫战略由粗放向精准转变的集中体现，该模式将普惠式扶贫与市场资源优化配置相结合，有助于提升扶贫资源配置效率。其扶贫主体有政府、企业（以及其他社会组织）、农户。在本章以及后面两个章节主要介绍产业扶贫主体各自的职责或者角色是什么，它们之间是如何组织的以及产业扶贫的主要模式有哪些。我们将会用第四章所构建的产业扶贫机制选择框架来理解产业扶贫各参与主体的职责，即回答政府提供了什么、企业提供了什么、（贫困）农户是什么角色。

6.1 政府

政府在产业扶贫过程中起到主导作用。政府不仅提供了产业发展的公共品、要素补偿，还直接制定整体产业规划和招商政策、推行优惠政策、提供财政支持，鼓励贫困人口参与到产业发展当中。前文已经介绍了政府对公共品和要素补偿的内容，下面我们主要从产业规划和招商、财政税收优惠以及激励企业和贫困人口结合等政策支持方面进行详述。

6.1.1 产业规划

从产业扶贫早期阶段（"八七扶贫攻坚计划"）开始，政府就作为主要的产业扶贫参与者，发展农业产业，变"输血"为"造血"。政府以本地资源优势为依托，发展特色产业。中国政府在《中国农村扶贫开发纲要（2001—2010年）》中正式提出"产业化扶贫"概念。这一阶段，中国政府将养殖业作为主要产业扶贫重点。进入新时代以来，在精准扶贫的指导思想下，政府将产业规划下沉到村一级，提出"一村一品"①。

---

① 参见：北京市产业扶贫"一村一品"，http://yicunyipin-bj.wugu.com.cn/。

政府产业规划的基本原则是因地制宜。地方政府需要综合考虑资源优势、产业基础、市场需求、技术支撑等因素，立足资源承载力，选准特色产业，优化产业布局，合力确定产业发展方向、重点和规模。一般而言，中央政府在大的产业范围内提出发展要求，然后地方政府根据地方的比较优势选择契合当地资源禀赋和比较优势的产业。比如，中共中央国务院在《中共中央国务院关于打赢脱贫攻坚战三年行动的指导意见》（2018）① 中提出"深入实施贫困地区特色产业提升工程，因地制宜加快发展对贫困户增收带动作用明显的种植养殖业、林草业、农产品加工业、特色手工业、休闲农业和乡村旅游，积极培育和推广有市场、有品牌、有效益的特色产品。……实施中药材产业扶贫行动计划，鼓励中医药企业到贫困地区建设中药材基地。……实施电商扶贫，优先在贫困县建设农村电子商务服务站点。继续实施电子商务进农村综合示范项目。"其中，还将产业扶贫的绩效纳入考核，"将产业扶贫纳入贫困县扶贫成效考核和党政一把手离任审计，引导各地发展长期稳定的脱贫产业项目"。地方政府一般会根据产业扶贫计划进一步选择扶持的产业。以四川省产业扶贫计划为例②，四川省委政府根据前文提到的《中共中央国务院关于打赢脱贫攻坚战三年行动的指导意见》提出具体的行动目标，四川省政府的总体规划是：按照"区域、流域、全域"的布局思路，立足于贫困地区资源禀赋，加快发展蔬菜、食用菌、水果、茶叶、中药材等特色种植业，推动特色产业由传统优势区向适宜的贫困村延伸，由点状、散状向带状、块状集聚，由非优势生产区域向优势生产区域集中，加快种植业结构调整，优化生产布局。立足于粮食基本自给，坚持藏粮于地、藏粮于技，稳定粮食生产能力，在有条件的地区大力推广水稻、小麦优质专用品种，推动"粮改饲"，扩大饲用青贮玉米和鲜食玉米种植面积。推进马铃薯品种更新换代，提高脱毒种薯推广面。到 2020 年，在贫困地区建成现代农业产业基地 600 万亩。

指导贫困县、贫困村合理布局养殖品种，挖掘地方特色品种资源价值，重点发展肉牛、肉羊、兔等草食畜、特色畜禽和绿色生态水产养殖业。着力推动畜牧业发展质量提升，深入开展畜禽养殖标准化场建设，推进畜禽标准化适度规模养殖。积极推广池塘健康养殖、粮经复合稻田养鱼、水库生态养殖、流水养殖、陆基集装箱式健康养殖等水产养殖模式，重点发展地方特色水产品种和冷水性、亚冷水性鱼类。到 2020 年，在贫困地区建设畜禽标准化养殖场（小

---

① 参见：http://www.cpad.gov.cn/art/2018/8/20/art_46_88282.html。

② 参见：http://www.moa.gov.cn/ztzl/tpgj/zcgh/201808/t20180824_6156290.htm。

区）2 500个、水产示范养殖基地121个（《四川省打好农业产业扶贫三年攻坚战实施方案》）。

一些地方政府在产业扶贫规划制定过程中考虑到地区产业同质化竞争的问题。广西壮族自治区提出县级"5+2"、村级"3+1"特色产业精准扶贫规划。具体而言，该规划既考虑了顶层产业扶贫规划，也给予了县和村民委员会自主选择特色产业的选择权。广西壮族自治区首先是出台产业目录和认定标准。制定《全区有扶贫任务县（市、区）特色产业目录和认定标准》，涵盖优质稻、糖料蔗、芒果等69个产业，并制定特色产业规模、集中连片点数量、集中连片点规模3项认定标准。其次是规划县级"5+2"、村级"3+1"精准扶贫产业。参照"特色产业目录和认定标准"，贫困县可选择目录中5个以内的特色产业，在脱贫攻坚期内原则上不能变动，并自主选择目录外2个以内的特色产业，根据实际情况每年可进行1次调整。贫困村在县级确定的"5+2"特色产业内，确定"3+1"特色主导产业，其中"3"为所在县确定的5个特色产业中选定3个以内的特色产业，脱贫攻坚期内原则上不能变动；"1"为各贫困村根据实际情况自行确定1个特色产业，每年可根据情况进行1次调整[①]。

产业扶贫中产业规划的编制过程。如前文所述，地方政府在一定范围内，根据地方资源禀赋提出产业规划。根据江西省莲花县的产业扶贫规划：首先，莲花县委县政府召开产业规划领导小组会议，成立产业扶贫规划工作小组，组织扶贫和移民办、农业、林业、旅游业等相关部门深入调研，启动产业扶贫规划编制工作。其产业规划编制依据是江西省印发的《江西省农村扶贫开发纲要（2011—2020）》以及《关于全力打好精准扶贫攻坚战的决定》，同时也需要参考国务院扶贫开发领导小组、农业部、林业局和旅游局发布的产业扶贫相关文件。其次，地方政府要调研清楚规划区域内的自然资源、人口、经济社会状况、贫困状况等。地方政府需要进行产业扶贫的详细现状分析，需要调研贫困区域内扶贫产业的种类、作用和效益、企业和市场状况，总结地区发展产业扶贫的优势条件和问题。然后，地方政府根据江西省扶贫和移民办等发布的产业扶贫文件，确定本地区（莲花县）的产业扶贫规划。产业规划包括以下几个方面的内容：第一，产业选择。比如莲花县产业选择是特色种植业、养殖业、农产品加工业、特色旅游业等；第二，产业发展布局。莲花县全县13个镇中，"……在湖上乡、升坊镇等乡镇，建设花卉草木基地，拟建规模5万亩

---

① 资料来源：广西壮族自治区编制县级"5+2"、村级"3+1"规划，http://www.moa.gov.cn/ztzl/tpgj/ztdd/201810/t20181022_6161253.htm。

……""在吉莲公路、319 国道、吉莲高速两旁种植荷花，重点打造好 5 000 亩的集观赏休闲、餐饮、娱乐一体化的荷花博览园……"最后，地方政府会进一步确定主导产业和其布局以及对此进行可行性分析[①]。

6.1.2 扶贫产业招商

产业扶贫中政府也承担着产业招商的职能。在产业扶贫过程中，贫困地区原本的要素资源难以有效参与产业发展，政府仍然承担"要素补偿"的职能。在产业扶贫中，政府扮演着动员社会力量参与产业扶贫的角色，不仅进行产业规划，还需要将产业扶贫与招商结合起来。政府拥有扶贫资金配置的职能，能够通过政府的职能优势，为地方产业引进所需要的产业要素，比如，引进适合当地条件的优势农业生产、农产品加工、农产品销售项目。

产业扶贫招商的一般做法是在产业规划以后，地方政府利用自身资源优势，开展招商扶贫，实施产业"造血"。地方政府招商平台（如投资促进局，以下简称"投促局"）利用政府和平台资源优势，代表贫困地区与恰当的产业企业进行商谈，引进贫困地区所规划的特色产业。一个例子是南宁市投促局所展开的产业扶贫招商：南宁市利用招商引资平台优势，结合当地贫困县特色资源丰富、生产要素成本低等优势，以生态工业、休闲旅游、健康养生、特色农业、农林产品加工等为重点，开展产业扶贫招商。南宁市投促局统筹指导上林、马山、隆安 3 个县主动对接广东企业，精准选择招商项目和招商目标企业，立足实际优势有针对性地找准企业到贫困地区投资合作的"兴奋点"和"痛点"，实现双方共赢，发展支柱产业、特色产业、富民产业。2019 年以来，南宁市投促局主动对接联系商（协）会、企业，先后到广东佛山、电白等地招商，为扶贫车间项目引进了藤椅、仿真花、硬壳日记本封面等产品，让更多产业扶贫资金加快流入贫困地区[②]。为了引进先进的技术和特色产业，有些地方政府还按照政策规导设立产业园区，通过园区建设的方式引入龙头企业，通常是以集团经济体的形式出现。比如，广西龙琴村特色村级集体经济就在 2019 年设立了龙留综合产业示范园、里当鸡产业示范园、加罗油茶示范园这 3 个产业示范园，还注册成立了 6 个农民专业合作社开展肉鸽、肉猪、里当鸡等特色养殖项目。

---

① 资料参考：江西省莲花县产业扶贫规划，http://www.360doc.com/content/19/0803/10/52574078_852720654.shtml。

② 资料来源：南宁日报，http://www.nnrb.com.cn/nnrb/20200517/html/page_22_content_000.htm。

此外，地方政府产业扶贫招商也主动走出去。地方政府投促局和扶贫办等平台组织会组成招商队伍参与其他区域的产业扶贫招商活动。典型例子是中共中央办公厅国务院办公厅《关于进一步加强东西部扶贫协作工作的指导意见》(2016) 发布后，东西部把脱贫攻坚与招商引资结合起来，紧紧抓住东部产业转移和供给侧结构性改革的重大机遇，坚持"走出去"与"请进来"相结合，小分队招商与大型招商推介活动相结合，精心策划编制、储备项目，面向东部重点城市、重要目标企业，开展多形式、多类别的招商对接活动，大力推进产业扶贫招商工作。贵州省在 2019 年举办了内陆开放型经济试验区跨境投资贸易洽谈会，贵州省投资促进局紧抓机遇，在资金支持、人才培养、产业合作、黔货出山等方面做了大量的工作，为贵州产业脱贫作了很大贡献。从 2018 年的招商引资数据来看，贵州省从对口帮扶省市引进的投资项目共 2 806 个，占比为 44%，合同投资额为 8 337 亿元，占比为 58%。从东部地区引进高新技术企业 85 家，投资 109 个项目，合同投资额为 460 亿元。引进的农业优强企业 307 家（其中，国家级农业龙头企业 8 家），投资项目 389 个，合同投资额为 641 亿元[1]。

最后，值得关注的是产业招商也与乡村振兴相衔接。在支持贫困地区产业发展的过程中，政府要素补偿的职能将资金、人才、技术等要素持续引入贫困地区，短期内实现贫困地区产业发展以及贫困人口的收入上涨，长期来看则有利于巩固产业扶贫成果。在下一个乡村振兴阶段，国家和地方政府更加注重贫困地区的产业发展，在 2019 年的《国务院关于促进乡村产业振兴的指导意见》中，明确提出"支持贫困地区特别是'三区三州'等深度贫困地区开发特色资源、发展特色产业，鼓励农业产业化龙头企业、农民合作社与贫困户建立多种形式的利益联结机制。引导大型加工流通、采购销售、投融资企业与贫困地区对接，开展招商引资，促进产品销售。鼓励农业产业化龙头企业与贫困地区合作创建绿色食品、有机农产品原料标准化生产基地，带动贫困户进入大市场"[2]。

政府招商平台进行招商的主要步骤。第一，确定贫困地区的产业规定（前文所述）；第二，地方政府根据资源禀赋和产业发展规划确定所需要招商的产业项目。比如钦州市的产业扶贫招商的业务指导意见中就明确指出"明确目标方向，做好产业扶贫招商"，确定在"灵山县注重引进投资、引进技

---

① 数据来源：贵州日报，2019 年 7 月 19 日。

② 参见：《国务院关于促进乡村产业振兴的指导意见》(2019) http://www.gov.cn/zhengce/content/2019-06/28/content_5404170.htm? trs=1。

术，发展壮大荔枝、龙眼、香蕉、奶水牛、速丰林、花卉苗木、规模化养殖业等产业，发展壮大林木产业加工业。开拓创新，引进适合当地发展的其他产业"，在"钦南区注重发展海洋水产养殖，包括养鱼、养虾、养蚝和海藻养殖加工业，发展海鸭蛋产业，扶持发展农产品加工业。发展林木家具加工业以及适合当地发展的其他产业"[①] 等。第三，针对扶贫招商中扶贫产业问题与新时期产业扶贫和乡村振兴发展趋势进行招商工作优化。主要是提升特色产业发展水平、提升经营主体脱贫能力、增强农业科技支撑能力、推进农产品产销对接、推动接续产业振兴战略，一般政府会统筹产业规划、产业融合、主体培育、资金投入、产销对接等产业发展的全过程。发挥政府将要素补偿职能扩展到整个产业培育，不仅关注扶贫产业招商本身，还对政府的公共品供给（包括政府服务、制度创新等）方面进行改善，以达到产业扶贫与促进农业高质量发展、带动增收效果明显、持续发挥引领作用的目标。

6.1.3　政策支持

从第四章的框架来看，政府主要从要素补偿、市场发展和公共品供给三个方面来对扶贫产业进行政策支持。第一，要素补偿方面，除了前文所提到的招商职能，政府在要素补偿方面的优势主要集中在人才和金融扶贫方面；第二，完善（消费）市场发展；第三，公共品供给方面。

6.1.3.1　要素补偿

首先是人力资源要素的支持。国家积极颁发各项方针政策，大力推进和倡导高等院校毕业生到农村中去，参与乡村产业振兴发展，为我国乡村振兴战略做贡献。比如国家推出的西部计划、选调生公务员考试等，这些举措都是将优秀的人才引入农村贫困地区，以人才带动乡村产业的发展，带动农户的技术水平和管理水平，跟上现代化产业发展进程。2017 年 8 月，江苏省实施乡土人才"三带"行动计划，将乡土人才工作纳入江苏人才工作总体布局，成为全国第一个从省级层面部署安排乡土人才工作的省份，成为乡土人才开发的先行者。

所谓"三带"，即让乡土人才发挥作用，带领技艺传承、带强产业发展、带动群众致富。根据"三带"行动计划，江苏的乡土人才与领军人才一起，成为重点扶持的人才群体，在梯次培养、职称评审、技艺传承、资金扶持等方

---

① 参见：钦州市投资促进局关于积极开展产业招商推进产业扶贫的业务指导意见，http://zwgk.qinzhou.gov.cn/auto2574/bmwj_3670/201907/t20190716_2554085.html。

面享受特别政策。截至2020年年底，江苏已在省级层面评选支持"三带"名人443名、"三带"能手1 046名、"三带"新秀3 042名，带动市县评选支持活跃在民间基层、掌握特长技艺的乡土人才5万多名①。

其次是在金融方面给予大力支持。国家鼓励开发性、政策性金融机构在业务范围内为乡村振兴提供中长期信贷支持②。国家开发银行作为服务国家战略的金融机构以及脱贫攻坚的主力军，在支持乡村振兴发展的过程中发挥了重要的作用，其中一项是大力支持返乡创业项目，在2017年向20个返乡创业项目发放贷款31亿元③，起到了激活农村资源要素的作用。资金作为限制农民发展产业的关键要素，在一定程度上造成了农民不敢创业、不能创业、不得创业等问题，金融机构怕承担风险、担心农户的债务清偿能力，只能保守地给出小额的贷款数值，不利于产业的规模化发展。为此，地方政府采取有效措施，一方面对具有发展乡村产业的农户给予资金上的补贴，针对不同规模产业的农民给予不同数额的资金，鼓励农民进行创业和发展。另一方面，对于一些大型产业，所需资金巨大，政府可以联系大型企业单位，在收购农民产品的同时，由企业为农户进行担保，由此获取运营所需的资金。

6.1.3.2 完善消费市场发展

政府在市场经济发展过程中的重要作用。经济社会的发展离不开商品的交换，市场作为"看不见的手"在调节经济发展过程中发挥了重要的作用，一定程度上影响了人们的需求与供给。但同时，市场也不能被人们左右，它具有一定的发展规律，此时政府这双"看得见的手"就显得格外重要了。"看得见的手"常常指的是政府的宏观调控政策。加强宏观调控，是由我国的社会主义性质决定的，是社会主义公有制及共同富裕目标的要求。

市场带动，政府推动型农业发展模式与策略。在没有政府的促进下，乡村产业所推出的产品特别是农产品的市场规模和范围都较小，只能销往部分地区，这进一步带来了需求量不足的问题。为此，政府可以通过联通企业、高校、地方组织等，将农村产品销售出去，保证需求，保障农户增收。在此基础上，为农村壮大产业生产规模打下基础，推进乡村产业往规模化方向发展。另外，政府可以与其他乡镇、区县等进行联谊，联合举办一些展览会、展销会、

---

① 江苏农业网．江苏省推进乡土人才"三带两助"行动计划[EB/OL]．(2020-06-17)[2021-05-14]．http://www.moa.gov.cn/xw/qg/202006/t20200617_6346620.htm.

② 五部门联合发布《关于金融服务乡村振兴的指导意见》。

③ 聂欧．开发性金融全面支持乡村振兴战略：专访国家开发银行党委书记、董事长胡怀邦[EB/OL]．(2018-10-16)[2022-06-08]．https://www.sohu.com/a/259806379_100193744.

美食节等活动，以起到宣传和推广的作用，带动消费市场。

6.1.3.3 公共品供给

政府在公共物品上的支持作用。基于本书的背景，主要探讨农村公共品的供给问题，农村公共品是与农民生活相关的具有排他性和消费的非竞争性的产品或者服务，一般而言，义务教育、道路设施建设、大型公共工程、社会保障等都属于这个范畴。当前，我国部分地区农村公共品供给还存在水平低下、供给覆盖面不宽、资金使用效率不高等问题，甚至是一些最基本的设施也没有得到保障，在一定程度上制约了农村经济的发展。

农村公共品供给在乡村振兴发展过程中的基础性作用。首先是教育资源在培育人才方面的重要作用。义务教育作为公共品的一个分支，在很多贫困地区并没有得到保障，很多孩子存在没学上、上不起学的问题，家庭无法拿出额外的钱供孩子读书。同时，教师资源短缺，大部分教师因为环境恶劣等问题不愿意到偏远地区进行支教。针对以上问题，政府可以加大在义务教育方面的政策和资金支持作用，不断完善教学设施、教学资源、教学师资等要素，丰富农村教育这一公共物品在乡村的覆盖率。其次是在社会保障上面，推动农村医疗保险等社会保障的落实工作，对农村的低保户、五保户、建档立卡贫困户进行生活救济和生产性自救扶持，认真监管地区福利机构等部门的工作。在公共工程上面，政府在结合了当地的实际情况后，投资一些必要性和基础性的工程，如干旱、涝灾、灌溉等水利工程的建设，产品流通和加工以及储存的基地建设，农村环保工程，如垃圾池的修建、退耕还林工程。在提高农村生活环境上，搭建村镇垃圾收集转运体系、修建污水处理设施等。

在铁路建设方面，在国家各项方针政策的大力推进下，国家铁路局实现在"十三五"规划中提到的发展目标：如表6-1所示，到2020年年底，路网布局优化完养，装备水平先进适用，运输安全持续稳定，运营管理现代科学，创新能力不断提高，运输能力和服务品质全面提升，市场竞争力和国际影响力明显增强，适应全面建成小康社会需要。全国铁路营业里程达到15万千米，其中高速铁路3万千米，复线率和电气化率分别达到60%和70%左右，基本形成布局合理、覆盖广泛、层次分明、安全高效的铁路网络。2021年6月25日，西藏首条电气化铁路——拉林铁路的建成通车标志着我国复兴号实现了对31个省（自治区、直辖市）的全覆盖。复兴号进入西藏，点亮了雪域高原，西藏的发展也随即进入新的阶段，我国在部分地区的基础设施建设短板逐步补齐。

表 6-1 "十三五"铁路发展主要指标

"十三五"铁路发展主要指标			
指标	2020 年	五年增加值	年均增长率/%
营业里程/万千米	15	2.9	4.8
高速铁路营业里程/万千米	3	1.1	11.6
复线率/%	60	7	>2.0
电气化率/%	70	9	>2.5
客运量/亿人	40	14.6	9.5
货运量/亿吨	37	3.4	2.0
国家铁路货运量/亿吨	30	2.9	2.1
旅客周转量/亿人·千米$^{-1}$	16 000	4 040	6.0
货运周转量/亿吨·千米$^{-1}$	25 780	2 030	1.7
国家铁路货运周转量/亿吨·千米$^{-1}$	23 500	1 902	1.8

数据来源:《中国农村统计年鉴 2018》。

案例 6-1 产业扶贫中政府的角色——浙江省缙云烧饼乡村特色产业的发展[①]

炉传三百世,饼香五千年。缙云烧饼是浙江省缙云县著名的特色小吃,是该地区发展乡村产业的一次成功尝试,缙云烧饼已从昔日农村的土干粮发展成为丽水地区甚至全国范围内的民间小吃,深受消费者喜爱。近年来,缙云烧饼不断进步,取得了非凡的成功,被列入浙江省首家"小吃文化地标城市"名录,获得浙江省首批"浙江小吃之乡"称号,获评"中华名小吃"品牌建设项目,获评"浙江省民生获得感示范工程"等。

缙云烧饼的成功离不开政府在这个过程中发挥出的主导作用。第一,政府是中央政策的下发者和贯彻推动者。政府作为国家下发各项发展政策的连接者,在党和人民之间充当桥梁作用,积极解读国家政策,成立领导班子,切实落实好中央要求,因地制宜发展产业。缙云县在推动缙云烧饼发展的过程中,积极打造地区品牌,做好品牌建设。第二,政府是资金的注入者。制约乡村产业的另一个重要因素就是资金问题。缙云县政府从发展产业的源头出发,针对不同产业规模的农户给予一定程度的补贴和优待政策,解决农民创业难、融资

---

① 刘璇. 地方政府在产业扶贫中的角色定位:以浙江省缙云烧饼乡村特色产业发展为例[J]. 福建质量管理,2018,(11):211.

难的问题。第三，政府可以搭建好市场平台。政府作为市场经济中"看得见的手"，要充分发挥自身作用，及时高效地向经营者传递市场信息。缙云县政府帮助农户摸清市场发展方向，大力推进"品牌化、标准化、特色化"发展道路，同时利用网络媒体大力宣传，提高缙云烧饼的知名度和影响力。最后，政府还充当技术的培育者。产品的发展需要技术的支撑，食品也不例外。缙云县政府聘请了烧饼行业的相关专家，担任授课老师，科学设计培训内容，为相互的农户商户开展免费培训，提升产品质量。

数据显示，2014 年至 2017 年 6 月，缙云烧饼产业已累计实现产值 22 亿元，从业人员有 1.4 万多人。其中，一些经营得较好的店铺，如杭州的"胖子烧饼"店，早在 2004 年营业额就有 100 万元以上，展现出十分强大的发展力。

从浙江省缙云县地方政府推进"缙云烧饼"乡村特色产业发展的实践来看，政府必须在产业扶贫发展过程中扮演好政策的下发者与执行者、资金的注入者、市场平台的搭建者以及技术人才的培育者这四种角色，只有这样才能实现产业扶贫的根本宗旨。

6.1.4　产业扶贫与乡村振兴的组织实施

（1）政府产业规划。

产业规划的定义与类别。所谓产业规划，是指综合运用各种理论分析工具，从当地实际状况出发，充分考虑国际国内及区域经济发展态势，对当地产业发展的定位、产业体系、产业结构、产业链、空间布局、经济社会环境影响、实施方案等做出一年以上的科学计划①。简单地说，就是对产业结构发展进行布局，对第一二三产业结构进行调整和规划。产业规划一般可以分为三种：一是区域产业规划，在分析区域整体战略的基础上，对区域产业结构调整、产业发展布局进行布局和规划；二是专项产业规划，在确定区域产业规划之后，结合区域优势资源，确定主导产业、跟随产业和支撑产业；三是产业园区规划，在区域产业规划和专项产业规划落实后，积极打造以主导产业、跟随产业和支撑产业相互促进发展的产业园区。

推动乡村产业发展，需要做好产业规划，在我国乡村振兴的过程中，政府在乡村产业规划上具有举足轻重的作用。在我国，政府的宏观调控是促进市场经济发展的重要方式之一，主要体现在每五年发布一次的国民经济与社会发展

---

① 资料来源：百度百科，https://baike.baidu.com/item/%E4%BA%A7%E4%B8%9A%E8%A7%84%E5%88%92/4942631? fr=aladdin.

五年规划上，这是政府对产业政策、产业规划的典型安排。尽管不同省份之间由于自然环境、地理位置、物质资源等的不同，在具体的产业规划上存在细微的差别，但总的来说，政府在产业规划过程中所遵循的一般程序大同小异，具有一定的规律性和逻辑性。

产业规划的一般程序。首先是对我国大环境下经济发展现状的分析，关注外界环境的变化，找到经济社会发展的趋势、产业发展的机遇和挑战以及优劣势，确定好正确的发展方向。其次是以区域资源为出发点，在结合经济发展现状的前提下，分析地方区域可以发展的产业类别。再次，确定产业发展的总体战略规划，提出一个可以达到的目标，如产业升级、技术化、集群化等，引领产业的发展。最后，落实产业发展战略，提出具体的实现路径和发展原则，明确各区产业类型和规模，以实现产业战略为宗旨。

案例 6-2　杭州市萧山区进化镇青梅产业①

进化镇位于杭州市萧山区，"十里梅海"是该镇的生产性景观，拥有一千多年的青梅种植历史。青梅产业是进化镇的重点产业项目，当地政府根据进化镇的优势劣势，机会与挑战等因素进行科学分析，整合资源，合理规划产业，走出一条特色化发展道路。

产业要发展，规划需先行。进化镇政府以场地现有资源为基础，紧紧围绕现代农业产业发展，规划打造"一心一带四区"的空间布局，即青梅展示交易中心、田园景观风情带、现代农业科技示范区、青梅产业生产示范区、休闲农业观光体验区、乡村文化旅游集聚区。在产业发展方面，建设无公害、绿色青梅产品原材料基地，打造"千亩青梅标准化示范基地"，以打造集青梅全产业链开发创新示范区、现代农业科技示范基地、休闲农业旅游新高地于一体的综合性省级现代农业产业示范园为总体规划目标，具体表现在将青梅种植业作为主导产业，兼顾茶叶、桑葚、草莓、蔬菜等辅助产业，实现产业的规模化、集约化和标准化发展。

（2）招商引资。

招商引资是地方政府吸引企业投资的一种行为，着眼于促进乡村经济的进一步发展，为乡村产业发展提供外部增量资源，如资金、技术、先进管理经验与设备等。常见的招商方法包括会展招商（通过参加各种会议和展览来宣传

---

① 刘雷，宋吉贤，赖齐贤. 乡村振兴背景下农业产业规划方法浅析 [J]. 浙江农业科学，2020，（2）：378-383.

本地投资环境与项目，如广州举办的中国进出口商品交易会、成都举办的中国西部国际博览会）、中介招商（通过相关的中介机构或个人推荐项目，实现招商，一般包括金融机构、行业协会、咨询公司等）、驻外招商（这种方式多为中西部地区所采用，通过在重点招商区域或者城市设立固定联络处，长期负责在当地进行招商①）等。招商引资的形式体现在项目与资金之间的权衡，比如地区已经具备了项目的发展雏形，但是资金并没有得到满足，需要招商引资，发展项目，而对于既没有项目也没有资金的地区，也可以通过出让土地的方式进行招商引资。

政府招商引资的工作流程。招商引资工作流程是由政府招商部门与相关企业共同完成的，主要按以下步骤进行②：第一是明确所要招商企业应具备的条件；第二是落实办照前的准备工作，包括确定投资金额、法人代表、经营地址等；第三是提供办照的要件，包括核名片、验资报告、房产证明、投资者身份证复印件等其他文件；第四是办照时限，由招商办工作人员将相关要件送至工商局进行取照；第五是办理税务登记须知，如实填写相关资料。

案例 6-3　内蒙古包头市光伏产业③

内蒙古自治区包头市政府引进光伏产业。光伏产业是包头市近几年来的重要产业，也是全球能源科技和产业的一个重要发展方向，具有极大的发展潜力。2019 年，包头市政府通过招商引资，吸引到了弘元新材料包头有限公司在包头发展光伏产业，包头市青山区及包头市装备制造产业园区积极响应，推动该项目的迅速落地。为了种好地区"梧桐树"，做好企业"吸铁石"，包头市政府不断优化营商环境，光伏产业的落地、生根、发展是这一举措的生动体现。同时，包头市紧紧围绕企业最关心的金融需求、用水用气、交通运输、技术人才用工等问题，通过项目引进和加大基础设施建设投入力度，多渠道解决项目建设问题。

包头市政府通过主动招商，现如今已形成了光伏产业链的配套企业发展格局，如柏特新材、新余群禾等。弘元新材料包头有限公司副总经理陈念淮回忆道："当初，包头市青山区来招商的同志对我们说得最多的一句话是'不看广

---

① 孙晓强. 新常态下政府招商引资实战方略 [M]. 昆明：云南大学出版社，2016：12.

② 赵德海. 招商引资与产业生成 [M]. 北京：经济管理出版社，2013：6.

③ 科技日报. 持续优化营商环境 内蒙古包头造就强力企业"吸铁石" [EB/OL]. (2021-04-12) [2022-05-20]. https://www.xuexi.cn/lgpage/detail/index.html? id=1755697082250414010& item_id=1755697082250414010.

告，看疗效'，现在看来效果确实不错，这里营商环境好、服务周到、办事效率高，我们和政府部门打交道非常顺畅。"与弘元新材料一样，入驻包头市的其他5家光伏企业也深深感受到了包头市招商引资的巨大变化。"我们更看重园区为光伏产业开辟以商招商的便利条件和加速科技创新、资源要素转化进程。"包头晶澳太阳能科技有限公司和包头阿特斯阳光能源科技有限公司负责人表示。

（3）经营管理。

政府在经营管理上的角色。政府对乡村产业的经营管理主要表现在对产业结构的调整上，以加快推进一二三产业的融合发展，引导龙头企业的健康成长和主导产业的快速发展。同时，要引导乡村产业化经营运行机制的建立和完善，根据各市场主体"自主经营、自愿合作、利益共享、风险共担、共同发展"的发展要求①，管理市场主体的经济行为。在这个过程中，推动科学技术变革与创新，宣传现代生产活动所需的科学技术，提升农民的文化素质和水平。在推进乡村振兴产业发展的过程中，必须大力发展市场网络，建立健全服务流通体系，将市场的网络体系、产业的物流体系与城镇建设有机结合起来，推动城镇的发展，将乡村产业推向更高的阶段。

案例 6-4 甘肃：加强文旅企业规范经营②

2021年4月，随着天气转晴，甘肃省文化旅游市场即将进入旺季。为了进一步规范文旅企业的经营管理行为，确保文旅市场开好局起好步，有力保障甘肃文旅产业的健康高质量发展，甘肃省政府出台了《关于进一步加强文旅企业规范化经营管理的通知》。

该通知强调，全省各级文旅部门要全面加强旅行社经营行为的监管，组织开展一次全覆盖的旅行社企业经营行为检查活动。按照属地化管理原则，对旅行社经营资质、经营范围，特别是旅行社分社和营业网点的经营范围进行全面核查。要会同工信、公安、市场监管等部门持续对旅行社线上、线下开展的旅游宣传内容、旅游产品、经营活动信息等进行检查，不断规范旅行社线上线下经营活动。督促旅行社在旅游活动前要签订规范的旅游合同，制定规范的旅游行程计划，召开行前说明会，详细向游客说明游览内容、服务标准、旅游价格等事项，切实保障游客的知情权、选择权。

---

① 雷俊忠，饶开宇等. 农业产业化经营研究 [M]. 成都：电子科技大学出版社，2008：4.
② 甘肃省文旅厅印发《关于进一步加强文旅企业规范化经营的通知》，https://baijiahao.baidu.com/s？id=1694383614324583725&wfr=spider&for=pc，2021.3.16.

6.2　企业

2018 年,《中共中央国务院关于实施乡村振兴战略的意见》明确指出,"要加快制定鼓励引导工商资本参与乡村振兴的指导意见,落实和完善融资贷款、配套设施建设补助、税费减免、用地等扶持政策,明确政策边界,保护好农民利益。"① 2020 年 9 月,农业农村部公布了对十三届全国人大三次会议第8434 号建议的答复,指出要加强政策创设,支持民营企业参与到乡村振兴建设中去。

在国家政策的引导和支持下,许多企业纷纷进驻乡村,将企业的管理、技术、资金等优势同乡村的土地、劳动力等资源要素相结合,实现两者之间的发展共赢、优势互补,村企共建也因此成为新时代农村选择推动自身快速发展的有效模式,企业在促进乡村产业发展过程中也发挥了极其重要的作用②。本书主要讨论三类企业:大型(龙头)企业、本地企业以及外招企业。本书对不同类型的企业在乡村产业发展过程中的具体实践进行相关的研究和讨论。

6.2.1　大型(龙头)企业

大型企业为乡村产业提供资金、搭建平台、促进就业、保障增收。大型企业一般指的是实力雄厚,在某个或好几个领域里具有主导地位的企业,它具备完整的产业链、供应链和组织机构,涉及的业务范围广,内容丰富,能够在产业发展过程中多方位助力乡村振兴。

(1) 提供资金支持。一些龙头企业选择直接出资对乡村产业进行支持,如深圳百合控股集团董事长凌国强捐资修缮罗福嶂会议旧址,开发江西寻乌红色资源,助力乡村振兴。又或是通过设置银行的方式,间接地为农户提供资金保障,如中国民生银行,为民营企业提供更好的金融支持。龙头企业通过完善资金保障,鼓励农户大胆创业,这是企业对乡村产业前景的十足把握,也是新时代下积极响应国家号召的实践。企业一般会采取入股或者收取小额贷款利息的方式将资金输入给农户,也存在一些龙头企业会选择无偿地支持乡村特殊产业的发展,如红色旅游产业,帮助当地村民修建红色遗址参观博物馆,但也不

---

① 来源:中共中央国务院关于实施乡村振兴战略的意见.
② 熊丽娟. 企业参与乡村振兴有效性研究 [J]. 合作经济与科技,2020,(22):67-69.

会从中抽取部分利润。

（2）先进设施与技术培训。由于发展水平的限制，乡村产业在技术上始终有很大的进步空间，同时生产经营过程中相关工业设施、信息化设备等的缺失，造成了农户生产经营过程中生产率低下，产业现代化水平低，与其他企业之间的差距逐步扩大等问题。在新时代背景下，农户需要接触新的生产设施，接受现代化技术的学习，了解科学技术和网络技术，与时俱进，不断地更新自己的技术水平和操作规范。为了提升效率，优化生产流程，大型企业应为农户提供技术和设备支持，以设备为基础，培训农户使用新技术，并委派技术人员到农村对农户进行技术上的培训，以此提高他们的生产水平，提升乡村产业现代化机械的普及率和覆盖率，提升转化率和副产品的重复使用率。

（3）引领产业发展。小型的乡村产业往往规模小，产业覆盖面不广，很难加入到市场经济产业链当中去。而大型企业往往存在扩大市场范围与业务规模的需求，农村作为极具发展潜力的战场，具有很好的发展前景，可以为整个企业产业的发展提供动力。大型企业可以抓住这一个机遇，发挥龙头企业的主导作用，以本企业的产业融合乡村企业，使乡村企业可以参与到产业发展的过程中去，更好地保障了农户稳定的收入以及多元化的产业发展方向。打造以"企业+农户+合作社"等模式的发展机制，以紧密相连的利益联结机制稳定彼此之间的产业发展结构，推动完整产业链的形成。也可以启发乡村企业加快促进一二三产业的融合发展，向新的产业领域尝试，突破以往的农业产业固有模式。

案例 6-5　绿色蔬菜，走出国门[①]

小辛集乡李大塘村是安徽省亳州市蒙城县的一个小乡村，以种植农作物为主要的经济来源，该地区土壤条件和地形优势有利于发展大规模的种植产业，具有很好的发展前景。近年来，一家市农业产业化龙头企业——精益诚食品公司注意到这一村庄的优势，准备投资进行开发。

精益诚食品公司的产业发展现状。在生产方面，该公司严格按照标准进行生产管理，遵循 GAP 体系、出口基地备案标准等进行建设和运行。在产品质量方面，2014 年通过 QS 认证，于 2015 年通过 HACCP 和 GB／T 22000 食品安全管理体系认证。在出口资格上，于 2019 年通过美国 FDA 检查，拥有直接出口的资质。精益诚食品公司实现了从生产、加工、流通到销售全过程的标准化

① 蒙城县委组织部. 蒙城县李大塘：兴产业，促发展，https://www.sohu.com/a/411298865_120054721？_f=index_betapagehotnews_5&_trans_=010005_pcwzywxewmsm.

升级，市场规模广，企业效益也越来越好。

李大塘村把握机会，与精益诚食品公司签订了合同。合同中的生产要求主要包括组织劳动力参与基地建设、协助公司搞好生产管理、协调处理土地流转、招工用工等。这样一来，每年村里有5万元村级集体经济固定收入。

李大塘村现有蔬菜原料基地8 000亩，主要种植黄秋葵、油菜花、金银花、西兰花、毛豆、荷兰豆等十多个品种，其中毛豆、油菜花、西兰花于2018年3月获得了绿色产品认证，销往美国、加拿大、日本和东南亚等国家和地区。据了解，从2016年开始，精益诚食品公司与小辛集乡郭湖村和辛集社区2个贫困村签订了产业扶贫资金入股分红协议，分别实现村集体经济年增收12万元、10万元。目前，蒙城县培育和扶持规模以上农产品加工企业78家，其中，专业蔬菜加工企业2家；全县千亩以上蔬菜基地22个，500亩以上蔬菜基地85个，100亩以上蔬菜基地612个。

"合作社参与+龙头企业带头+基地生产+农户参股"的现代农业发展模式，引领农民发展蔬菜产业，使蔬菜产业这块"蛋糕"越做越大，一批农户被带富、带强，贫困户"造血"功能不断增强。贫困户王胜文说："在这里我学到了很多蔬菜种植和管理技术，比外出打工强多了，收入也有保证。"

6.2.2 本地企业

本地企业发展乡村产业最大的优势在于对当地资源的充分了解和利用，在推动优势产业和特色产业的过程中更加具有针对性和主动性。

推动当地产业往多元化方向发展。大部分乡村产业可能会局限于生产一种产品，因为缺乏技术、设备，无法完成其他形态和功能产品的研发，导致产业发展懈怠。本地企业在这个过程中，要发挥出自己的作用，引进生产新业态产品的先进设备，对农户进行技术培训，安排农户到先进企业进行学习，了解差距，激励工人学好新技术，跟上时代和产业的发展步伐。

打造"企业+合作社+农户"的利益联结机制。本地企业将更好地发挥自己的带头引领作用，以带动当地经济发展为目标，牵引各农村合作社、农村个体户共同发展，形成共同体，以团队的力量促进农村产业现代化发展进程，保障地区产业稳步发展。

促进新市场的开拓，开展消费者教育。这里指的是乡村产业存在的一个普遍问题，是产品所对应的市场有限，同时消费群体对该地区的产业了解不够，为此导致消费者对产品的需求量降低。本地企业可以通过与其他大型企业建立联系，协调发展，带动销量。同时，利用好新的营销媒体，拓宽营销渠道，通过美食节、看展、网络直播带货等形式延伸产品市场，实现农产品与消费者的直接连接。另外，本地企业可以在产品宣传上做出努力。深挖产品的功能，强调产品的产地，突出产品的优质性特点，不断提升产品的品牌度和知名度。

案例6-6　西藏青稞产品助农惠民①

青稞是高原谷类作物，是西藏居民主要的粮食、燃料和牲畜饲料，同时也是啤酒、医药和保健品生产的原料。作为西藏的优势作物，青稞也是当地的绿色生态农产品和特色产业。尽管青稞营养价值丰富，但由于市场规模小，同时消费者对青稞认识不足，青稞产业及衍生产品一直没有发展起来，没有受到消费者的广大关注。

2016年，张学斌积极响应党中央"乡村振兴"战略，在桑珠孜区江当乡光伏小镇成立了西藏德琴阳光庄园有限公司。公司以"打造中国青稞第一品牌，助力青稞产业又好又快发展"为愿景目标，扎根青稞产业，打造深度加工产品，开发建设"德琴青稞精深加工扶贫产业园区"项目，打造出了青稞精米、青稞挂面、青稞超微粉、青稞精酿啤酒四大生产线，年加工产量达10万吨以上。通过加强与西藏自治区农牧科学院等科研机构的合作，将青稞转化为粗粮类、保健食品类、精加工成分提取类、休闲食品类4大高附加值产品，把"生命粮"打造成了"致富粮"。

在专注发展青稞产业的同时，德琴阳光庄园有限公司始终不忘初心，打造利益联结机制，积极开展"企业+合作社+农户"的产业发展模式，带动地区农户共同发展。公司以高于市场的价格收购青稞，鼓励人们栽种，促进当地农村青稞种植户实现增收四千余万元。

西藏德琴阳光庄园有限公司在自治区各级党委及政府相关部门的领导下，在日喀则市扶贫开发办公室的引导和支持下，积极探索农产品产销对接新模式，在原有传统销售渠道基础上，于2021年联手中国联通、上海宁额电子商务有限公司，发起"2021'我和我的祖国'西藏自治区乡村振兴助农惠民活动"，活动秉承"乡村振兴、助农惠民"的使命，在全国23个省、4个直辖市及特别行政区范围内全面开展。在推广西藏助农惠民青稞产品、传递绿色健康生活的同时，为西藏的乡村振兴和农牧民增收致富添砖加瓦，为西藏脱贫地区经济的持续发展贡献新模式与新价值。

---

① 中国新闻网. 助力乡村振兴 西藏青稞产品助农惠民活动拉开序幕[EB/OL].（2021-04-07）[2022-07-18].https://www.chinanews.com/business/2021/04-07/9449314.shtml.

6.2.3 外招企业

一般而言，外招企业因为更加看重当地独到的资源优势、发展前景，会选择对当地的工厂或者园区甚至是自建项目进行投资发展，充分利用当地的人力资源和物质资源。

"政府+企业"的产业发展模式。外招企业一般会选择先和当地政府进行联系，以政府为纽带，打通与农户之间的连接。其中政府与企业相结合的发展机制是十分有效的途径，提升了乡村产业发展的活力。正如广东省政府办公厅人事处副处长吴江帆表示："政府在扶贫中的优势在于规划布局以及和下级政府打交道，而企业的优势在于资金使用的时间成本和利用程度。因此，这种政府在宏观上把控、企业在微观上出力的政企共建模式是先进、可复制的。"

外招企业直接入驻当地工业园区。这种一般是由于当地已经发展起来的、具有一定发展规模、经济效益良好的工业园区自身所展现出来的发展优势吸引外面的企业进行入驻。在利用已有市场和产业规模的基础上，外招企业的入驻既可以为原来的乡村产业园区带来各种资源，如资金、人才、技术等，也可以扩大乡村产业的市场范围，进入新的市场，提升市场占有率。与此同时，伴随着直播带货、电子商务以及展会等新兴营销渠道的拓展，企业与乡村产业之间相互促进，企业助力乡村产业品牌实力，乡村产业反过来帮助提升企业的品牌知名度。正如刚发展起来的大庆乡村产业园，截至 2020 年 9 月，已经有 281 家企业入驻，随着大庆乡村产业园的日益壮大，更多"庆字号"农产品、食品也开始快速走出大庆、走出龙江、走向全国，并在商场开始规划发展"店中店"模式，让市民近距离购买到特色农产品①。

自建基地，发展乡村产业。有的地区因为资金和技术等因素的限制，未能修建起工业园区，但外地企业对当地的资源十分看重，一部分企业会选择出资自建基地，开发利用当地资源。特别是一些偏远地区，其独到的土壤条件尤其适合一些作物和药材的栽培。外地企业通过在当地修建基地，为当地农户提供就业机会，免费进行技术培训，农户只需要进行劳作，参与生产过程，不用担心后续收购问题，其收入有一定保障。

通过我国乡村振兴战略背景下的实践可以发现，一大批外招企业以社会责任为基石，以党建扶贫为引领，以产业和培训为两翼，并辅以教育扶贫、健康

---

① 苏朝辉. 281 家企业入驻乡村产业国家门口能买到特色农产品[EB/OL].（2020-11-10）[2022-04-21].http://www.daqing.gov.cn/zwdt/qszwxx/672913.shtml.

扶贫的模式投身脱贫攻坚事业,探索出一条可造血、可复制、可持续的乡村振兴道路①。

案例 6-7　灵山镇:医药为媒推动乡村振兴②

灵山镇地处青岛市即墨区北部,是一个传统的农业种植大镇,其独具特色的土壤条件为中药材的种植提供了先天优势,造就了灵山镇在药物种植领域的领先地位,有"药谷"之称,主要种植丹参、百合、牡丹、玫瑰、黄芩、金银花等各类中草药。虽然历史上灵山镇就有种植中药材的传统,但由于资金、人才、技术、市场等各方面因素的综合原因,灵山镇的药材产业一直没有发展起来。近年来,随着我国乡村产业振兴的持续推进,灵山镇"搭上这座快车",准备"复活"这一产业。

通过政府与外地医药企业的沟通与协商,最后成功招商引资,吸引了不少大厂到灵山镇投资建厂,收购药材,其中以三大药厂最为突出,即修正药业、科伦药业和海缘药业。2020 年,灵山镇根据当地地理位置,规划出了一片生物医药产业园区,用以外地企业的建设项目。其中,总投资 40 亿元的修正药业一期建设项目正在抓紧进行,计划于年底投产。随后,灵山镇又先后引进了科伦、海缘等医药企业。三大药厂的生产内容涉及中药加工提取,以精深加工为重点,关注提升中药材的附加价值。同时,延长中药材深加工这一产业链条,推动"中药材"向"中医药"产业链移动。三大药厂的建设为灵山镇的中药材种植提供了广阔空间,激发了农户的生产积极性,保障了农户的增收,提升了中药材的产量。日前,瑞丽国际生物医药产业园也准备在灵山镇开建,灵山镇党委书记说:"目前正在建设的是中试基地,整个项目计划 5 年内全部建成投产,届时年产值将达到 67 亿元,年缴税 5 亿元以上。"在外地企业的积极推动下,灵山镇积极发挥产业的带动影响作用,推动周边的段泊岚镇、移风店镇等区域发展中药材种植,当前产业规模已达到了 20 万亩,发展成为北方药材生产基地。

目前,生物医药产业园共流转土地 4.85 万亩,流转率达到了 63%。"龙头企业+产业基地+合作社+农户"的中药种植模式被不断强化。灵山镇计划利用 3 年时间把中药材种植规模扩大到 3 万亩,品种达 20 余个,让 1 500 余名村民转变为产业工人。据青岛圣汇中药材种植专业合作社负责人孔令海说:"土

---

① 麦婉华,韩静.碧桂园:政府引导　企业助力　实践乡村振兴 [J].小康,2018 (17):44-47.

② 灵山镇:医药为媒三产融合推动乡村振兴 [N].新即墨.2020-04-09 (第 1 版要闻).

地大面积流转后又被整合，形成成方连片的土地，直接'盘活'了占总面积15%的沟塘边角地，这将让灵山镇20个空壳村年固定收入各超过10万元，实现了村集体和农民双增收，还奠定了土地规模化经营的基础。"

6.3　农户

农户是乡村产业发展的主体人员，具有一定的规模，也是企业选择在乡村发展产业的一个切入点。农村劳动力资源丰富，成本较低，能够在一定程度上降低产品的生产成本，也可以间接带动我国乡村产业的发展。农户参与产业发展的途径有很多，他们拥有的要素包括了土地、资金以及劳动力，一方面可以通过土地租赁或是土地入股的方式，从企业获取一定数额的资金；另一方面还可以通过企业的带动，参与产品的种植、加工、包装等环节。除此之外，农户还可以在自身资金积累到一定程度时，选择单独创业，进一步提升自己的收入。

6.3.1　土地参与式

（1）土地入股型。

农户拥有土地的使用权，可以选择以土地入股的方式，参与企业的运营。一般而言，大型企业的规模化产业需要一定规模的土地面积的支持从而进行开发，如乡村旅游、乡村工业园区基地的修建、果蔬类种植等，产业价值高，农民通过入股的方式获取小部分股权也能够获取相对不错的利润，也是长期收入的一个重要来源。这一方式将农民的利益与农村经济的发展紧密联系在了一起，农户的收入取决于企业当年的收益情况，以企业收入确定农民的分红，既调动了农户的积极性，也保障了土地增值的长期性与可持续性，充分发挥了农村土地社会保障的功能。

（2）土地租赁型。

与股份制相对的土地增值的另一个方式是土地租赁，这是一种相对保守的方式。它能够保证农户每年都会有一笔固定收入，不论企业的经济状况如何，虽然增值空间不如土地入股，但相应的风险也很小，适合那些土地闲置，同时不太愿意承担风险的农户。它所对应的企业对象也包括了旅游开发商、工业开发商、果蔬种植、水产养殖、农产品加工等，农户可以与企业商定租期，更为灵活地处理自己的土地，在约定期限到期后自行决定是否续约。

6.3.2　资金参与式

（1）资金入股型。

资金入股型与上文所提到的土地入股具有一定的相似性，也是将自己的资源投入到企业产业发展过程中去。当农户看好企业的发展前景，同时自己有一笔闲置资金时，愿意将资金投入到企业，发挥出资金的增值功能。当前，我国农村农民贷款的数额相对于其他主体来说较低，贷款的门槛高，农户的固定资产少，没有能够做抵押的物品，由此农户有限的资金并不能支持其进行创业，发展产业，便有不少农户选择将钱投入企业，融合企业的产业发展。

（2）自主创业型。

自主创业型人员大多是当地农户或者返乡人员，旨在通过自己的努力带动家乡经济的发展，他们熟悉当地的资源、环境、气候、周边人口情况，对具有发展潜力的产业有一定的把握。资金或许是一个重要的约束，但不是绝对约束。在国家出台了一系列扶持返乡人员创业、金融机构贷款优惠等政策的支持下，他们可以获得足额的创业资金，追求自己的创业梦。农村产业发展最大的瓶颈在于市场的闭塞以及消费者认知不足。乡村产品在品质和功效上具备良好的流通性，但由于地理位置、交通运输等不能有效地流通出去，市场规模受限。同时，消费者对地区产品的认知不够，很难选择购买自己没有听过的产品，销量跟不上去。创业人员往往会格外重视当前我国经济发展的趋势和模式，把握发展机遇，给予农村产业更大的主动性和积极性。他们可以通过乡村电子商务、网络直播带货、社交媒体宣传、举办美食节等方式拓宽产品市场，提升产品的曝光率和知名度。另外，发展农村产业园区、绿色食品栽培区、参观区等也是自主创业的一个独特方向，具备一定的发展可行性。

6.3.3　劳动力参与式

（1）直接参与生产过程。

农民可以通过企业，直接参与到产业发展的过程中。企业的运转需要人力资源的支持，农民可以在完成日常种植之外的空闲时间参与乡村产业，充分利用自己的时间，增加收入的来源。农民可以参与产品的生产、流通、加工、运输等环节，学习专业技术，提升个人知识能力水平，企业也可以获得较低成本的产品。农户参与企业生产的过程，一方面起到了促进农民就业的作用，减轻了我国农村普遍存在的人口老龄化问题。另一方面，也给返乡人员创造了机会，为乡村振兴产业发展注入活力和新鲜血液。除了依托企业，农户也可以个人进行生产，以自身有限的土地资源进行种植、劳作。

（2）管理型人才。

具有一定的知识水平的农户可以管理企业的业务，负责企业长远发展目标。这类人员一般不会从事与产品直接相关的生产、加工、流通、销售等环节，更加注重企业生产、运营上的管理问题，关注公司的发展环境、组织结构、人力构成、财务状况等更为全面的内容，在技术上的技能明显低于管理技能和人际技能，起到计划、组织、协调和控制的作用。除直接以管理人员的身份参与企业产业之外，农民还可以通过学习，不断地积累知识、经验，提升自己的知识储备，逐步发展成为企业的管理型人才。这要求农户要主动学习技术，参与企业组织的相关培训，掌握现代化专业管理技能。这一参与途径在我国农村还十分欠缺，原因在于很多高校毕业生等优秀人才不愿意到贫困地区寻求发展，造成了乡村企业经营、管理、营销、会计等方面人才的缺失，这也是制约我国乡村产业发展缓慢的一个关键因素。

（3）服务型人才。

服务型人才主要针对的是乡村旅游产业、农家乐、农业工业园、农业技术咨询等，企业的性质决定了对人才的特殊需求。随着农村产业融合的发展，服务业在农村经济发展中所占比重将会逐步提升，成为农村经济的重要组成部分[1]。对于农村旅游业而言，农户的角色主要是向外来参观人员介绍地区特色、文化底蕴，将地区的文化背景充分地展示出来。农民在农村土生土长，他们更加了解区域文化、特色、自然底蕴等，是农业农村文化传承的最佳人员，能够起到很好的人物宣传展示作用。我国是农业大国，农业文化有几千年的历史，文化是发展的灵魂，对农村的发展极为重要。

案例6-8 "两片树叶"吹响乡村振兴新号角[2]

四川省达州市大竹县位于四川东部、达州市南部，因竹多竹大而得名，素有"川东绿竹之乡"的美誉，除了竹外，其香椿、白茶也是国家地理标志产品，这"两片树叶"吹响了乡村振兴的号角。

大竹香椿由于不施化肥，不用农药，属纯天然绿色食品，以其"叶面光滑、色泽鲜红、香味独特"等独特品质在中国20余个大中城市畅销。大竹县

---

① 郑伟，张晓林. 农民参与农村产业融合发展的路径研究 [J]. 江苏商论，2017，（10）：121-124.

② 大竹县人民政府. 四川省达州市大竹县："两片树叶"吹响乡村振兴新号角[EB/OL].（2021-03-24）[2022-06-01].http://www.dazhu.gov.cn/html/news/ywdt/dzxw/2021-03/59751.html.

是全国最主要的香椿种植、生产、销售、深加工基地，2020年香椿鲜芽销售量达到了1.1万吨，产值约3亿元，全产业链产值超过7亿元，占到了全国总产值三成，是名副其实的"中国香椿第一县"。

大竹县的香椿种植主要集中在石河镇。香椿种植已经发展成为石河镇农户增收的重要途径，镇上2 181户农民依靠香椿种植实现了户均增收6 000元。石河镇党委副书记李小旭说："通过这些年对香椿经济的重点扶持，老百姓的腰包渐渐鼓起来了。"

目前，大竹县已发展各类香椿行业专业合作社、公司20余家，主要业务包括直接销售香椿成品以及香椿的深加工产品，香椿的深加工项目也已在大竹县落地，陆续研发出了香椿酱、香椿火锅底料等多种香椿制品。大竹县香椿产业协会会长刘成文表示，今后将继续加强冷链物流建设，打造香椿交易集散地，提高冻库存储容量，实现香椿错峰上市，发展香椿经济。

香椿已成为大竹县振兴乡村的重要抓手，预计到2022年，大竹县香椿栽植面积将突破15万亩，覆盖全县的椿芽收购网点基本形成，香椿产业总产值将达到6亿~8亿元，农民户均增收6 000元以上。

大竹县的"两片树叶"，一片是香椿，另外一片则是白茶。大竹县的团坝镇拥有大片的茶山，独特的地理位置与土壤条件造就了白茶发展的潜力，该地茶叶产业发展十分壮大。该镇的白茶种植带头人廖红军是一名退伍军人，他退役后回到家乡，从浙江安吉带来了第一株白茶树苗在团坝镇进行试验种植。廖红军说："10年前，我退伍后带几位专家到团坝镇山上考察是否适合白茶种植。到了之后，发现这里正好处于北纬30度，地形属丘陵地带，土壤为红黄土壤，非常适宜茶叶生长。"他补充到："这里四季分明，气候湿润，日照适当，雨量充沛，年平均气温16.6℃，年平均日照时数1 443.5小时，无霜期长，试验种出的白茶氨基酸含量达7%~9%，是安吉白茶的2倍，这结果让大家都很意外。"初次的成功增加了他的信心，他后来不断扩大种植规模，还带动了当地的农户一起种植。如今，团坝镇已经有2 000多名茶户种植白茶，规模在10亩以上的种茶大户有200余人，人均收入达到2.6万元，团坝镇人通过自己的劳动实现了脱贫致富，在乡村振兴的道路上越走越远。

大竹县积极响应国家提出的乡村全面振兴的号召，把乡村建设摆在重要位置，通过发展香椿、白茶、竹、糯稻等特色产业，壮大农产品加工企业，推进乡村产业、生态、文化振兴，跟上农业农村现代化步伐。

6.4 其他社会组织

社会组织是我国实施乡村振兴战略多元化架构中的重要一员。党的十九大提出的乡村振兴战略需要全社会各种力量和主体的共同参与，在我国社会组织迅速发展的背景下，对于促进乡村振兴具有独特的自身优势。根据民政部2019年民政事业发展公报，截至2019年年底，全国有社会组织约86.63万个，其中包括了社会团体371 638个、基金会7 585个和民办非企业单位487 112个，较2018年增长了4.89万个，增速为5.98%①。另外，《乡村振兴战略规划（2018—2022年）》中也指出，要强化地方各级党委和政府在实施乡村振兴战略中的主体责任，搭建社会参与平台，加强组织动员，构建政府、市场、社会协同推进的乡村振兴参与机制，可见社会组织在我国乡村振兴发展过程中的重要性。

6.4.1 定义

不同的学者对于社会组织的定义存在差别，尤其是国内外学者之间，由于知识背景、研究立场等方面的不同，对于处在政府与企业之间的制度空间的关注重点也有不同。常见的有"第三部门"说，即强调社会组织的独立性，第一部门指的是政府，第二部门指的是企业，该观点把社会组织视为与政府和企业相平等的一个组织。除此之外还有"志愿部门"和"辅助性活动"说、"慈善组织"或"免税组织"说，等等。虽然西方学者对于该概念的定义尚未形成一个统一的解释，但不难看出这些定义的基本内涵都是相通的。

结合我国的国情和社会组织的特点，归纳来看具有代表性的定义可以分为两种②：正面定义法（法律意义上的定义、根据资金来源的定义、以组织宗旨及功能定义、以结构及运作方式定义）与剩余定义法（除了政府和营利机构之外的一切社会组织的统称）。本书倾向于采纳王名教授在《非营利组织管理概论》一书中的定义，即社会组织是不以营利为目的、主要开展各种志愿性的公益或互益活动的非政府的社会性组织③。这一概念综合了非营利组织和非

---

① 徐伟. 社会组织参与乡村振兴困境与路径分析 [J]. 农村. 农业. 农民，2021，（2）：17-19.

② 刘蕾编. 社会组织理论与实践 [M]. 北京：中国社会出版社，2018：8.

③ 王名. 非营利组织管理概论 [M]. 北京：中国人民大学出版社，2010：3.

政府组织的共同属性，是自发形成的、独立自主的自治组织，是自下而上的民间组织，也是竞争性的公共部门。非营利性决定了社会组织不能对自己活动产生的剩余收入进行任意分配，只可以用于开展各种社会活动以及组织自身的发展上面，因为它不属于企业的经营，也就不存在分红这一性质活动。同时，社会组织不能够将组织的资产以任何形式转变为个人财产。

社会组织可以广泛吸引、聚集一切社会资源对乡村振兴提供支持。它既不同于政府服务的"法定性"，也不同于企业服务的"交易型"，具有选择性、非营利性和民间性。它在服务弱势群体、发动乡民参与、探索模式项目和参与协商治理上，具有政府和企业难以发挥的作用和特性。社会组织不以营利为目的，具有依靠资源、组织资源的优势，可以为农民提供各种资源，提供高品质的服务，充分发挥出其汲取社会资源的作用，满足农民多元化的服务需求，尤其是在经济极度不发达、资源匮乏的地区，同时也承担着政府与农民之间的桥梁作用，以弥补政府调节的不足。社会组织充分发挥中立性和公益性，以弥补政府调节上存在的资源分配不均衡、资源总量不足等问题。

6.4.2　分类

美国行为学家彼得·布劳和里查德·斯科特以分析获利者的类型为标准，把社会组织分为四种类型：互惠互利组织（顾名思义，对所有参与者都有益处，如贸易协会等）、服务型组织（主要是服务他人，使他人受益，如大学、民权组织等）、经营性组织（这种组织的营利性较为明显，如商店、银行等）、大众福利组织（一般与大众的利益挂钩，如机场等）。

我国部分学者将社会组织分为四种类型：营利性组织、互利性组织、服务性组织以及公益性组织。营利性组织指的是以追求利润为目标的组织，更加关注组织的经营问题；互利性组织是以实现组织内部各成员共同利益为目标的社会组织；服务性组织强调为公众提供服务，多指一些社会福利工作机构；公益性组织相比于服务性组织，更加强调惠及全体人员，保证各类主体的利益都能够得到同等的重视和保护。除上述四种划分方法之外，我国较为权威的一种分类方法是根据社会生活的基本领域来进行划分的，其中包括了政治组织、经济组织、文化组织、群众组织以及宗教组织五大类。这里对群众组织进行进一步的展开解释：群众组织是某一群体、领域的人组成的代表群众利益的社会组织，如工会、共青团、妇联、文联等①。也有学者将社会组织分为各种会员制

---

① 严成根，王进云. 公共关系学［M］. 北京：北京交通大学出版社，2019：1.

组织的社会团体，如学会、商会、研究会、协会、联合会、促进会等；还有非会员制组织的不同类型的民办社会福利机构、医院、学校等公益性服务实体及其所谓的草根（社区）组织。

结合本书的内容，界定社会组织的类别。在我国法律框架下的社会组织可以分为三类，分别是基金会、社会团体以及民办非企业单位（社会服务机构）①。具体来看，基金会主要是通过个人或企业组织等捐赠的资金作为运作活动的基础，从事各种公益事业，以此来帮助和服务人民的组织，包括公募基金会和非公募基金会。而社会团体是公民个人、企业事业单位自愿组成的，依照一定的规章制度，开展社会活动的团体，一般包括了专业性社团（具有明显的职业背景的专业人员，如科研、开发等）、学术性社团（侧重于学术研究，推动学科的发展，如学会、研究会等）、联合性社团（主要是人群联合体或专业性、学术性、行业性的联合体，如联合会、促进会等）以及行业性社团（为会员服务，监督、协调、维护企业的合法权益，如行业协会等）。民办非企业单位，即社会服务机构指的是企业、社会团体、其他社会力量以及公民利用非国有资产举办的，从事非营利活动的社会组织，分为科技、教育、文化、体育、卫生、法律服务等十个类别②。

6.4.3　如何参与

社会组织参与乡村振兴的重要性。党的十九届三中全会通过的《中共中央关于深化党和国家机构改革的决定》强调："推动人大、政府、政协、监察机关、审判机关、检察机关、人民团体、企事业单位、社会组织等在党的统一领导下协调行动，增强合力，全面提高国家治理能力和治理水平。"社会组织具有独特的资源优势，对于推动我国乡村振兴、实现乡村产业兴旺具有十分重要的作用。下面将具体讨论社会组织是如何参与到我国乡村振兴的过程中的。

外界支持性力量。通过成立各种基金会，直接参与到乡村振兴的产业发展与建设过程中③。如中国生物多样性保护与绿色发展基金会，它积极向世界各国介绍我国乡村振兴建设取得的最新进展，同时支持青年人参与到乡村振兴过程中去，它在生态文明、绿色发展领域拥有丰富的国际资源和专家团队，为青

---

① 李巍著. 社会组织志愿者参与动机个案研究［M］. 长春：吉林人民出版社，2017.

② 王傅，刘忠. 广州社会组织研究院，广州市社会组织联合会. 社会组织培训教材丛书 社会组织基本知识［M］. 广州：广东人民出版社，2017：8.

③ 本刊编辑部. 让乡村更美好：社会组织参与乡村振兴实践观察［J］. 大社会，2019（6）：51.

年人参与美丽乡村建设进行全面的支持，对青年人赋能。同时，该基金会还为乡村资源提供保护作用，保护传统文化、不可移动的古村文化等。爱德基金会成立于1985年，长期关注农村贫困问题，开展农村扶贫工作，截至2018年年底，该项目已覆盖全国11个省（自治区、直辖市）的49个县。爱德基金会的王宜说："爱德作为社会组织，从调研阶段开始，就非常关注当地政府对于本地区的整体规划和发展方向，主动与地方政府部门保持密切的沟通与交流，在项目实际推进过程中，懂得将政府部门的指导意见和建议与老百姓的实际需求和公益项目本身紧密地结合在一起。"2012年，爱德正式在位于中缅边境的云南省孟连县实施"农村社区综合发展项目"，7年之后，当地的农业基础设施、医疗卫生条件、社区能力建设、乡村文化活动等方面在一定程度上得到了综合性改善①。

当地自发形成的社会团体。途径之一是发展文化产业助力乡村振兴，即社会组织中的社会团体以发展文化产业为切入点，通过组建艺术团体，传承和宣传当地特色文化活动，助力乡村振兴。文化内容包括但不限于舞蹈、歌曲、器乐、曲艺等艺术形式，向外界展示地域风情，弘扬我国的非物质文化遗产。如德清县居民们自发组织的民间社团——金秋艺术团、山之锦艺术团、上柏村（社区）文艺社团等。除了上述方式之外，还可以组建当地大学生社团，通过助力乡村人才发展推动乡村振兴。大学生社团一方面可以起到充分利用好当地人才资源的作用，鼓励当地大学生参与乡村振兴计划，挖掘自身价值，培养其社会责任感；另一方面，这样的实践很好地解决了当地教育水平低下、教育资源短缺以及教育覆盖率低等问题，为乡村振兴的持续发力和长远发展打下坚实的基础。正如广东省广州市增城区仙村镇发起的以"为家乡做一件小事"为主题的仙村大学生"薪火计划"，旨在号召本地大学生为家乡做一件小事，可以包括志愿服务、儿童教育、社区治理、文化宣传等，助力乡村振兴。

案例6-9　广东省韶关市乡村振兴公益基金会

韶关市乡村振兴公益基金会由和的慈善基金会整合资源，由美的置业集团有限公司出资200万元，于2018年6月注册成立。该基金会核心活动包括扶贫、乡村振兴类项目，同时也涵盖了公益生态培育类资助业务，是一个混合型基金会。韶关市乡村振兴公益基金会致力于通过整合跨界资源，助力韶关市公

---

① 张玲，爱德基金会：助力乡村综合发展，为何专挑"硬骨头啃"？中国慈善家，https://www.163.com/dy/article/E90R4IBA05129TEC.html

益慈善文化与乡村体系的整体提升，它以国家的各项方针政策为原则，以乡村人居环境提升为主要工作内容，以社区村民参与为主要模式，重视发挥基金会资源优势与平台作用①。

自成立以来，韶关基金会在韶关市仁化县、浈江区、南雄市三个区域开展精准扶贫与乡村振兴工作，项目分为乡村建设、慈善筑底、社区与产业发展三大模块。

乡村建设方面②。基金会十分重视各类资源的投入，主要关注乡村环境治理、基础设施建设，补短板，特别是基建短板，如大井河道、大井鸳鸯林广场、角湾牌坊、浈江饮水工程等。根据农村的实际需求，开展以医疗、教育、民生等基础性公共设施为主题的项目，以满足人民的需求。截至2020年8月，该基金会已在3个县市区、16个行政村修建了2所学校、6项自然村饮水工程等；累计开展32场社区活动，推进77项乡村工程建设，项目规模惠及3万余人。

慈善筑底方面。在着力提升乡村基础设施与生活环境的同时，基金会提出"慈善筑底"的发展理念，旨在夯实韶关的产业基础，提高产业竞争力，改善教育基础环境，提升教育水平。慈善筑底项目涵盖了四个内容：第一是乡村青年赋能，即通过引入创新创业机制，为乡村青年提供技术培训和创业的机会；第二是公益组织孵化，对当地公益组织的发展提供绝对的支持，推动公益生态的良好发展；第三是教育扶贫，主要针对的是人才培养方面，建立贫困学生帮扶机制，引入外部优秀的教师资源，提升教育水平；第四是智库建设，通过清华大学公共管理学院社会创新与乡村振兴研究中心的行动研究，梳理总结乡村振兴案例，为乡村振兴政策倡导提供依据。

社区与产业发展方面。一方面着力于社区氛围的营造，通过将社区与产业相融合的方式，以人、文、地、产、景为中心，探索社区的可持续发展。另一方面，积极大胆开发民宿，充分利用地域特色景色，以丹霞山自然风景资源和南雄历史文化资源为基点，引入外部乡宿资源，打造二至三个美丽田园乡村民宿，赋能当地社区，形成网红民宿点，推动当地经济发展。在产业上，主要依靠的是合作社孵化赋能建设为核心，依托当地自然资源，实现第一产业、第二产业和第三产业的融合发展。

截至2019年12月，基金会已在3个县（市、区），16个行政村，援建1

---

① 资料来源：广东省和的慈善基金会，http://www.hefoundation.org/category/307。

② 资料来源：韶关市乡村振兴公益基金会，http://sgrrf.org.cn/。

所村小、1所县级中学、1座村委办公楼、1个村居文化室、1座乡村公园、6项自然村饮水工程等；培育3个村庄自组织，举办5场大型会议及交流活动，开展32场社区活动，累计推进46项乡村工程建设（已建23项，在建23项），惠及33 986人，已拨付资金4 898.68万元。在日后的项目建设与运营中，基金会将协同更多合作伙伴，一起开发利用当地资源，促进农村经济持续健康发展，使得农户增收致富。

6.5　小结

这一章节对我国产业扶贫的主体进行了分类，结合我国的实际扶贫现状，可以将现有的产业扶贫主体概括为政府、企业、农户以及其他社会组织四种类型。对于每一个扶贫主体，都对其扶贫模式和扶贫路径进行了论述，分析其在助力乡村振兴过程中发挥出来的实际价值和效果，这为我国贫困地区的产业发展指明了正确的领导力量，在各类主体的帮助下，突破地区发展瓶颈，不断地在探索中寻求整合的产业发展模式。产业主体确认之后，下一步就是要弄清楚地区产业发展的限制性要素是什么，需要扶贫主体和产业发展主体在哪方面付出努力，针对性地解决贫困地区产业要素问题。

7 产业发展要素

7.1 人力资源

千秋基业，人才为本。产业发展要素中的人力资源是发展产业的主体力量，主要包括企业家、农村劳动力、当地扶贫干部等。

7.1.1 企业家

（1）乡村企业家。

乡村企业家是本地或外地的企业主体，通过将公司业务直接或间接地入驻乡村继而开展生产，依托当地的资源和地理环境，产业内容的具体过程发生在乡村。企业家们勇于创新创造，积极履行社会责任，在发展现代农业、服务乡村、脱贫攻坚等方面做出了巨大贡献。

乡村产业的顺利发展需要地方政府和当地农户的积极配合，同时在这个过程中，乡村企业家要把促进乡村产业发展作为企业发展的核心目标之一，饮水思源，积极履行企业的社会责任，不断增强乡村地区的"造血"功能。

（2）农业职业经理人。

农业职业经理人是一种经营型新型职业农民，运营并掌控农业生产经营所需的人力资源和货币资本。他们的收入来源是在为农业农民合作社、农业企业谋求最大经济效益的过程中，获得佣金或红利。在知识技能的要求方面，农业职业经理人不仅需要十分清楚农业的各种流程，同时对经营管理也要有一定的知识储备，他们具有较高的职业素养，能够在乡村振兴的过程中发挥重要作用。

近年来，随着我国农业产业化的飞速发展，农业生产的规模化、专业化、标准化水平不断提高，新型农业经营主体如雨后春笋般成长。农村企业和产业的组织管理、全生产要素配置、产业结构调整以及发展模式的转变，都对农业职业经理人提出了旺盛的需求和新的要求。截至 2019 年年底，我国约有农业职业经理人 286 万人，未来五年对农业职业经理人的需求将达到 150 万人。根据国家需要、产业需求，目前农业职业经理人从业者队伍发展相对滞后，人员规模、职业素养、经营管理水平和发挥的作用还不能完全满足产业发展的要求。因此，当下要着力于强化制度设计，提升农业职业经理人素质，更好地推动乡村振兴战略落地生根。

（3）乡村企业家

案例 7-1　成都大邑的农业职业经理人

张仕伟来自四川成都大邑县，是一个土生土长的农村孩子，对种植、养殖十分感兴趣，对农业的一切都感到十分亲切。大专毕业后，他来到主城区努力工作，很快就有了自己的公司。公司专门做建筑物外墙、烟道清洗工作。但由于对农业的挚爱，他最终选择回到家乡，做与农业紧密相关的事情——农业职业经理人。张仕伟说道："做农业职业经理人，首先得有生物学知识、化学知识、园林知识、管理知识……懂得越多，越觉得有很多东西不懂，需要再学习。"种植猕猴桃的想法萌生于其岳父的一句话，他买来了大量关于猕猴桃的书籍，四处求教，可迟迟不见成效。2013 年，一个偶然的机会，桂花镇农办的人推荐他去参加农业职业经理人培训。他说："开始时没有多少热情，可去了马上就觉得有价值。讲师们讲了农产品质量安全、农产品市场营销等课程，这些都是我之前没接触，甚至没怎么听说过的，从此以后，才觉得算是逐步迈入职业农民的行列。"现在，张仕伟的快乐农夫家庭农场种植着 60 亩猕猴桃，因为产品品质好，农场 2016 年毛收入突破了 100 万元。同时，他还打理拥有 1 300 亩猕猴桃的新民猕猴桃种植农民专业合作社，并于 2015 年当上了成都市农业职业经理人协会彭州分会的会长。2017 年 5 月，张仕伟在成都市农业职业经理人协会会员代表大会上获得年度风云人物季军。他说，成绩是过去的，未来他还有很多计划要在农田上实现。

7.1.2　劳动力

（1）农业劳动力。

农业劳动力是我国农村最基本的也是人口基数最大的人群，他们主要依靠自己的劳动力进行农业生产，参与产业发展的过程。农业劳动力一般指的是参加农业劳动的劳动力的数量和质量①。农业劳动力的数量，是指社会生活中符合劳动年龄并具备劳动能力的人的数量，同时也包括了不到劳动年龄或已超过劳动年龄但实际参加劳动的人的数量。而农业劳动力的质量是指农业劳动力的体力强弱、技术熟练程度、科学和文化水平的高低。农业劳动力的数量和质量受到自然、社会、经济文化教育等各种因素的影响，处于不断变化之中。这部分人群主要以种植经济作物、养殖水产品、加工农作物等第一、第二产业为主，工艺流程简单，不要求具有过多的专业知识，经验是最重要的。同时，也正是由于机械化、自动化、专业化水平低，在一定程度上存在生产效率低下的问题，生产转化率不高。

影响农业劳动力需求的因素。对于农业劳动力的需求方面，影响因素很多，最为突出的有三个方面：其一是自然资源的状况。作为农业生产的直接对象和劳动手段，在一定程度上，自然资源越多，对于农业劳动力的需求也就越多。另外，自然资源的质量也对农业劳动力的需求有一定的影响。如果土地肥沃、雨水充沛，气候适宜，那么农民就不需要花费过多时间去劳动，对其的需求也就较低。其二是社会人口和经济状况，它决定了农业劳动力的宏观需求状况。人口的影响主要体现为人口规模越大，社会对农产品的需求也就相应的越多，对农业劳动力的需求也就越多。人们的食物构成也影响了农业劳动力的宏观需求。社会经济状况是决定农业劳动力宏观需求的根本因素，主要体现在社会产业结构、社会经济发展水平的高低，等等。其三，政府的政策也是农业劳动力需求的一个重要影响因素。其中包括了人口政策、教育政策，如果全社会的科学文化素质较高，特别是农业人口的文化素质较高，由于素质高的劳动力资源的形成，社会对农业劳动力的数量需求也就会降低。

河南省驻马店市驿城区胡庙乡的农户们依靠种植小番茄，走向了脱贫致富路。2019年，河南省鑫芳生态农业发展有限公司在驻马店市胡庙乡修建了53个番茄大棚，带领当地农户发展特色优质农业。产业园大棚里面的蔬果都是由贫困户承包的，棚内实行统一标准、统一供种、统一管理，公司免费进行技术指导，质量上得到了保证，市场口碑甚好。番茄成熟时，农户不用考虑销路问题，公司与贫困户签订收购合同，承诺保底销售，不让老百姓担风险。通过这种用户和生产模式，解决了当地农户的就业问题，农户既发挥出了自己的劳动力，又可以提升自己的技术水平，实现增收。

---

① 资料来源：百度百科，https://baike.baidu.com/item/%E5%86%9C%E4%B8%9A%E5%8A%B3%E5%8A%A8%E5%8A%9B/1110368？fr=aladdin.

（2）农村经营劳动力。

农村经营劳动力是指直接或者间接从事农产品生产、加工、销售和服务的任何个人和组织，与农业劳动力的不同在于，农村经营劳动力的工作内容在于管理运作，关心的是整个乡村产业项目的发展情况，更加注重管理知识，而非专业技术知识。

一般来说，农村经营劳动力常见的有农业合作社负责人、家庭农场等新型农业发展经营主体，家庭农场和农民合作社这两类经营主体，可以成为完善双层经营体制的有效载体，在"分"的层面，家庭农场代表着发展方向，依靠家庭农场，各地逐步发展起同农业劳动力转移步伐相适应的适度规模经营；在"统"的层面，农民合作社构建了一种劳动者集体占有支配生产资料的组织形式，是市场经济条件下农村集体经济新的实现形式和运行方式。

在海南省临高县，"种植专业合作社+"模式是当地农户践行农村经营劳动力的重要途径，这一方式盘活了当地的闲置土地，在 5 年内推广种植了 10 万亩凤梨，带来了一大笔现金流收入。农民由此可以参与经营管理，对个体农户的生产活动进行管理，能够深入地了解并参与产业生产的实际过程，催发其内在发展动力。一方面，农村经营劳动力主体会根据市场需求和当地产品的实际产值，统一制订年度生产计划和各个阶段生产计划，由生产社的成员按生产计划落实生产，与合作社签订生产合同。另一方面，统一生产技术，统一组织制订、实施生产技术规程，按产品质量标准组织生产，逐步建立产品质量追溯、检测监督等制度。临高县相关负责人表示："凤梨不怕台风，适合临高发展，目前临高只有 1 万多亩凤梨，依托龙头企业的品牌优势，临高在继续做大冬季瓜菜产业同时，决定大力发展凤梨、蜜柚、莲雾等优势产业，以消减 30 多万亩的残次林和甘蔗，富民强农业。"

7.1.3 干部

（1）当地干部。

产业发展离不开当地干部的身影，他们是农户与企业和政府之间的桥梁，在信息传递、政策落实、技术扶持等方面发挥了重要的作用。当地干部对地区的资源优劣势以及农户的家庭劳动力情况十分了解，能够有针对性地对农民进行帮扶，给予他们最需要的帮助，助力乡村产业发展。

宏福村的年轻村主任祝小兵。2016 年年初，年仅 25 岁的祝小兵便当上了宏福村的村主任，可谓少年得志。祝小兵在拜访村里贫困户的时候，被一名贫困户泼了冷水，其中有一句话说的是："像我这样穷得叮当响的人，村里多得是，要致富总要有个门道，自己都没富起来，还来问我，问你自己不就有答案了吗？"也是在这次之后，他一下明白了很多事情，也真正体会到人们常说的职位不是炫耀的资本，而是一副沉甸甸的担子。只有在自己真正挑起这个担子的时候，才真正感受到沉重的压力。在认真思索之后，他决定养殖宏福村黑山羊，这种山羊血统纯正、体格健硕，适于绿色养殖①，其肉质鲜美，滋补功效甚好。培育好这一品种之后，再尝试外销，培育品牌优势，打造地区特色产业。在得到龙驹镇党委、政府的大力支持后，村里的黑山羊养殖业发展壮大，农户实现了增收。

（2）驻村干部。

驻村扶贫干部也是乡村产业发展的一大重要力量，是乡村振兴发展过程中的"排头兵"和"主力军"，是绝对的中坚力量。为了发展村级经济，帮助村民摆脱贫困，一些地区县、镇领导和机关干部主动与一些村结对帮扶，在一些贫困村进行蹲点，即驻村，相关的干部称其为驻村干部。驻村干部在村里蹲点，开展调研，进行分析，收集村民困难，主动与上级部门联系，帮助村里出点子，为村里的经济发展起到了积极的推动作用②。

以民为亲，驻村"驻心"。驻村干部不仅要"身"入农村，更要"心"入农村，把为群众办实事、办好事作为工作守则和行为准则。驻村干部常到群众家中唠嗑，多到田间地头挥锄头，主动与村组干部同甘苦，与农民群众交朋友；常把袖子撸起来、把裤腿挽起来、把扇子摇起来，听家长里短，了解村情民意，想群众所想、急群众所急，千方百计、力所能及地帮助群众解决实际问题。

2017年，三明学院资源与化工学院女教师、科技特派员刘冬玲被派遣到奇河村党支部担任第一书记，驻村三年，在这期间她让这个省定贫困村摘掉"贫困帽"，走上乡村振兴发展道路。奇河村距离镇区有15千米，道路设施也不完善，出行十分不方便。刘冬玲为奇河村做的第一件事情就是为村民修路，之前她也有提过这一建议，但由于资金压力巨大，始终没有得到落实。在刘冬玲的积极争取和大力推动下，这条幸福路最终完工，为产业经济发展奠定了基础。第二件事是解决农民的饮水问题。在2018年的村两委会上，她与两委做了明确的分工，朱上政总协调，刘冬玲负责筹钱，朱光铸与朱昌杰找水源。水源问题的解决也保障了村里柑橘产业的收成，对于经济的稳定十分重要。另

---

① 张奎. 爱倾扶贫路 [M]. 北京：中国言实出版社，2020：7.

② 资料来源：https://book.duxiu.com/EncyDetail.jsp? dxid=403609674069&d=3431A9E36E79A093B4D3CBEFD035C8EF.

外，作为科技特派员的刘冬玲推动了柑橘酵素的研发，指导农民使用，为柑橘的种植生产提供了良好的条件，促进柑橘根系的生长，推动产业绿色发展。

在全国上下持续推进乡村振兴的过程中，国家重点关注物质条件困难、人才队伍匮乏、发展阻力大的农村地区，通过选派第一书记、驻村干部等人才计划，以人才要素补偿作为发力点，紧跟国家乡村振兴发展步伐。2021 年 5 月，中共中央办公厅印发《关于向重点乡村持续选派驻村第一书记和工作队的意见》，指出要对脱贫村、易地扶贫搬迁安置村（社区），继续选派第一书记和工作队，将乡村振兴重点帮扶县的脱贫村作为重点，加大选派力度①。乡村振兴目标的实现，离不开懂农业、爱农村、亲农民的驻村工作队伍，通过建强村党组织，推进强村富民，推进乡村治理水平的进一步提升，不断践行为民办事服务的宗旨，重点解决群众"急难愁盼"问题。

7.2 农村土地

7.2.1 现状

我国地域辽阔，人口众多，据统计，截至 2019 年年底，我国共有集体土地总面积 65.5 亿亩，主要集中在农村地区。我国社会主要矛盾已经转化为人民日益增长的美好生活需要和不平衡不充分的发展之间的矛盾。可以发现，人们对生活充满了向往和期待，同时，农村也具有极大的发展潜力，最大的后劲和困难也在农村。土地作为农村最突出的产业生产要素，是农村最大的资源，在乡村产业发展过程中彰显了重要的作用。当前土地要素发挥作用的途径有两条：农户一方面可以直接利用土地进行作物种植，获取增收；另一方面也可以选择将土地的使用权入股或出售给相关企业安排生产，从中获取分红，充分利用好当地的闲置土地资源。

7.2.2 盘活土地要素

就农村土地要素而言，有效盘活的主要目标是积极促进建立城乡统一的土地市场，在真正意义上实现广大农村土地和城市土地同城同权同价，从而帮助广大农民群众获得更多的土地要素财产性收益。

---

① 中共中央办公厅：持续向重点乡村选派驻村第一书记和工作队 [J]. 中国食品，2021 (10)：92.

国家积极出台相关政策，提倡灵活产业用地方式，创新式盘活土地要素。当前我国部分地区存在着农村数量多而规模小的现象，"三高两难问题"表现较为突出。"三高问题"即村级组织运转成本高、基层负担重，"空心村"比例高、土地浪费严重，基础设施建设成本高、公共服务水平低。"两难问题"一是村级管理水平低，带领群众增收致富难，二是民主管理难。要处理好农村土地要素的使用率的问题，就必须要采取创新性的盘活模式。2020年4月9日，中共中央、国务院发布了《关于构建更加完善的要素市场化配置体制机制的意见》，该意见明确指出，要针对不同要素领域，分类提出深化要素市场化配置的改革方向，明确完善要素市场化配置的具体举措。其中在土地要素方面，文件提出要灵活产业用地方式和灵活土地计划指标管理，推动不同产业探索增加混合产业用地供给，探索建立全国性的建设用地、补充耕地指标跨区域交易机制[①]。

因地制宜地科学创新农村土地资源盘活模式，积极发挥党委政府的主导作用，依托严格落实公平合理的市场化盘活农村土地要素原则，始终坚持以农民自愿为前提的土地要素盘活模式，有效破除"三高两难"问题，立体式拓宽农民群众就业和增收的形式，使广大农民群众可以普惠地充分享受到农村宅基地和住宅领域普惠式改革的红利[②]。同时，各地要坚持整体谋划、重点突破。围绕乡村全面振兴和城乡融合发展的目标，不断强化统筹谋划和顶层设计，增强改革的系统性、整体性、协同性，着力破除城乡户籍、土地、资本、公共服务等方面的体制机制弊端，为城乡融合发展提供全方位制度供给，使广大农民既可以拥有敢于进城闯荡打拼的勇气，又拥有随时可回乡回村生活生产的全方位生计保障，从而真正将党中央的惠农政策用好并落到实处，在促进城乡要素有序流动的基础上促进城乡健康融合发展。

案例7-2 浙江省激活土地要素，助力乡村振兴

在省委省政府统筹部署和自然资源部的支持指导下，通过广泛深入的调研，结合自然资源禀赋，浙江省于2018年部署开展了全域土地综合整治与生态修复工作，努力探索一条利用土地要素助推乡村振兴的新路子。

浙江省早期的土地整治工作：2001年，浙江省探索开展了以农村建设用地复垦为主要内容的城乡建设用地增减挂钩工作；2003年，浙江省部署实施了"千村示范、万村整治"工程；2009年，与原国土资源部签署部省合作协议，进

---

① 参见：https://theory.dahe.cn/2020/08-26/716766.html
② 丁立江. 因地制宜科学有序盘活农村土地要素［N］. 学习时报. 2020-8-26.

一步推进农村土地综合整治工作；2010 年，以城乡建设用地增减挂钩政策为抓手，全域规划、全域设计、全域整治，统筹城乡发展，开展农村土地综合整治示范村建设；2013 年，在总结完善城乡建设用地增减挂钩试点工作的基础上，搭建了农村土地综合整治和城乡建设用地增减挂钩平台，实施"亩产倍增"行动计划和土地整治工程，农村土地综合整治工作取得了明显成效。截至 2017 年年底，浙江省共批准开展农村土地综合整治项目 2 723 个，复垦农村建设用地 22.35 万亩，搬迁农户 29 万户，涉及农民 131 万人①。通过土地整治，提高了耕地质量和综合产值，促进了现代农业发展、新农村建设和生态环境整治。

7.3　资本存量

7.3.1　定义

从企业资本经营角度看，资本存量是指企业现存的全部资本资源，通常反映企业现有生产经营规模和技术水平，同时资本存量也是已投入企业的各类资本的总和。它以资产形式存在，又叫资产存量，根据其在生产过程中所处的状态可以划分为两类：正在参与再生产的资产存量和处于闲置状态的资产存量，包括闲置的厂房、机器设备等。

本书着重探讨农村社会资本存量。社会资本存量是指在一定的空间和时间范围内，人们所拥有的社会资本各构成要素的数量水平，以及各要素间相互作用所带来的收益总和②。农村社会资本存量是农村在乡村振兴产业发展过程中的各种资源的总和，如基础设施投资、农业资本存量等。农村基础设施是为发展农村生产和保证农民生活而提供的公共服务设施的总称，如交通（人均公路存量）、水利、能源、卫生，它是农村产业发展的基础，也是农村经济系统的一个重要组成部分。农业资本存量是指在农业生产过程中能重复使用的或购置的有形固定资产，如农作物培育和加工以及运输过程中的先进机器设备、作物大棚、工业园区、家畜数目等。

我国农业相关设备数量发展情况如图 7-1 所示。

---

① 路雄英. 激活土地要素 助力乡村振兴：访省政协副主席、省国土资源厅厅长陈铁雄 [J]. 浙江国土资源，2018（10）：4-6.

② 谢治菊，谭洪波. 农村社会资本存量：概念、测量与计算 [J]. 贵州财经学院学报，2011（5）：87-93.

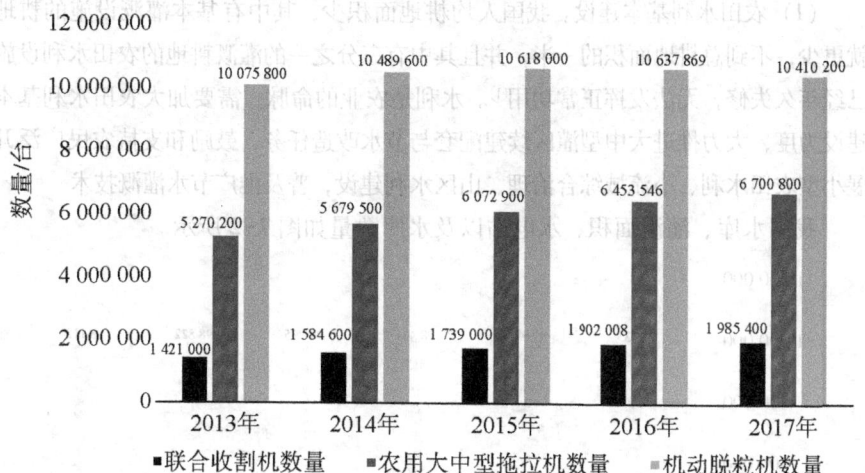

图 7-1　我国农业相关设备数量发展情况

数据来源：国家统计局。

2017 年我国以及部分地区农村村卫生室和人员情况如表 7-1 所示。

表 7-1　2017 年我国以及部分地区农村村卫生室和人员情况

地区	村卫生室/个	设卫生室的村数占行政村数比重/%	乡村医生和卫生员/人	平均每千农村人口村卫生室人员/人
全国总计	632 057	92.80	968 611	1.52
北京	2 696	68.80	3 247	—
天津	2 541	69	4 973	10.75
河北	60 225	100	79 741	2.12
山西	28 942	100	37 935	2.09
内蒙古	13 625	100	18 128	1.70

数据来源：《中国农村统计年鉴 2018》①

7.3.2　发展现状

在基础设施投资方面，2019 年，我国基础设施投资增速有所回升，是国家着眼于补短板、惠民生、增后劲，进一步扩大有效投资的结果。各月累计同比增速均在 3.8% 以上，高于去年全年，前三季度累计增速为 4.5%。

———————————

① 本书编委会. 中国农村统计年鉴（2018）[M]. 北京：中国统计出版社，2018：12.

（1）农田水利基本建设。我国人均耕地面积少，其中有基本灌溉设施的耕地就更少，不到总耕地面积的一半，并且其中有三分之一的灌溉耕地的农田水利设施已经年久失修，无法发挥正常功用[1]。水利是农业的命脉，需要加大农田水利基本建设力度，大力推进大中型灌区续建配套与节水改造任务，鼓励和支持农民广泛开展小型农田水利、小流域综合治理、山区水利建设，普及推广节水灌溉技术。

我国水库、灌溉面积、水电站以及水库数量如图 7-2 所示。

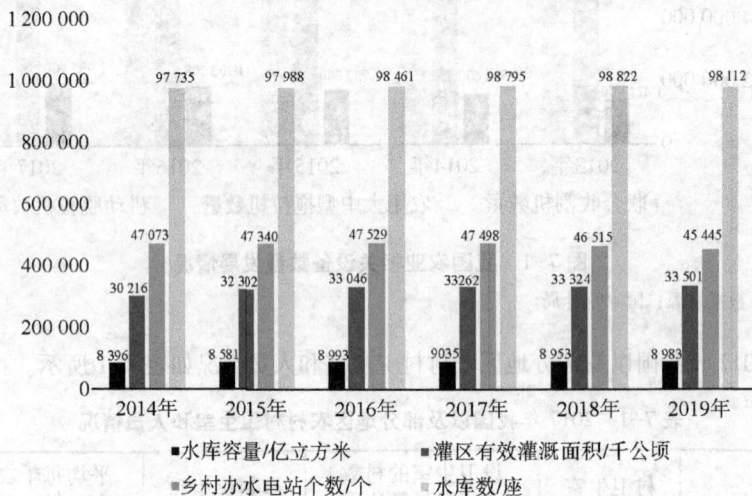

图 7-2　我国水库、灌溉面积、水电站以及水库数量
数据来源：国家统计局。

（2）农村公路建设。公路是支撑农业和农村经济发展的基础设施，农业结构的调整以及农副产品的深度加工都离不开公路交通提供的基础保障。2019年 9 月，四川省推出了 29 个交通重点项目，包括 8 个高速公路项目、21 个国省干线和红色旅游公路项目，总投资 1 808 亿元；江苏省召开加快推进江苏高铁建设暨宁淮城际铁路开工动员会，新增高铁通车里程 424 千米；山东省共有10 个铁路项目在建；陕西省集中批复了 3 条高速公路以及一批国省干线公路项目，批复项目总投资约 280 亿元等。截至 2020 年年底，全国铁路营业里程达 14.63 万千米，其中高铁 3.79 万千米，稳居世界第一，高速公路总里程约16 万千米，建成了全球最大的高速公路网，覆盖 99% 城区超过 20 万人的城市和地级行政中心[2]。

---

① 陈斯雯. 浅谈加强农村基础设施投资促进经济发展 [J]. 精品，2020 (6)：9.
② 齐慧. 路通国运兴 [N]. 经济日报. 2021-4-19 (7).

截至 2021 年年底，全国农村公路总里程已突破 435 万千米，"出门水泥路，抬脚上客车"的梦想变成了现实。县乡村三级农村物流网络体系建设和"快递下乡"工程加快推进，"城货下乡、山货进城、电商进村、快递入户"双向运输服务进一步打通，一批特色产业乘势而起，助力提升贫困地区教育和医疗保障水平，城市文明、基本公共服务随着交通的改善逐步向贫困地区纵深覆盖。

从更长远的角度看，当前我国在基础设施领域仍然存在许多短板。数据显示，我国基础设施人均资本存量只有西方发达国家的 20%～30%[1]。另外，我国东西部地区的基础设施存量存在显著的差异，西部地区开发空间大。

2019 年，中共中央、国务院印发《交通强国建设纲要》指出，建设交通强国是以习近平同志为核心的党中央立足国情、着眼全局、面向未来做出的重大战略决策，是建设现代化经济体系的先行领域，是全面建成社会主义现代化强国的重要支撑，是新时代做好交通工作的总抓手[2]。2020 年完成决胜全面建成小康社会交通建设任务和"十三五"现代综合交通运输体系发展规划各项任务，为交通强国建设奠定坚实基础。从 2021 年到 21 世纪中叶，分两个阶段推进交通强国建设：一是到 2035 年，基本建成交通强国；二是到 21 世纪中叶，全面建成人民满意、保障有力、世界前列的交通强国。

我国公路里程和铁路营业里程如图 7-3 所示。

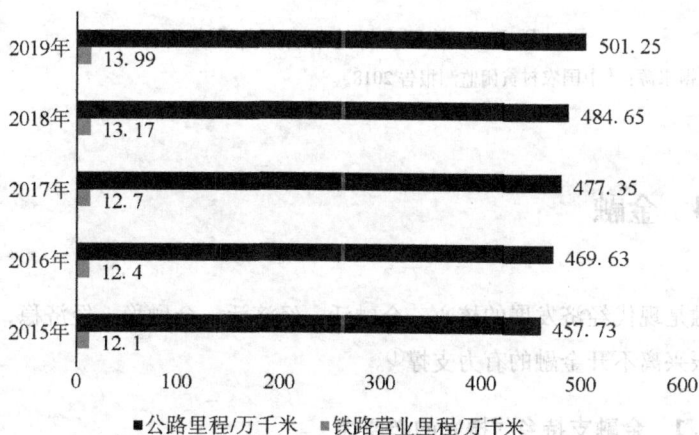

2019年	13.99	501.25
2018年	13.17	484.65
2017年	12.7	477.35
2016年	12.4	469.63
2015年	12.1	457.73

0　　　100　　200　　300　　400　　500　　600

■公路里程/万千米　　■铁路营业里程/万千米

图 7-3　我国公路里程和铁路营业里程
数据来源：国家统计局。

---

① 林火灿. 看基础设施投资，重在回升势头有基础 [N]. 经济日报，2019-10-22 (001).
② 交通强国建设纲要 [N]. 毕节日报. 2019-9-20 (1).

我国乡村基础设施发展情况如图 7-4 所示。

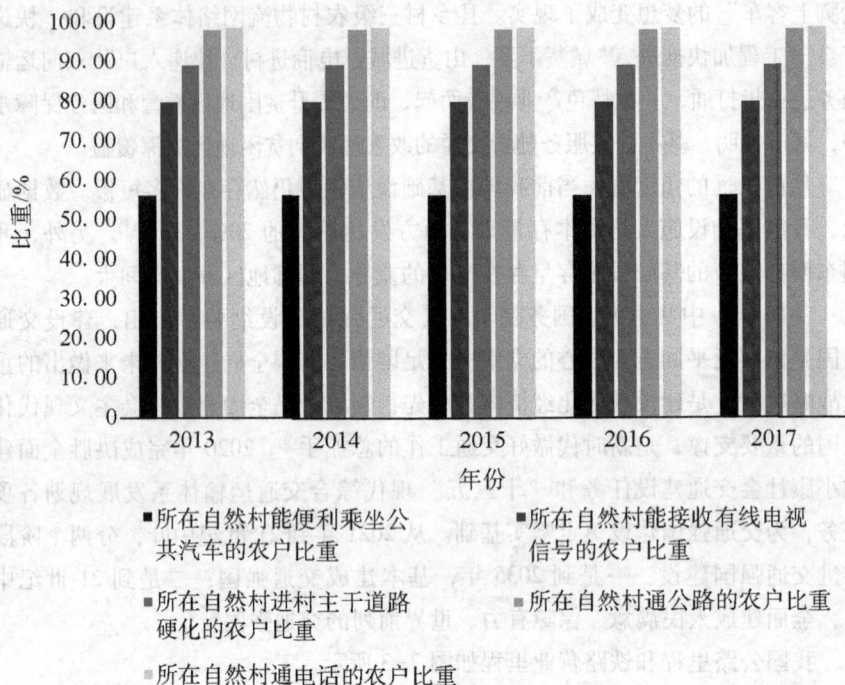

■ 所在自然村能便利乘坐公
共汽车的农户比重

■ 所在自然村进村主干道路
硬化的农户比重

▓ 所在自然村通电话的农户比重

■ 所在自然村能接收有线电视
信号的农户比重

▓ 所在自然村通公路的农户比重

图 7-4 我国乡村基础设施发展情况

数据来源:《中国农村贫困监测报告 2018》。

7.4 金融

金融是现代经济发展的核心。金融活,经济活;金融稳,经济稳,全面推进乡村振兴离不开金融的有力支撑①。

7.4.1 金融支持乡村振兴的必要性

2021 年,《中共中央 国务院关于全面推进乡村振兴加快农业农村现代化的意见》中提出"支持以市场化方式设立乡村振兴基金,撬动金融资本、社会力量参与,重点支持乡村产业发展",并将其作为"强化农业农村优先发展

---

① 陈进. 发挥金融助力乡村振兴的重要作用 [N]. 经济日报. 2021-04-01.

投入保障"的重要内容；《中华人民共和国国民经济和社会发展第十四个五年规划和2035年远景目标纲要》提出："在西部地区脱贫县中集中支持一批乡村振兴重点帮扶县，从财政、金融、土地、人才、基础设施、公共服务等方面给予集中支持，增强其巩固脱贫成果及内生发展能力。"由此可见，金融在经济发展和社会生活中具有重要的地位和作用，要在推动乡村振兴的进程中用好、用足金融的力量。

（1）农业产业发展的需要。当前乡村产业发展仍存在农业生产技术落后的问题，生产效率低，先进的工业设备未得到普及，而现代化设施的运用需要资金的支持，农业科技的研发以及一二三产业的融合也需要强大的金融要素给予支持。同时，我国要实现由农业大国到工业大国的转变，就必须提升农业现代化水平，提高农业产业的创新力和竞争力。

（2）延伸产业链，促进产业结构和规模的进一步完善。当下我国乡村产业发展突出表现为产业结构单一、产业规模小、一二三产业的融合度不够，小型农户以及单一作物产业发展较为常见。这一现象的原因之一就是农户不具备雄厚的资金要素，只能在有限的能力范围和风险程度内开展生产活动，无法落实大规模的产业发展模式。完备的金融支持一方面可以促使农户大胆创业，扩大产业规模，发展规模经济；另一方面可促使农户研发技术，培育管理人员，提高工业标准和生产经营规范，以高标准为发展目标，走可持续发展道路。

（3）全方位助力乡村振兴。除了在农业基础设施以及产业链发展过程中所体现出来的作用，金融资本对于乡村教育、生态文明建设以及农村文旅产业的发展也具有十分重要的意义。资金可以保障乡村的教育资源，完善农村教学基础实施，完善教师福利政策，保障稳定的师资队伍和教育资源，有效解决乡村教育问题，为乡村振兴储备人才。在生态文明方面，资金可以进一步推进农村环境保护基础设施的修建工作，推动垃圾池、污水处理系统等的搭建工作，保护农村生态环境。在文化建设方面，部分农村地区还存在文化活动单一、内容乏善可陈，文化娱乐设施缺乏，文化产业没有得到有效扶持的现象[①]。弘扬优秀的传统文化，保护历史文化遗产，宣传正确的道德风貌，摒弃陋习陈规，融入人文关怀，需要资金的支持与助力。

7.4.2 当前金融支持现状

在政策扶持上，2007年创立涉农贷款统计以来，我国金融机构进一步加

---

① 王会钧，张婷婷，周学明. 金融支持与乡村振兴探析 [J]. 现代商贸工业，2019，40（36）：82-83.

大对农村金融领域的支持,"三农"工作和扶贫金融服务环境持续改善。《中国金融年鉴2018》的数据显示,我国的农林牧渔业贷款余额约3.87万亿元,同比增长5.69%,涉农贷款余额持续增长,从2007年末的6.1万亿元增加到2017年年末的30.95万亿元,同比增长9.64%。截至2018年年末,全国支农再贷款余额达到2 870亿元,向国家开发银行、农业发展银行、进出口银行提供抵押补充贷款33 795亿元。根据中国银行业协会《2019年中国银行业服务报告》统计,截至2019年年末,银行业金融机构本外币涉农贷款余额35.19万亿元,同比增长7.7%。中国工商银行相关负责人表示:"'十四五'期间,工行每年在乡村振兴领域的融资投入将不低于1万亿元。"截至2021年5月末,中国工商银行涉农贷款余额已近2.5万亿元,为企业承销发行"乡村振兴债"募集资金150多亿元。此外,中国农业银行已与农业农村部、国家乡村振兴局一起制定合作方案,明确了16项具体任务的时间表、路线图。接下来,将强化高标准农田建设、创新开展现代种业金融服务、支持乡村产业发展壮大、支持农业农村绿色发展、支持农产品仓储保鲜冷链物流设施建设等①。

2017年金融机构本外币涉农贷款统计如表7-2所示。

表7-2 2017年金融机构本外币涉农贷款统计

项目/地区	农林牧渔业贷款		农村（县及县以下）贷款		农户贷款		涉农贷款	
	余额/亿元	同比增长/%	余额/亿元	同比增长/%	余额/亿元	同比增长/%	余额/亿元	同比增长/%
全国	38 712.91	5.69	251 398.30	9.26	81 055.66	14.41	309 546.99	9.64
总行	66.82	252.85	207.69	129.48	36.76	8 743.54	2 510.12	-7.59
北京	463.60	11.57	686.58	-16.74	29.74	35.06	1990	1.61
天津	191.24	0.29	538.32	-41.11	197.30	10.46	2 358.62	-10.99

数据来源:《中国金融年鉴2018》②。

在农业保险保障服务方面,2007年,我国开始实施农业保险补贴政策,中央及各地政府部门对农业保险的政策扶持力度持续加强,农业保险覆盖范围逐年扩大,承保种类不断增加,参保农户迅速增长。据银保监会数据,2020年,农业保险实现原保险保费收入815亿元,同比增长21.3%,在财险领域各险种保费增速中位列第二,仅次于健康险,且保费增速大幅超越财险行业的增

---

① 金融资源向乡村振兴发展倾斜[N]. 经济日报. 2021-07-09.
② 中国人民银行主管,中国金融学会主办. 中国金融年鉴2018 总第33卷. 中国金融年鉴杂志社有限公司, 2019.

速①。农业保险促进产品创新与服务升级，尝试开展新型的设备抵押、供应链融资等业务，为农业发展提供资金支持；在债券、股票等直接融资方式也有了较快的发展，农产品期货市场从无到有，功能逐渐完善。2021 年 6 月，财政部、农业农村部、银保监会联合发布了《关于扩大三大粮食作物完全成本保险和种植收入保险实施范围的通知》。通知指出要贯彻落实党的十九大和十九届二中、三中、四中、五中全会精神，按照党中央、国务院决策部署，紧紧围绕全面推进乡村振兴和加快农业农村现代化，通过扩大三大粮食作物完全成本保险和种植收入保险实施范围，进一步增强农业保险产品吸引力，助力健全符合我国农业发展特点的支持保护政策体系和农村金融服务体系，稳定种粮农民收益，支持现代农业发展，保障国家粮食安全②。

在推动农村金融基础设施建设方面，我国农村金融基础设施还比较薄弱，金融服务渠道及硬件设施、金融服务网络及平台等软件设施、农村信用体系等方面还存在较为明显的短板③。截至 2018 年年底，我国已为全国 1.84 亿户农户建立了信用档案，对农村信用体系的数据进行了完善。目前农村地区基本上实现了人人有银行结算账户，乡乡有 ATM 机，村村有 POS 机，农村普惠金融的发展得到了进一步的完善。未来农村要加快运用现代金融科技，结合信用乡村建设、数字乡村建设，探索将金融服务嵌入智慧政务系统，为广大农村经营主体提供"线上线下一体化"服务。

随着农村金融服务和数字普惠金融的拓展，农村地区的居民享受到了一定程度上的"数字红利"，但这也同样要求农村消费者具备一定的金融知识技能。全国人大代表、中国人民银行参事周振海表示，要进一步加强金融知识普及教育，提升农村金融消费者和其他普惠金融服务群体的金融知识水平和金融素养，从而将更多经济主体纳入金融服务体系，享受数字普惠金融发展的"红利"。

7.4.3 案例

2020 年 7 月 5 日，江苏省首届金融赋能乡村振兴发展峰会在南京举行。峰会发布了《2020 江苏农村金融与农业现代化》白皮书。该白皮书表示，江苏

---

① 江帆. 做好乡村振兴保险保障服务 [N]. 经济日报. 2021-04-14.

② 计划财务司. 关于扩大三大粮食作物完全成本保险和种植收入保险实施范围的通知 [EB/OL]. (2021-06-29) [2022-06-11]. http://www.moa.gov.cn/govpublic/CWS/202106/t20210630_6370731.htm

③ 文爱华. 健全农村金融服务体系（有的放矢）[N]. 人民日报. 2021-03-25.

农业现代化对农村金融的需求体现在五个方面，分别是农业小额信贷需求、农业保险保障需求、财政支农需求、股权融资需求、农业产业引导基金需求。围绕这五大需求，江苏充分发挥银行优势，引金融"活水"浇灌乡村振兴。

在农业小额信贷方面，江苏省与国家开发银行、中国农业发展银行、农业银行、中国银行、中国建设银行、中国邮政储蓄银行、江苏银行7家银行签署战略合作协议，合作银行未来三年向农业农村领域集中授信7 000亿元[①]。其中，江苏银行作为省属法人金融机构，持续加大对县域经济和"三农"领域的金融支持，以打造"融旺乡村"服务为统领，大力实施"顶天立地""铺天盖地""上天入地"三大战略，初步练就了懂农业、通乡情、会与农民打交道的真功夫，走出一条富有自身特色的金融服务乡村振兴之路。截至2020年年底，江苏银行涉农贷款余额超过1 800亿元，公益扶贫捐助超过6 000万元。在农业保险保障需求方面，人保财险江苏分公司不断深化农业保险和普惠金融服务，公司按照"保险+服务+融资"模式，先后推出140个服务江苏农业产业链发展的农业保险产品，满足服务农业农村现代化的需求。在财政支农、股权融资、农业产业引导基金需求方面，针对江苏省乡村振兴发展的现状，江苏省先后推出乡村振兴投资基金、举办全省农业农村重大项目融资推介活动、探索建立风险补偿机制、建立健全农业担保体系等系列举措。据介绍，江苏省乡村振兴投资基金已经于2020年上半年由省政府批准成立，首期基金总规模为100亿元。

7.5 技术

7.5.1 现代农业技术的概念

科学技术是第一生产力，技术源于时代进步，是现代社会各种资源高效合理配置的结果，目的在于促进社会进步与发展。现代社会常见的技术包括互联网、物联网、大数据、5G通信技术、光电技术、工业技术等，技术的出现加速了产业发展的进程，促进了经济的进一步发展壮大。乡村振兴中所体现出来的技术指的是现代农业技术，现代农业也称工业化农业，它是多种现代高新技术集成的农业系统，将信息技术、现代化工程技术、计算机技术、卫星遥感遥测技术等进行

---

① 赵伟莉，洪叶：江苏引金融"活水"浇灌乡村振兴，http://www.zgjssw.gov.cn/yaowen/202007/t20200706_6715581.shtml.

集成化组装。通过农业现代化进程，农业可以实现机械化、电气化、智能化和科学化，同时人类预测和调控大自然的能力有所增强，对农业生产运作过程的管理水平也有了很大程度的提升，农业劳动生产率有了极大的提高。

7.5.2 农业现代化的重要意义

农业现代化是农民致富的"金扁担"。乡村作为各种资源匮乏，尤其是技术资源匮乏的地区，与城市之间存在明显的发展差距。随着技术与产业之间的紧密联系，这种差距就显得更加突出。为了进一步避免这类差距的加大，就必须积极引进先进的科学技术到乡村产业过程中去，以科技促发展，以技术带产业，推动产业经济持续健康发展，逐步走向信息化、自动化、智能化。要充分挖掘农业的深厚潜力，以科技延伸产业链，提升价值链，完善利益链，加强农业与科技的融合，促进一二三产业的融合发展。

7.5.3 技术在产业发展过程中的体现

加快引进生产运作管理系统、物料资源计划、供应链管理等系统，通过引进先进的科学技术，如温室的自动灌溉与施肥系统、空气温湿度等数据的采集、农田环境的监测等技术，实现温度、湿度、二氧化碳浓度的实时监测，并远程指导相关人员，优化并提升农村产业运作的效率，降低运作的劳动力成本。使用先进的设施设备，提升作物的生产转化率，加快构建现代农业产业技术体系。

7.5.4 提出现代农业产业技术的背景

现代农业产业技术体系是党中央为了全面贯彻落实党的十七大精神，加快现代农业产业技术体系的建设，提升国家、地方区域的创新能力以及农业科技自主创新能力，为现代化农业和社会主义新农村建设提供强大的技术支撑，在实施优势农产品区域布局规划的基础上，由农业部、财政部依托现有中央和地方科研优势力量和资源，启动建设的以 50 个主要农产品为单元、产业链为主线、从产地到餐桌、从生产到消费、从研发到市场各个环节紧密衔接、服务国家目标的现代农业产业技术体系。现代农业产业技术体系由产业技术研发中心和综合试验站二个层级构成。每一个农产品设置一个国家产业技术研发中心（由若干功能研究室组成），研发中心设 1 名首席科学家和若干科学家岗位；

在主产区设立若干综合试验站，每个综合试验站设1名站长①。

案例 7-3 柞水县"云上销售黑木耳"

柞水县位于陕西省商洛市，因柞树多而得名，其中，柞树是生长黑木耳的最佳树种之一。近年来，柞水县的黑木耳产业在科技赋能的支持下，发展十分迅猛。首先是种植环境方面，柞水县的种植大棚实现了智能化，各大棚之间实现了联网，搭建了云平台，能够对棚内的温度、湿度、二氧化碳的浓度进行实时监测，还可以远程指导相关管理人员，是名副其实的"智能成长空间"，技术含量大大增强，产品品质也得到了保障。正如一位工作人员介绍到："咱的木耳啊，现在'云'上种、网上销！"

科技赋能生产全过程。柞水县的黑木耳从生产到销售，各阶段都渗入了科技的影子。种植销售之前，通过大数据分析，了解全国的市场行情，针对性地销往各省份；此外，物联网系统实现了全生产环节监管预警，木耳调味料、木耳饮品等走向市场。科技在乡村产业发展过程中起到了积极的引领作用，助力延伸产业链，提升价值链，完善利益链，让"一县一业"的文章越做越深。

科技推动农业生产经营管理过程。当下，柞水县的黑木耳也有了"身份证"，消费者通过扫描产品上面的二维码便可以清楚地了解产品从种植到销售整个环节过程，产地、时间、负责人等信息全程可溯源。注重网络云平台的搭建，加快推进云计算、大数据、物联网、人工智能等技术在农业生产经营管理中的运用，使得农业生产精细化管理成为可能。

加快农业与科技的融合，推动农业高质量发展。技术的引入是为了弥补信息时代乡村产业发展的"数字鸿沟"，技术的出现推进了一二三产业的融合发展，这个过程中也伴随着农民观念的转变，以产业升级带来观念更新。当下，手机成为"新农具"，电商成为"新农活"，数据成为"新农资"，互联网让农户与外界相连，实现与市场的"无缝衔接"，乡村振兴道路越走越宽。

未来，要继续加强农村新基建建设、深化乡村产业创新技术应用、鼓励科技人才向下流动、强化农民技能培训，持续增加农业产业发展的"含金量"，谱写好新时代乡村全面振兴新篇章②。

---

① 资料来源：锁清秋. 国家现代农业产业技术体系亮点及好处有哪些?，https://www.chitule.com/article-5490-1.html

② 原韬雄. 小木耳，科技赋能展前景（现场评论·小产品 大产业①）[N]. 人民日报. 2021-03-30.

7.6 农村产业发展与生态保护

7.6.1 农村生态现状

环境污染多元化，生态资源退化。当前农村生态存在的普遍问题集中体现在农民的环保意识低下，农村环保基础设施不健全上，如垃圾池的修建、污水排放处理系统等的引进，意识的欠缺和设施的不完善，带来了农村生态问题。

首先是较为严重的大气污染。大气污染的源头在于农村秸秆的不恰当处理。农民习惯于将秸秆进行焚烧，这个过程会产生大量的二氧化碳和二氧化硫等有毒有害气体，严重影响了空气质量，造成大气污染。除农民外，一些修建在乡村的工业企业，对于生产过程中的废气没有进行处理或者是处理之后也未达到国家允许的排放标准，就直接将废气排放在空气中，加剧了空气污染。我国大气污染的面积已经逐渐占据全国耕地面积的 6%，导致的直接经济损失已经超过 1.6 亿元。大气污染严重制约着农村经济发展。

其次是普遍存在的水污染问题。一方面，农民的日常生产和生活会产生部分污水，如大量使用化肥以及不合理使用农药、将大量的畜禽粪便直接排放，使得水体富营养化，水质恶化。另一方面，企业在生产和经营过程中也会排出很多工业性废水，它们往往未经处理就直接排放，又或是处理不够彻底，仍未达到国家规定的排放标准。据统计，农村的饮用水合格率有待进一步提升，许多饮用水中的铁和锰含量严重超标。如果水资源持续被污染，不对其进行有效的治理，不仅会影响到农村地区的环境，还会对当地人的身体健康造成不利影响。

最后是对土地的污染。土地是农村最丰富的资源要素，是农业生产的基础，土地一旦遭到污染，就会严重影响到生态平衡。一方面，由于农村基础设施的不完善，没有集中的存储和处理的垃圾池，生活垃圾四处倾倒，导致土壤质量变差。另一方面，由于现代化农业生产技术的普及还需要一定的时间，农民的生产种植仍然是延续老一套的方法，用废弃塑料薄膜栽培，使得耕地的质量下降，同时伴随着工业污染、地质灾害等因素，农村生态资源退化，生态环境恶化[①]。

----

① 戴小祥. 直面农村生态现状，推进美丽乡村建设 [J]. 农家致富顾问，2015 (18)：128-129.

7.6.2　产业发展与生态保护

可持续发展是产业发展的根本之路。产业的发展离不开对自然资源的开发与利用，需要与生态环境持续互动，而可持续发展的基本标志是资源的永续利用与良好的生态环境。在产业发展的过程中，要注意对生态环境的保护，将生态环境摆在首位，杜绝为了发展产业而破坏环境的情形，走适合当地区域特色的产业道路，寻求生态资源的最有利用途径，促进产业发展与生态保护的协同发展。产业与生态两个子系统之间的协调发展不仅强调产业发展的数量型增长，更强调在产业数量增长的同时，产业的质量也能得到一定的提高。

促进产业生态化发展。所谓产业生态化即将产业按照自然生态系统的循环模式进行构造，以达到资源的循环利用，减少废物的排放，促进产业与自然环境的和谐发展。

粤桂合作特别试验区的产业生态化发展实践。粤桂合作特别试验区于2014年10月启动，作为中国唯一横跨东西部省际流域的试验区，拥有得天独厚的区位优势。刚开始时，这里是一片荒山野岭，甚至没有山路，无法通行。经过三四年的快速发展，如今试验区楼房林立，厂区遍布。目前，试验区入驻企业约350多家，初步形成了电子信息、节能环保、传统产业等产业集群，包括国光、中兴、雅士等13家电子信息企业，广西锂霸、碧清源等6家节能环保企业，纸包鸡、中允等5家传统企业等。粤桂合作特别试验区十分注重产业发展与生态保护之间的权衡，始终将生态保护摆在首位，将可持续发展作为目标。曾有一家大型饲料企业前来洽谈建厂，一期计划投资达15亿元。但考虑到饲料加工业可能对西江水质带来不利影响，试验区婉言谢绝了该企业进驻。试验区婉拒了20多个不符合发展定位的项目，计划总投资逾30亿元。在拒绝高能耗、高污染及产能过剩企业"诱惑"的同时，试验区主动为先进的环保产业大开"方便之门"。目前中关村智慧环境联盟产业园、北斗导航产业园、国光电子产业园、微软（中国公司）、大华智慧信息等270多家高端制造、生物医药、新能源环保项目相继落地入驻园区。积极践行生态优先理念的粤桂特别试验区，如今实现了绿色发展、高质量发展①。

7.6.3　推进生态价值转换

2018年，习近平总书记在深入推动长江经济带发展座谈会上强调，要积

---

① 范立强，覃蛟龙. 产业发展和生态保护并行 [J]. 当代广西，2019 (2)：32-33.

极探索推广绿水青山转化为金山银山的路径，选择具备条件的地区开展生态产品价值实现机制试点，探索政府主导、企业和社会各界参与、市场化运作、可持续的生态产品价值实现路径①。探索生态产品价值的实现，是建设生态文明的应有之义，也是新时代必须实现的重大改革成果。2021年3月5日，国务院总理李克强在第十三届全国人民代表大会第四次会议上做了政府工作报告。李克强总理提出，要深入实施可持续发展战略，巩固蓝天、碧水、净土保卫战成果，促进生产生活方式绿色转型，同时强调要"研究制定生态保护补偿条例"。会议中提出的"生态保护补偿"，旨在推进生产价值转换这一问题。

如何推进生产价值转换的问题。生态价值转换的核心要义在于创新生态产品价值转换方式、开拓生态产品价值转换路径②，这也是"十四五"时期生态文明建设实现新进步的重要抓手。

第一，加大不同类型的生态产品开发。一是特色农工产品。将"生态元素"作为主要附加价值，依托本地自然生态系统生产涵盖农业、渔业、林业、手工业等的食品、木材、矿泉水、天然纤维、工艺品等物质产品。二是文化旅游服务。将"生态体验"作为重点消费内容，生产服务类产品，以满足亲近自然、健康舒适、游览观光等生态旅游消费需求，自然体验、科学普及等生态文化消费需求。三是综合开发建设。将"生态治理"作为核心建设要求，围绕生态系统构建和生态价值实现，通过废旧区域改造、自然区域开发，开展项目建设，如河道生态治理综合开发、采煤塌陷区"矿地融合"湿地公园建设等。

第二，促进生态资源通过市场化方式高效流转。一是建设高效生态资源市场体系。建立归属清晰、权责明确、监管有效的产权制度，培育形成多元化生态产品市场生产、供给主体，发展生态产品及其衍生品交易市场，建设统一、开放、竞争、有序的生态产品市场体系。二是建立科学生态资源定价机制。以深化要素市场化配置改革，促进要素自主有序流动，提高要素配置效率，激发全社会创造力和市场活力为基本原则，发挥市场的基础性作用，推动形成有效的价格形成机制。三是健全生态保护补偿机制。制定生态环境污染损害检测、评估、修复与生态恢复评估等方面的技术规范与标准；建立健全生态环境补偿机制和资源有偿使用制度，提升自然资源保护和合理利用水平。

第三，实现与新技术、新业态的融合发展。一是生态价值转化科技附能。

① 加快探索生态产品价值实现路径［N］. 今日六合. 2018-11-07.

② 陈桓亘，陈耿宣. 加快推进生态产品价值转换［EB/OL］.（2021-03-07）［2022-04-17］.ht-tps://m.gmw.cn/baijia/2021-03/07/34666372.html.

利用新一代信息技术提高价值转化效率和效益，通过电商直播、数字化营销等新手段，降低市场成本、拓展市场空间、提升交易规模；通过大数据、云平台等新服务，搭建各种信息中介、区域交易及管理服务平台，促进生态产品价值实现。二是生态价值实现模式创新。以开放理念、创新思维，将生态价值主动融入新业态新模式发展浪潮，主动对接以"互联网+"、O2O等为代表的线上服务新模式，以产业数字化、数字产业化和虚拟产业园、产业集群等为代表的数字经济新动能，以微商、直播、副业创新、多点执业等为代表的新个体经济等。

7.7 小结

产业要素是产业发展过程中最活跃的部分，是产业发展的基础，也是推动产业发展高度进步的源泉。本章分析了当前产业要素中的人力资源、农村土地、资本存量、金融、技术在我国的现状，同时将生态保护融入产业发展过程中，倡导长期持续的产业发展模式，在要素的考虑上注重地区的生态价值。在下一章节中，将重点分析我国不同的产业发展模式，并结合相关的案例体现其可行性。

8 产业扶贫在不同领域的模式与案例

8.1 农业

8.1.1 农业与乡村振兴

农业在乡村振兴发展过程中占有重要地位。2020 年实现全面脱贫之后，做好脱贫攻坚成果与乡村振兴的有效衔接问题成为党和国家工作的重点内容。我国是农业大国，农业资源丰富，农业是乡村振兴战略实施过程中的重要抓手，具有极大的发展潜力和前景。

8.1.2 推进农业现代化

加快实施农业现代化的重要意义。实现农业农村现代化是国家现代化的重要组成部分，也是国家现代化的重要标志。现代化进程中城镇的比重上升、乡村的比重下降是客观规律。不管工业化与城镇化发展到哪一步，农业都要发展，乡村不会消亡而是会长期存在下去，城乡将长期共生并存，这也是客观规律①。我国拥有 14 亿人口，要实现社会主义现代化的目标，就不能有城乡差距问题。正如《中共中央关于制定国民经济和社会发展第十四个五年规划和二〇三五年远景目标的建议》明确提出，"十四五"时期，要"加快农业农村现代化"。

农业现代化的核心发力点。要发挥农业现代化主导产业的核心优势，优化产业的空间布局，构建现代农业经营体系，构建现代农业支撑体系，延伸农产品价值链，加快农产品品牌建设，推动农业产业模式实现创新发展。

---

① 本书编写组. 党的十九届五中全会《建议》学习辅导百问 [M]. 北京：人民出版社，2020：10.

8.1.3 农业扶贫模式

以作物的形成环节为出发点，重点关注农业种植栽培技术的普及和推广。作为农业大国，我国农户的种植栽培技术水平大多还停留在使用传统的农耕技术上，各环节使用农业技术的程度低，一方面是农户考虑到成本问题，另一方面也由于外界先进的技术设备设施普及度低、覆盖面不广，不能很好地落实到农村尤其是相对贫困的地区。农业技术的普及不仅对种植栽培环节有所裨益，大大提高了种植效率，同时在提高最终产品的质量上发挥出极大的作用，标准化和规范化的运作，保证了产品的质量水平，能够提升产品的价值，达到农户增收的目的。中化集团是我国最大的农业投入品和现代农业服务一体化运营企业，在乡村振兴中扮演着农业"国家队"的重要角色，该集团公司董事长、党组书记宁高宁以集团旗下开发的 MAP 助力乡村转变农业扶贫模式。从 2017 年开始，中化集团就已经在全国十多个农业县开展了 MAP 模式的试点工作，为近百万的耕地提供了现代农业综合的解决方案。通过 MAP 模式的落地，在试点地区加快转变农业发展，构建现代农业的生产、经营体系，农产品的有效供给实现了农民持续增收和农业科学持续发展，提供了一个有利的尝试和建设的范本[①]。

生产运营环节，多主体合作的模式：通过建立农村合作社、"农户+企业+政府+金融机构"等形式，推动农业产业发展。在过去，农户种植主要是为了满足自身需求，解决家庭温饱问题，过剩的作物才会考虑进一步的市场交换，换取经济利润。随着生产力水平的提高，农户的产能也随之增加，便开始考虑更大产能和规模的市场贸易交换问题。在这个过程中有两个突出问题引起农户的关注：一是关于作物规模效益问题，作物种植面积越广，平均成本就越低，还可以增加作物的种类，抵御自然风险所带来的经济损失；二是产品销路问题，有了一定量的产品，农户还要考虑后续的确定性销路。在这个过程中，政府、企业、金融机构发挥了极其重要的作用。政府提供政策支持，在税收、减免、补助等环节惠农，各企业与农户签订长期合作协议，设立农业园区等，满足企业的产品需要。银行等金融机构在涉农贷款问题上给予各类优惠政策，降低利息和担保要求，等等。

产品最终形成，配送到市场。这一阶段可以考虑产品的深度加工，延伸产业链，提高产品的最终价值。同时，在当前产品市场极度丰富的时代，供给过

---

① 宁高宁. 以 MAP 转变农业扶贫模式 [J]. 农经，2018 (3)：12.

剩，消费者面临越来越多的选择，为了打造更具发展前景的产品，可以致力于打造特色农产品品牌，结合当地地域特色，突出产品优点，以高的品牌价值实现更高水平的增收。最后，社会组织、企事业单位、高等院校等积极践行社会责任与担当，为国家乡村振兴战略发展过程中需要帮助的贫困地区产品给予直接支持，可以通过购买贫困地区的产品等方式，解决农户的销路问题，促进农业持续发展。

8.1.4 案例——多彩贵州新未来

贵州省作为我国脱贫攻坚的重点对象之一，在减贫道路上精锐出战，取得了相当不错的成绩，连续四年脱贫攻坚成效考核被国家评为第一方阵，66个贫困县全部脱贫摘帽，书写了中国减贫的贵州篇章，为其他省份树立了榜样。在上交了脱贫攻坚这份优异成绩之后，贵州省持续发力，响应党和国家提出的乡村振兴战略，做好脱贫攻坚成果与乡村振兴的有效衔接，大力推进农业现代化，大力发展产业，以产业振兴带动乡村振兴的全面发展。

贵州省农业农村厅厅长杨昌鹏说："省委的规划建议明确了，农业现代化是贵州高质量发展的主攻方向，'十四五'时期要以高质量发展为统揽，以乡村振兴为抓手，以市场需求为导向，在做大产业规模，优化品种结构，培育市场主体，强化科技支撑，提升质量效益等6个方面继续发力，强力推进农业现代化实现新的突破。"

贵州省安顺市农业现代化发展的初次探索。在国家和地方政府一系列措施的推动下，安顺市解决了过去农业发展过程中的"有"与规模化的问题。当下，安顺市农业的核心发力点在于如何促进农业现代化这一问题，着力于提升产品的附加价值和生产效率，延长产业链，完善农产品品质，发展产品品牌，

贵州省从江县融入现代化农业系统，打造百香果产业示范区，实现产业兴旺发达。与传统的农业生产种植不同，从江县的百果园生产基地引入现代化农业技术，该配套系统能够控制大棚内的温度、湿度、水肥以及滴灌系统，大大提升了农业的生产效率。从江县县长周哲云表示：在2021年，要以龙头企业带动乡村产业发展为出发点，促进从江县百香果种植面积达到四万亩，推动农村一二三产业融合发展，巩固拓展脱贫攻坚成果，带动乡村全面振兴。

贵州省科技厅厅长廖飞表示，要善于使用变革性技术改造传统产业，特别是针对大数据、人工智能这样的一些变革性技术，将这些与传统的机械化的工作要求相嫁接，使得分布在各地的农田可以实现信息化联网，发展出包括无人农场等一些新的业态，实现高效协同种植。贵州省农业科学院助力农业持续高

效发展。科学院结合贵州当地的现代山地特色高效农业的实际情况，与国家"十四五"规划中提出的相关布局充分进行融合，为贵州新品种的选育、新技术的开发，系统地开展研究和规划，同乡村振兴进行有机衔接。

大力发展立体农业，深入推进乡村振兴。所谓立体农业是指充分发挥好种植空间的一种种植、养殖方式，具有高效安全、因地制宜等特点，是我国农业产业发展的新趋势。贵州省遵义市红花岗区深溪镇以店子坝区产业结构调整为突破口，大力发展"藕+"产业，形成立体式农业发展格局，促进当地农民稳定增收，深入推进乡村振兴战略。在藕田里养鱼虾，一方面鱼以藕田里的杂草、昆虫以及浮游生物为食，为藕的种植提供了良好的生长环境；另一方面，鱼虾的排泄物也为藕的成长提供了天然的绿色肥料，滋养了莲藕的生长，这样一来，既节约了资源，又增加了收益。在莲藕产品的销售方面，深溪镇通过成立农业合作社，建立了集农资供应、产品代销、技能培训等为一体的多元供销服务体系，确保莲藕产销精准对接市场，莲藕订单销售额年均达750万元。深溪镇相关负责人说："深溪镇的莲藕种植涉及店子坝区总共有420余亩，目前采取订单式销售为主，主要销往城区的超市和农贸市场，通过这种销售模式，畅通了销售渠道，目前就避免了滞销的这种情况。"

8.2 工业

8.2.1 工业扶贫模式探讨

工业作为第二产业，是我国产业的重要组成部分，对于促进产业的发展具有重要的积极作用。当前，我国还存在相当一部分地区工业产业发展范围和规模小的问题，第一产业的比重较大，不利于我国经济的全面持续发展，为此必须要加快推进工业在我国特别是乡村地区的建设，以工业产业带动乡村产业的深入发展，助力乡村振兴发展新进程。

"就业+产业"扶贫模式，打造持续"造血"功能。目前，随着我国工业化进程的加快，工业体系逐步呈现出区域性转化的趋势，为我国产业扶贫困境提供了新的发展思路。在工业领域，主要通过"产业+就业"的模式助力乡村振兴，引导产业发展。当地农户可以选择同时从事非农生产工作，拓宽收入渠道，在增加收入的同时也增强了农户抵御经济风险的能力。与此同时，这一模式很好地解决了农户的就业问题，也提升了农户的技能水平，积累经验、资金、技术，为自主创业或自主经营提供支持，实现真正意义上的"造血"功能。这类基于地区优势而长期培育起来的工业产业集聚形成的需求既能带动当地发展，也可以向周边辐射，增加周边区域居民财富，实现区域脱贫[1]。

"政企农"多主体结合的模式摆脱了过去依靠单一主体生产的困境，将企业、农户、政府结合，延伸产业链，将工业因素融入进来。这一模式的开展可以通过"企业+农户+基地""企业+农户+品牌""扶贫车间"等具体路径实现。其中，企业与农户、基地相融合的扶贫模式是在社会主义经济体制的基础上建立起来的，是将政府、农民、集体联系在一起，形成一条完善的产业链，这种扶贫模式包含企业、政府和农民三个层次结构，是促进农村经济发展的有效手段。以企业为主导，充分发挥企业的资金优势、人才优势和技术优势，构建一个完善的农业生产基地，由农民负责种植农作物[2]。

通过工业产业扶贫完善基础设施建设，增加要素补给，助力乡村振兴。工业产业除可以直接为农户提供就业机会，创造工作岗位之外，还可以在要素补给方面发挥关键作用，通过在基础设施上的建设，以助力水利、电力等形式，增加农户的生产要素补给，解决发展产业过程中的资源短缺问题。

8.2.2 工业产业扶贫案例

工业产业助推要素供给。在沙漠腹地、楼宇外墙、农家鱼塘，一块块光伏"蓝板板"，将清洁电力送向千家万户，成为老百姓的"阳光存折"。光伏扶贫项目是我国"十大精准扶贫工程"之一，多地区以"光伏+"开启乡村振兴"快进"模式。

阳山县的光伏扶贫项目实践探索。广东省阳山县是全省扶贫攻坚的主战场之一，贫困程度深，扶贫开发具有复杂性、艰巨性和长期性。阳山县地处广东北部，以山地为主，山地面积达到了全县总面积的90%，是典型的喀斯特地貌，有"九山半水半分田"之称。尽管阳山县自然资源丰富，生态公益林面积位于广东省第一，著有"全国森林旅游示范县"之称，但大山造成了村与村之间的隔阂，村落十分分散，没有太多的联系，交通不便，难以集约土地，农村发展活力不足，土地贫瘠更是加剧了这一贫困现状。

总结分析经验教训，大胆尝试光伏扶贫。自全面开展精准扶贫工作以来，黄浦区与阳山县委县政府深入研究国家扶贫政策，注意到了国家相关部委大力推行光伏扶贫项目的相关信息和导向，多次赴京，争取在阳山县开展光伏扶贫

---

① 秦宇，钟群英.工业发展如何破解产业扶贫的困境?：基于南康家具产业"产业+就业"扶贫模式的研究 [J].企业经济，2020，39（12）：131-139.

② 谭惠.雅安市"政企农"新型工业企业扶贫模式研究 [D].雅安：四川农业大学，2018.

项目的相关部门的支持，将光伏产业引入阳山县，使得阳山县成为全国第一个在非国定贫困县享受国家光伏扶贫政策的县。光伏产业是扶贫举措的一个创新尝试，对于广东省而言，光伏产业相对滞后，暂时没有相关的成功经验可以借鉴学习。为此，针对阳山县特殊的地理位置和实际情况，黄埔区分管区领导严志明亲自率领考察团队前往因光伏扶贫而受到中央部委"点赞"的安徽金寨县进行学习。经过多次的科学论证，最终确定在阳山县试行光伏产业。团队在充分吸取金寨县光伏电站成功建设的基础之上，制定出了一条适合阳山县的光伏电站建设方式。确定方向后，扶贫工作组快马加鞭落地落实项目。原黄埔区派驻阳山扶贫工作组组长瞿桂宗说："从立项、找地、报批、设计、招标、建设到验收等层层关卡，只用了不到4个月的时间，就实现了第一个发电站的并网发电，这几乎是不可能完成的任务。"黄埔区和阳山县委县政府仅用了一个半月的时间就完成了对107个拟定地块的筛选，六个月完成了项目备案、选址租地、建设运营、发电收益[①]。

在光伏电站的建设过程中，异地光伏模式为首创，这种模式是针对既没有荒坡，也没有滩涂，受到环境限制的贫困村，利用"异地借光"的模式，在黄埔区建设"异地光伏"扶贫电站，当前已建成2个电站。目前，阳山县建设光伏扶贫电站共计14个，光伏产业建设工作总投资超过2亿元，总装机容量约30.5兆瓦，稳定为每个贫困人口年增收入达3 000~3 500元、每个村集体经济增收10万元[②]。全部电站于2017年6月30日前实现并网发电。截至2019年7月，发电量近5 650.4万度，创收5 537.36万元，为贫困户带来人均7 035.15元红利。其中在小江村、沙寮村以"一村一站"方式建设光伏扶贫电站有2个；村与村之间的互帮互助：在七拱镇、太平镇、杜步镇等贫困村采取"联村合站"的方式建设光伏扶贫电站10个；资源相对丰富的帮扶单位在自筹资金中投入1 084.3万元为19个村购买光伏容量1 549千瓦，预计年增收130多万元；同时，各帮扶单位也积极筹集资金为各帮扶村入股小水电，促使贫困户、贫困村增加收入，确保每条贫困村集体年均收入14万元以上。光伏产业的"输血"扭转了阳山县贫困村的村集体脆弱的局面，为其之后引入主导产业、开展民生工程建设打下了坚实的基础。

以工代赈，创新赈济模式。以工代赈是国家通过促进地区农户就业的方式，帮助农户增收，实现"造血式"帮扶的一种方式。当前，在全面乡村振

① 黄思好，彭军. 光伏产业成为扶贫新"名片"[J]. 源流. 2019，(3)：18-19.
② 方怡晖. 阳山：光伏产业扶贫效果显著[J]. 小康. 2019，(32)：26-28.

兴战略的实施背景下，国家大力推进以工代赈的产业发展模式，不少地区抓住国家以工代赈巩固脱贫攻坚成果衔接乡村振兴试点工作机遇，积极探索创新发展路径。2020 年，陕西省白河县结合当地实际，发展出了一条"山上建园区、山下建社区、农民变工人"的脱贫致富路。这一路径的落实表现为"四位一体"的赈济新模式，即"产业发展配套基础设施建设+劳务报酬发放+资产折股量化分红+就业技能培训"。该赈济模式的实施依托于中央投入以工代赈资金 832 万元，省级以工代赈资金 260 万元，社会投资 928 万元，实施了天宝梯彩农园乡村旅游国家以工代赈试点项目，极大改善了园区基础设施条件，有力促进了乡村旅游发展，实现群众持续稳定增收，点亮群众致富"长明灯"①。除了白河县，广西田东县通过探索"农村产业发展配套基础设施建设+劳务报酬发放+就业技能培训+资产折股量化分红"的赈济模式，多渠道带动农村劳动力就近就业增收，壮大了村集体经济，有力推动了产业高质量发展②。

8.3　旅游业

8.3.1　旅游业与乡村振兴

乡村旅游指的是以具备乡村性的自然环境和人文客体为浏览的吸引物，依附乡村区域的天然环境、美好景观、建筑文明等资源，在传统的乡村休闲游和乡村体验游的基础上，开发拓展会务度假类、休闲文娱类等项目的新兴的特色旅游模式，乡村旅游业可以在具有多彩的历史文化遗产、特色自然景观和乡村休闲旅游资源的众多特色乡村中发展③。乡村旅游能够充分激活乡村特色优势资源，发挥出资源优势，引导乡村经济向城市靠拢，带动经济发展，为我国乡村振兴注入新的发展动力，催生出新的发展业态，同时还解决了乡村村民的就业问题，起到优化产业结构、振兴乡村经济的作用。

---

① 资料来源：振兴司，2020 年国家以工代赈试点典型案例之三 陕西白河县：创新以工代赈赈济模式 发展产业巩固脱贫成果，https://www.ndrc.gov.cn/fggz/dqzx/tpgjypkfq/202106/t20210615_1283236.html,2021/06/15

② 资料来源：政研室，【2020 年国家以工代赈试点典型案例之四】广西田东县：以工代赈促农就业助力乡村产业振兴，https://www.ndrc.gov.cn/fzggw/jgsj/zys/sjdt/202106/t20210615_1283290.html,2021/06/15

③ 邓润芝，李妍，曾子默，等.探究乡村特色旅游业对乡村振兴发展的影响 [J]. 农业开发与装备，2020 (1)：51-52.

全国政协委员、洛阳师范学院院长梁留科表示，乡村旅游对乡村振兴至关重要，体现在多个方面：一些旅游资源丰富的乡村通过发展旅游业，实现了三产融合及产业结构优化升级；一些乡村以发展旅游业为契机，提升了基础设施，改善了人居环境①。同时，要注意旅游与生态相辅相成，没有良好的生态，乡村旅游就无从谈起，发展乡村旅游可以推动当地更加积极地保护生态环境，是将"绿水青山变为金山银山"的一个很好渠道，也是真正能让百姓受益、持续发展的较好途径。

8.3.2　旅游业扶贫模式

景区牵引模式。当前不少地区开始探索新的产业发展路径，依托当地特色优势资源和地理区位，打造独具特色的景区产业。景区牵引扶贫模式，即依托存量景区的提升和增量景区的打造，促进景区周边地区或景区内部的贫困村交通设施优化和生活环境改善，当地贫困人口通过餐饮住宿、景区工作、供应农牧产品、旅游商品销售等方式实现脱贫，一般包括国家 A 级景区、风景名胜区、森林公园、自然保护区、湿地公园、地质公园、旅游度假区等类型。景区牵引扶贫模式的典型优点就是有益于贫困地区开展项目招商，从而吸引大企业、大投资，有利于解决资金、市场、管理等方面的问题，能够迅速有效地改善贫困地区居民的生产生活条件，有利于贫困地区的社会稳定及发展②。

乡村旅游模式。与景区模式不同，乡村旅游关注的是游客对乡村田园生活的向往。这类地区常常具备田园风光优美、生态环境良好、民俗风情独特、乡村历史文化遗产丰富等特点。这一模式的开展需要做好规划设计，明确总体定位与乡村形象的打造，在顺应市场总体发展方向的同时，做好产业转型升级，融入土地租赁与入股、人才人力支撑、技术支持等项目，使收入渠道更加多元化。

"产业园区+旅游"。这一模式将传统的单一发展经济途径即产业园区与第三产业有效结合，致力于开发更大的经济效益。产业园区一般涵盖了农业产业园、工业园区、文化产业园区、科技创业园区等，产业园区的对外开放符合新时代下人们对乡村美好生活的向往、对物质生产与精神文化的追求，以新的体验和形式满足人们的多元化需求。这不仅促进了产业园区的高质量发展，以高标准完善生产运作过程，同时也带动了当地经济的发展。与此同时，与旅游业

---

① 资料来源：发展乡村旅游 助力乡村振兴，https://www.sohu.com/a/299171082_100292663?sec=wd

② 谢清丹. 苍溪县旅游扶贫模式研究 [D]. 成都：成都理工大学，2017.

的结合有效促进了一二三产业的融合发展，提升了产业链上的附加价值，增强了抵御经济风险的能力。新的模式也起到了吸引外资，优化投资环境，促进创业与就业的作用。

8.3.3 念好"山水经"，铺就富民路——义县旅游业的发展

辽宁省锦州市义县重视第三产业的发展，进一步发掘旅游资源，激活旅游市场，丰富旅游产品，壮大旅游产业融合发展。义县地理位置优越，历史文化底蕴丰厚，每年都能够吸引成千上万名游客前来旅游观光。近年来，辽宁省锦州市义县旅游产业不断发展壮大，在传统旅游项目和新兴的乡村旅游带动下，旅游人次和收入持续走高。义县坚持将旅游发展与脱贫攻坚同步规划、一体推进，以"旅游+扶贫"为着力点，将生态优势与乡村振兴相结合，催生出了景区带村、"企业+农户""合作社+农户"等旅游扶贫典型模式，"绿水青山成了金山银山"，昔日的贫困县，如今已形成以医巫闾山、辽西故道、大凌河、亿万年的古生物化石为代表的"一山一水一石"旅游格局，一幅文旅富民的画卷徐徐展开。

义县依托独特的资源优势，创新活动载体，打造乡村旅游产业品牌。文化旅游产业影响着一个地区的整体实力，是地区的"软名片"。义县以主题活动为平台，展示传统文化，销售农副产品和旅游纪念品，让游客在浓厚的传统文化氛围中观光游览，感受不一样的出游体验。与此同时，积极推出民俗文化节系列活动，如奉国寺春节庙会、非遗节目展演、风筝节、攀岩节、乡村旅游季等具有特色的文化旅游活动，全力打造"辽西故道 神奇义县"旅游品牌，进一步拓展义县的旅游知名度和美誉度。其中，奉国寺入选中国世界文化遗产预备名录，巫闾山被打造成为品牌建设特色旅游目的地。巫闾山依托绝佳的自然岩壁资源，被评为中国体育旅游精品景区，成为辽宁省攀岩队自然岩壁训练基地。闾山攀岩节是义县精心打造的另一个旅游品牌，通过举办攀岩比赛、航拍比赛，以及健身登山、观赏梨花、体验民俗、畅游古迹等活动，展示义县山、水、石、城的自然风光和义县人民奋发向上、热情好客的精神风貌①。义县瓦子峪镇碾盘沟村党支部书记张海峰说："我们计划将家门口那座寸草不生的石头山变成攀岩活动的最佳场所，可刚开始发展乡村攀岩旅游的时候，村里人害怕投资风险太大，参与的积极性不高。身为一名共产党员，必须起到模范带头作用，我率先搞起了农家旅舍，还说服村民一起参与。"

---

① 念好"山水经"铺就富民路 [N]. 辽宁日报. 2021-05-13.

义县借助上级资金政策，不断完善景区景点和周边基础设施建设。将滨河路纳入全省旅游交通规划，修建从卧佛山温泉养生园区到凌海市交界处 30 千米道路硬化工程，投资 5 000 万元对稍石线 18.7 千米道路进行了拓宽改造升级，为构建大旅游格局，提升域外游客旅游到达率奠定了基础。

义县利用现有的自然资源，不断加大招商引资力度。深入开发乡村旅游，全力打造休闲、会议、娱乐、观光、农事体验、购物、民俗文化艺术推广的多功能乡村旅游项目，使乡村旅游根植乡村，与农业生产、农村风貌、农村生活深度融合，激发乡村经济活力，让村民通过身边的资源在家门口就有稳定的收入，端上"铁饭碗"，吃上"旅游饭"[1]。

2020 年，义县陆续开发了忘忧谷生态休闲农庄、韩家大院旅游发展有限公司两个新项目，致力于将山、水、林、田和民间文化等融入旅游当中，增添乡村旅游产业的活力。

8.4　产业融合

8.4.1　背景与意义

姜长云[2]认为农村一二三产业融合通过拓展产业范围、延伸产业链，产业功能转型，使得农村一二三产业间融合渗透、交叉重组，带动资源、技术、要素等优化重组，形成新技术、新业态、新商业模式，带动农村产业布局的优化调整。

2015 年中央一号文件提出"推进农村一二三产业融合发展"，为我国农村经济发展明确了方向。2016 年中央一号文件提出"推进农村产业融合，促进农民收入持续较快增长"[3]，具体明确了推进农村一二三产业融合发展的目标任务和举措。2017 年中央一号文件对"壮大新产业新业态、拓展农业产业链价值链"做出重要部署。党的十九大提出"促进农村一二三产业融合发展，支持和鼓励农民就业创业，拓宽增收渠道"，从而进一步指明，要实现乡村产

---

① 资料来源：义县旅游业继续保持稳步发展，http://www.v0416.com/article/article_3611.html

② 姜长云. 推进农村一二三产业融合发展的路径和着力点 [J]. 农业经济研究，2016 (9)，页码不详.

③ 中共中央国务院. 中共中央国务院关于落实发展新理念加快农业现代化实现全面小康目标的若干意见 [M]. 北京：人民出版社，2016：1.

业振兴，关键在于走好产业融合发展的道路①。当前乡村振兴战略背景下，对于农业农村经济发展的新要求，迫切需要加快农业转型升级，进行资源、技术、要素的优化重组，实现产业的跨界融合。因此，农业与第二、三产业融合是时代发展的需要，是破解"三农"难题的有效手段，是实现农业现代化的有效途径，是实施乡村振兴战略的重要推动力②。

8.4.2　产业融合模式

产业融合的实践在于解决乡村产业发展过程中的难点与重点内容，以降低农业生产成本、提高农业的经济效益、提升农户的收入水平为出发点，开发二、三产业，探索多元化的乡村产业发展路径，从而达到拓宽农户收入渠道的目的。产业融合发展的模式从不同的角度有不同的划分标准，从产业角度来分析，产业融合模式可分为产业渗透、产业交叉和产业重组三种类型；从农村一二三产业角度来分析，主要表现在农业产业链的延伸型、先进技术渗透型、产业交叉型融合发展③。

农业产业链延伸型。农业产业链延伸型融合以农业作为源头向前延伸，由此可以进一步细化分解为一二产业融合、一三产业融合及一二三产业融合。以农业为核心，以农产品加工为引领，向产业链条前后延伸，将种子、农药、肥料供应与农业生产连接起来，将农产品生产、加工制造、销售及休闲农业、乡村旅游等相关服务业连接起来，实现农业产供销一条龙、农工贸一体化，延长农业产业链，提升农业价值链，提高农业附加值，不断增加农民从农业产业中获取的收入。

先进技术渗透型。这一模式主要指的是先进技术在农业产业链条中的扩散和渗透，包括信息技术、物联网、大数据、云计算等，在这一过程中改变农业产业链条。当前我国农业发展还没有很好地跟上和融合信息技术的发展速度，技术的渗透程度低，停留在被动融合阶段。农业产业与先进技术之间快速融合发展，催生出了农业"新产品"与"新业态"，改变了农业产业的营销模式和服务质量。

产业交叉融合发展。即农业与其他产业交叉融合发展的过程，跨越传统的农业发展边界，与其他产业相互作用改变产业链条。这一模式最具代表性的就

---

① 国务院关于促进乡村产业振兴的指导意见.

② 张晓燕. 乡村振兴战略下农村一二三产业融合发展研究 [J]. 安徽农业科学, 2020, 48 (7): 272-273, 276.

③ 谭明交. 农村一二三产业融合发展：理论与实证研究 [D]. 武汉：华中农业大学, 2016.

是产业与旅游业的融合发展，开发打造景区、乡村旅游、产业园区引领等。

8.4.3 产业融合助力乡村振兴

第一产业与第三产业的融合发展。2017 年，江西省于都县潭头村立足地区优势，开发红色资源，实现了脱贫"摘帽"。为了实现长期持续的产业发展，2019 年，以农业和旅游业相结合为契机，潭头村成立了旅游开发有限公司，吸纳全村 6 个村民小组、162 户村民入股，每户出股金 2 000 元，打造集特色农产品展销、休闲采摘、农事体验等于一体的乡村旅游；同时与智恒研学教育服务有限公司合作，主要经营"富硒宴"特色农家乐、土特产销售、民宿与红色研学旅游项目。据统计，2019 年，全村仅学生研学和党政干部红色教育培训项目，就接待游客 10 万人次①。

绿色食品一二三产业融合以绿色食品生产为基础，集绿色食品的种植（或养殖）、加工、休闲、消费、旅游于一体，充分展现环境保护、可持续发展理念以及标准化生产模式，建设具有一定规模、管理规范、运营良好、效益显著、示范带动性强的绿色食品产业园区②。绿色食品一二三产业融合发展的重点是第一、二产业与第三产业之间的融合，使绿色食品不单是局限在生产环节和生产加工环节，而要适当进行前后延伸、左右拓展，形成与贸易流通、生资服务、休闲旅游、金融服务和电子商务等有机整合、紧密相连、协同发展的生产经营方式，使融合发展的园区，既能提供绿色优质产品，也能使园区功能多样、业态丰富、产业间利益联结紧密，在这个过程中充分发挥了绿色食品的自身优势③。

2016 年，绿色食品一二三产业融合园区在全国 9 个园区启动试点创建工作，融合园区涵盖蔬菜、水果、茶叶、菌类的种植、加工、旅游、文化、销售，一二三产业总值合计 19.37 亿元④。通过近两年的实践探索，在助力乡村振兴、拓展产能空间、延伸产业链、丰富业态、推广标准化等方面进行了有益尝试。

---

① 政研室，红色旅游发展案例 | 新时代下"红色旅游+"的新路径探索——江西省于都打造中央红军长征集结出发地红色旅游发展典型案例 https://www.ndrc.gov.cn/fzggw/jgsj/zys/sjdt/202106/t20210615_1283294.html,2021/06/15

② 马爱国. 当前我国发展绿色食品和有机农产品的新形势和新任务 [J]. 农产品质量与安全，2017（2）：

③ 宗锦耀. 农村一二三产业融合发展理论与实践 [M]. 北京：中国农业出版社，2017：3.

④ 张会影，杨玲，赵辉，等. 绿色食品一二三产业融合助力乡村振兴的实践探索 [J]. 安徽农业科学. 2019, 47（8）：259-261.

河北省鸡泽绿色食品（辣椒）一二三产业融合发展园构建"农业产业化联合体"，以省级农业产业化龙头企业为核心，吸收下游企业、合作社和家庭农场19家经营主体组建了"鸡泽辣椒产业联合体"，通过联合经营、风险共担的模式，建立了由合作社、家庭农场辣椒种植，辣椒加工企业收购加工，上下游企业（农资经营）负责农业投入品及产品销售的利益联结机制，促进了一二三产业的紧密结合，保障了椒农种植收益。

浙江松阳绿色食品（茶叶）一二三产业融合发展园以绿色食品原料标准化生产基地为依托，全力做一二三产业融合项目和其他产业规划的衔接，重点打造"茶园基地+养生度假"为核心的生态产品体系和以"文化创意+运动休闲"为核心的文化产品体系两大核心体系，拉出了"一线（一二三产业融合发展主线）、一城（松阳古城）、一镇（茶香小镇）、一村（100多座风貌完整古色古香的传统村落）、一带（松阴溪绿道慢行带）、一心（大木山景区为核心）+N（302家茶宿、农家乐）"的茶旅产业融合发展格局。这种新型产业模式把茶产业与乡村旅游、生态文化串联在一起，既推进松阳老城省级旅游风情小镇和茶香小镇建设，打造茶购茶食茶演综合体，又是茶资源、茶产品综合利用的新方式，催生新的产业和新的经济增长极，实现农业"接二连三、隔二连三"全产业链发展，获得更大的产业链增值空间。

8.5 小结

这一章节以产业为划分标准，对农业、工业、旅游业以及一二三产业的融合发展模式进行了分析，并结合相关的案例进行了进一步的理解。农业方面，农业产业发展的模式主要考虑作物生产运作的过程来探索其扶贫模式，其中包括了技术的普及、多主体合作模式以及深度加工，延伸产业链三种类型；工业方面，一是"产业+就业"的扶贫模式，通过工业产业促进农户就业，二是"政企农"多主体合作的模式，三是以工业设施助力要素补给的模式；旅游业方面，可以分为景区式牵引、乡村旅游以及"产业园区+旅游"三种产业发展模式，挖掘第三产业的附加价值；最后一类产业融合发展，以第一产业为立足点，探索农业产业链延伸型、先进技术渗透型、产业交叉融合发展三种模式。通过对不同产业发展模式的分析，找到乡村振兴发展的新思路和新举措，为产业扶贫提供持续动力和方向。

9 产业扶贫与乡村产业振兴探索

本章主要总结现阶段产业扶贫和乡村产业振兴的发展状况，主要从三个方面展开：首先是模式探索，主要讨论现阶段主要实施的产业扶贫和产业振兴的模式；其次是绩效研究，即对现阶段产业扶贫和产业振兴的绩效进行一个初步的分析总结，找到影响绩效的各种因素；最后是问题研究，总结当前存在的问题和隐患。我们将利用本书第四章提出的框架来展开，并在第十章提出有关于应对策略的讨论。

9.1 模式探索

目前关于产业扶贫和乡村产业振兴的模式探索是实践和研究的主要领域之一。现阶段出现了各种各样的产业（扶持）发展模式，这些模式在经营主体、要素整合、组织结构以及发展绩效等方面都存在较大的差异。产业扶贫和产业振兴都需要探索地方政府、企业和农户三者之间如何有效组织，并建立起长期稳定的生产销售循环。从目前的研究进展来看，很多学者对产业扶贫和产业振兴模式进行了分析（对乡村振兴模式的研究是基于产业扶贫模式探索的，以下主要从产业扶贫模式角度出发进行阐述），但是多数存在问题。问题一是对产业扶贫模式的分类存在随意性，并没有从明确的理论框架出发来形成分类，主要表现在分类众多，并没有体系化。比如林万龙等（2018）根据产业扶贫对贫困人口的作用机理，区分了产业发展带动扶贫模式、瞄准型产业帮扶模式和救济式产业帮扶模式；修兴高（2018）则跟随一般文献所提到的基层组织带动模式、龙头企业带动模式、合作社带动模式和能人带动模式等；李志萌等（2016）则根据产业特性区分了"龙头企业+合作社（基地）+贫困农户"、"金融服务+"、"特色旅游+"、"互联网+"、移民搬迁进城进园等模式；白丽等（2015）在龙头企业带动型模式下，又详细划分出龙头企业订单模式、产业化扶贫模式和松散的购销带动模式，并分析不同模式的利益联结机制；最近的陈天祥和魏国华（2021）在探索产业扶贫模式中分类主要包括政府主导、企业主导和混合模式三种类型，主要从市场和主体关系来讨论；冯子纯和李凯杰（2021）在分析"政银企+N"资产收益扶贫模式运行机制基础上，揭示了基于金融创新和产业发展的新型发展模式实现农户脱贫和乡村振兴的机理。问题二是这些模式研究缺乏从逻辑上进行一般化抽象的过程，分析的"模式"主要是基于某一特定现象进行的总结，这表现在分类研究主要讨论的是产业扶贫模式的某一个侧面的特征，比如"龙头企业+""金融服务+""特色旅游+""互联网+"等分析。

根据第四章的研究，本章主要从要素使用、经营主体性质、市场化程度等三个角度来进行分类。这里参考曾庆捷和牛乙钦（2019）的研究，结合本书的研究框架：要素的使用包括了农村产业发展的核心要素的利用形式，这就涉及劳动力参与（农户和管理者），要素的整合（主要是土地资源、金融资源等）；经营主体性质就涉及地方政府和其他市场主体的权力配置问题，即谁来经营，这是产业扶贫模式重点；最后是市场化程度问题，农村产业化早期是在政府和其他组织扶持下形成的，目标是形成市场化的自主产业发展，这个过程就是从政府到市场的转变，这种转变意味着如何利用现有的资源进行市场化。

根据上述分析，本章对产业扶贫模式的分类就是集体经营、企业经营、混合经营。这三者主要从要素所有权和经营特征进行区分，集体经营是有集体来进行要素整合和经营，另一个极端就是完全的企业经营，中间模式就是混合经营。

9.1.1 集体经营模式

农村的集体经济组织建设是乡村振兴的重要内容，也是乡村振兴的重要载体。集体经营模式的定义是，村集体自发成立生产合作社或有限责任公司，由村集体自营，利润由村集体共享。一般情况下，村集体原先就拥有较多集体土地，只需要再流转部分农户土地就能建成大规模的产业基地。首先，本章主要关注的是土地要素，实际上集体经营模式还需要结合地方政府对村集体进行公共产品的必要供给为前提，这就需要村集体具有良好的公共基础建设；其次，集体经营还需要要素补充机制，这就需要村居两委能够配置具有管理经验和能力的人力资源"要素补偿"，这在现实中一般是通过"第一书记"或者大学生"村官"等制度进行实践的。

具体来看。从要素上我们关注人力资本、金融以及土地三个方面；在人力资本方面，集体经营主要通过"干部市场"（详见第4章）来进行要素补偿，这方面表现为通过中国共产党基础组织来进行。《中国共产党支部工作条例（试行）》明确提出"村党支部要组织带领农民群众发展集体经济，走共同富裕道路"。从目前的研究来看，主要是大学生"村官"制度以及基础党员组织等路径通过"干部市场"来进行人才要素的补偿配置。在乡村振兴阶段，金融大学生"村官"就是具有代表性的制度安排，金融大学生"村官"制度作为金融扶贫体系的一环发挥了特殊的作用。在新的历史条件下，金融大学生"村官"制度切实承载起服务实体经济、支持乡村振兴的作用。

案例9-1 选派村官助力乡村振兴[①]

2021年6月，祁门县委组织部与祁门农村商业银行共同选派60名金融大学生"村官"到村任职村党组织书记助理或村委会主任助理，担负起宣传金融政策、服务创业就业、助力产业发展、优化信用环境，协助派驻村开展乡村振兴、基层治理等工作。据了解，选派金融大学生"村官"，目的是推动金融人才服务基层，为农村群众普及好政策、参谋好产业、解决好问题。为发挥好金融大学生"村官"的作用，推进乡村振兴战略全面实施，县委组织部与选派单位祁门农商银行要求被选派的金融大学生"村官"要主动担当、履职尽责，积极落实派驻金融大学生"村官"的工作职责，尽快调整思维、转变角色，加大对"三农"的信贷支持，全面提升农村地区支付服务水平，营造良好的农村金融生态环境，更好地推动金融服务下沉、助力乡村振兴，形成农业兴、农村旺的乡村发展新局面，以金融的力量全方位助推乡村产业振兴。

2021年6月，宜都农商行选派的近百名"金融人才"正式驻镇进村，贴身服务村民，把金融资源和服务送到百姓身边，为有效衔接乡村振兴提供有力的金融支持。金融大学生"村官"进村入户不仅可以让村民在家门口享受贴心优质的金融服务，更能融入乡村基层治理中，为乡村振兴引入"金融活水"。本次选派的87名金融大学生"村官"，一人负责2~4个村（社区），进驻全市123个行政村和32个社区，采取坐班走访制，解决基层金融服务力量不足、群众联系不紧密、政策落实不充分等问题。同时，从宜都农商行选派的10名"金融助理"也将到各乡镇、街道全脱产挂职，围绕巩固脱贫攻坚成果、整村授信、信用创建、产业扶持等方面，促进支农政策全面落地，更好地推动

---

① 资料来源分别是：http://ah.sina.com.cn/news/2021-06-13/detail-ikqcfnca0744691.shtml；https://baijiahao.baidu.com/s? id=17047146262986764448&wfr=spider&for=pc；桑任庚.金融村官与村委行长联姻：联出大作为 [J]. 中国农村金融，2021（3）：60-61.

金融服务下沉、助力乡村振兴，形成农业兴、农村旺的乡村新局面。

在产业扶贫和产业振兴过程中，青海农信建立"双基联动"合作贷款模式，实现金融大学生"村官"与村委行长"联姻"，共同助力农牧民增收、村集体发展、农牧业壮大。2016年6月，中国人民银行批复青海省开展普惠金融综合示范区试点工作。青海成为全国第一个省级普惠金融综合示范区试点省份。青海农商银行系统作为地方性金融机构，始终秉承"立足县域、服务'三农'"的根本宗旨，坚持"青海农商姓党"的政治属性和"青海农商姓农"的生命属性，充分发挥党建工作的"红色引擎"作用，建立"双基联动"合作贷款模式。截至目前，青海农商银行系统累计建立"双基联动"办公室3 231个，覆盖全省79.21%的行政村，"双挂"人员达4 442人，惠及65.91万户农牧民和社区居民，系统解决了农村信贷信息不对称的问题，推动金融服务下沉到农牧区。

任天驰等（2021）通过实证研究来考察这种"要素补偿"制度对产业扶贫和发展的影响，基于全国第三次农业普查10 700个村级样本，运用了PSM模型进行实证分析，在"村官—村落"层面综合考察了大学生"村官"对农村"产业发展、环境保护、公共设施建设以及集体经济"四个维度的影响，结果表明：一方面，大学生"村官"的在岗工作显著影响了村庄发展，并主要通过促进"产业发展""公共设施建设"以及"集体经济增长"的方式助力于国家乡村振兴战略。另一方面，基层党组织和居委会等也是人才要素的补偿供给渠道。根据中国政府对基层党组织在带领乡村产业振兴中的定位安排，农村基层党组织是党执政的"终端"，是农村群团组织、经济合作社等各种组织和工作的领导核心。加强农村基层党组织建设，发挥政治优势、组织优势，成立集体经济发展合作社，发挥支部战斗堡垒作用，以"党组织+产业"的方式带动集体经济发展，有利于集中智慧、凝集力量谋发展。集体经济的壮大与发展是需要一定的环境条件作为支撑的。集体经济的发展环境不是三言两语就可以打造出来的，基层党组织可以从软环境和硬环境两个方面进行打造：在软环境打造方面，基层党组织通过召开以发展集体经济为主题的干部工作会议、开展以致力于集体发展为主题的特色活动，将共同富裕的意识和发展壮大集体经济的实际成果当作提升基层党组织干部工作水平的新的衡量标准，培养基层党组织发展壮大集体经济的信念和斗志；硬环境设计方面，基层党组织的职能应具有为集体经济发展而服务的积极性（崔云娜，曲展，2018）。

案例 9-2　基层党组织振兴集体经济[①]

山东省东营市垦利区充分发挥各级党委统筹作用和村党支部引领作用，试点推行并深化拓展"村党支部领办合作社"模式，发展壮大村级集体经济。截至 2020 年 9 月，垦利区已培育试点"村党支部领办合作社"70 家，涉及种植、养殖、旅游、加工等各个领域，累计入社成员 5 293 人。各村党支部立足资源基础与产业现状，因地制宜领办了不同类型的合作社。比较典型的有土地入股型和专业经营型两种。一是土地入股方式，由村党支部创立合作社，农户以土地承包经营权入股，入社土地由合作社统一耕种或承包、租赁给企业或大户经营。农户可享受土地流转收入，还可得到务工获得的劳动收益。二是混合型（见后文 9.1.3 节论述），即建立合作社与专业机构合作，根据本村产业优势和特色，创建合作社，在引进产业、推广技术、示范带动方面发挥作用，通过产业经济效益的提升增加村集体收入。

平塘县塘边镇新街村着力加强基层党建工作，通过"基层党建+集体经济"工作模式，不仅建立、做强了一套班子，还有效推动了村集体经济的快速发展，实现村级产业从无到有，促进群众致富增收，助力乡村振兴。2018年，新街村新组建两委班子，成立村股份经济合作社，将群众土地进行流转，因地制宜调整传统产业结构，发展百香果产业，村里实现了致富产业"零"突破。2019 年新街村两委通过多方谋划，决定引进外来企业入驻新街村，采取"支部+公司+产业+农户"的发展模式，依托 500 亩坝区优势，大力发展茭白、菊花等产业。在百香果、茭白、菊花等产业的支撑下，新街村合作社得到快速发展，村集体经济也得到不断积累，2020 年村集体经济突破了百万元大关，群众得到了好收益。

很多地方政府鼓励集体经营模式。2021 年芦山县飞仙关镇飞仙村获市财政发展村级集体经济奖励。2020 年，为推动全市村级集体经济增量提质，提升各级党组织和广大党员群众发展村级集体经济的积极性，市政府制定印发《雅安市发展村级集体经济财政奖励办法（试行）》，市财政每年拿出资金 100万元，用于奖励发展集体经济成效显著的村（社区）。2020 年，全市共评选奖励先进村（社区）60 个，最高奖励 6 万元。

---

① 资料来源：https://new.qq.com/omn/20210718/20210718A06KWF00.html；包乌兰托亚，李中华. 村党支部领办合作社发展集体经济的实践探索与思考：基于山东省东营市垦利区的调查 [J]. 中国农民合作社，2021（7）：65-68. 以及 http://sc.people.com.cn/n2/2021/0709/c345458-34813004.html。

在金融要素方面，将金融与产业扶贫相结合，对激发扶贫内生动力、提高产业扶贫"造血"功能意义重大。金融是现代经济的核心，金融助力产业扶贫对深化县域金融改革、建设普惠金融体系具有重要意义。从产业扶贫到产业振兴阶段都需要解决金融问题，在产业扶贫阶段主要发展普惠金融和财政扶持资金，随着产业扶持转向产业振兴，金融普惠显得更加重要。中共中央、国务院印发的《乡村振兴战略规划（2018—2022年）》就提出"加大金融服务农业农村力度，健全适合其特点的农村金融体系"。2019年1月五部门联合发布的《关于金融服务乡村振兴的指导意见》强调要"深化改革创新，建立完善金融服务乡村振兴的市场体系、组织体系、产品体系，促进农村金融资源回流"。因此，对农村普惠金融的关注就成为焦点，主要问题就是要着力解决我国农户和新型农业经营主体信贷可得性不足、商业可持续性不够、信用信息体系建设不完善等掣肘金融服务乡村振兴的问题，补齐短板，切实提高农村金融的均等化、便利性，提升农民金融获得感。

案例9-3　金融扶持玉屏油茶产业发展①

根据刘四黑等（2020）关于金融支持玉屏油茶产业发展的研究报告，在脱贫攻坚的大背景下，玉屏金融机构依据中国人民银行等七部委《关于构建绿色金融体系的指导意见》、贵州省人民政府办公厅《关于加快绿色金融发展的实施意见》《贵州绿色产业扶贫投资基金设立方案》和《贵州绿色产业扶贫投资基金管理办法》，利用资金、资源、信息平台等方面的优势，通过地方政府、龙头企业和产业主体融合发展，发挥油茶产业长效持续收益的特点，解决油茶产业发展中的资金瓶颈问题，探索了一条金融支持油茶产业精准扶贫的新路子——"玉屏油茶扶贫模式"。一是围绕国家产业政策和贵州省油茶产业规划，选准金融重点服务的油茶产业为对象，以县国有企业贵州黔玉油茶开发有限公司为载体作为受信企业，一期受信额度3.3亿元，建设油茶产业链条。二是利用项目财政资金，主要用于产业扶贫、产业建设、科技研发、基础研究等。

金融机构根据油茶特性和收益期长的特点，因地制宜，量身定做信贷产品，满足产业链上下不同环节信贷需求。针对油茶企业前期基地建设及加工生产设备和研发投资大、回报周期长的特点，提供中长期贷款资金支持，贷款期限长为十年，并向企业提供短期流动资金。"玉屏油茶模式"是国家产业政策

---

① 刘四黑，杨明，丁健，等. 金融支持油茶产业扶贫的玉屏模式与成效初报 [J]. 贵州林业科技，2020，48（3）：51-56.

引导、地方政府扶持，以金融机构支撑农村油茶产业扶贫为主体的结果，形成集种植、加工、运输、销售及科研各个环节于一体的油茶产业链。使行业龙头企业迅速发展，带动农户加入现代农业产业体系，通过参与油茶的种植、生产等，获得利益分红、劳动就业、发展产业等长期稳定收入，实现乡村产业振兴和产业脱贫。

最后是土地要素，集体经营模式的优点在于通过基层党组织和农民容易形成土地统一的、大规模的流转，为产业发展提供必要的土地规模。农户一般以农村土地经营权作为股权参与到集体经营模式当中。这就是案例9-2中提到的土地入股方式。2018年农业农村部、发改委等6部委联合发布《关于开展土地经营权入股发展农业产业化经营试点的指导意见》①。根据该文件，"土地经营权入股发展农业产业化经营……，是促进农业适度规模经营、实现小农户和现代农业发展有机衔接的重要途径。党的十八届三中全会明确提出，允许农民以土地承包经营权入股发展农业产业化经营。"2015年、2016年中央一号文件进一步要求"引导农民以土地经营权入股合作社和龙头企业""引导农户自愿以土地经营权等入股龙头企业和农民合作社，采取'保底收益+按股分红'等方式，让农户分享加工销售环节收益。这种方式主要是让农户能够以土地入股合作社或者农企，并以此为依据参与利润分红。这种模式解决了几个重要的问题：一是激活土地资本，让农户能够将自己的土地经营权资本化，让农民分享农业全产业链利润，拓展农民财产性收入来源。二是土地集中连片，实现规模化经营、标准化生产，便于培育开展适度规模经营的龙头企业和农民专业合作社，为其发展提供物质条件，便于促进农户、家庭农场、龙头企业、农民专业合作社之间构建优势互补、利益共享、风险共担的联结机制，促进适度规模经营的长期稳定，实现小农户和现代农业发展有机衔接。"

案例9-4　土地入股让村集体经济"活"起来②

志丹县张渠便民服务中心积极推进农村产权制度改革，盘活农村土地资源，以土地入股的方式带动农民发展产业，增收致富。王明富是张渠便民服务中心李渠村果业种植户，任村党支部书记后，通过走访得知村上有100多亩果园没人管理，于是村上便以每亩300元承包了104亩撂荒园，发展苹果产业为村集体经济注入活力。为充分调动群众发展苹果产业的积极性，张渠便民服务中心除加大技

① 文件详情见：http://www.moa.gov.cn/xw/zwdt/201901/t20190120_6170381.htm。
② 资料来源：https://www.sohu.com/a/337252656_120207419；http://www.cpad.gov.cn/art/2016/5/12/art_5_49648.html。

术指导、资金投入外，还在李渠村和贺渠村推行"集体+农户"模式，村委会以资金入股，农户以土地入股，同时农民可自己投劳记工，见利后，按入股百分比和记工情况进行分红。贺渠村村民解学林就是其中的受益者。

图们市月晴镇水口村通过土地流转集约化经营，组建全州首家股份制专业农场，盘活了村集体经济。水口村现有耕地150公顷，村民86户、305人，朝鲜族人口占98%，全村170个劳动力有135人外出务工。由于外出务工人员多，人口老龄化严重，大量耕地闲置，村级集体经济积累和经营性收入空白。在2010年后，该村确定了"盘活土地资源，发展新型农业"的发展思路，收回对外承租土地，组建全州首家便民粮食种植专业农场，实行股份制经营模式，由村级集体领办创办，村民通过自愿的方式以土地入股，通过统一采购生产资料、收购、销售农产品等方式，实现统一经营管理，有效提升了土地效益的最大化。专业农场与参股经营的农户签订土地流转合同，高于市场价承包土地，10年一期，每3年调整一次承包租金。通过三年的努力经营，村民全部自愿参股经营，全村150公顷耕地都由专业农场经营，已形成土地租金、惠农补贴、劳务工资、效益分红4种增收新模式。水口村的这种集体创办、股份制经营、自愿参与、效益分红的"家庭式"产业经济发展模式，在缓解了土地分散经营难题的同时，更让农民切实感受到新农村建设的成果。2010年，全村农民人均纯收入达8 700元，村级集体经济经营性收入突破5万元，村级集体经济积累达270万元。

9.1.2　企业经营模式

企业经营模式主要是将农村集体的要素资源由企业来整合经营。具体而言，村集体将集体用地流转给企业，或由村两委居中协调将农户个体土地流转给企业。企业全权负责产业的经营、管理，每年给予村民一定数量的土地流转费，同时向村集体缴纳土地租金、管理费等。这种模式经营主体变成了企业，不再是集体。企业通过自身资金、技术、渠道等优势，结合贫困地区资源禀赋及发展需求，在国家政策鼓励引导下参与产业扶贫，是其积极履行社会责任，获得社会认可，提升自身声誉的有效途径，因此有大量企业参与到产业扶贫当中（房莉杰、刘学，2020）。该模式下贫困户的收益主要源自三个方面：第一，贫困户转让自己的土地承包经营权以换取租金收入；第二，贫困户到产业基地工作，赚取工资收入；第三，贫困户在劳动过程中获得技术培训，掌握更丰富的生产技能（曾庆捷、牛乙钦，2019）。这种模式将经营风险转移给企业，因此可以保障农户的租金收入。这就需要企业具有良好的经营能力，以弥补村集体在管理水平和市场信息获取上的缺陷。

案例 9-5　企业经营模式①

湖北省 A 县某村在驻村书记的带领下，吸引外地老板到本村投资。农民先将土地流转给村委会，村委会再将其流转给老板，并建起了数百亩的苗木基地。老板与村集体签订了 30 年的合同，每年向集体上缴 5 万元收入。每户农民从土地流转中获得的月租金最高可达 2 300 元，同时贫困户可以到苗木基地工作，务工收入每月可达 1 000 多元。苗木基地到 2018 年为止已经带动了该村22 户贫困户的就业。由于基地的经济效益，村集体年收入可超过 10 万元，村民从土地流转租金和务工中获得的总收入可超过 40 万元。

2012 年易县政府规划紫荆关片区发展食用菌产业，利用海拔高、气温低、昼夜温差大、硬杂木丰富等资源优势，发展中低温型香菇种植，取得了极其突出的成效。目前，该片区种植食用菌达 2 000 万棒，流转土地 1 500 亩，实现产值 1.2 亿元，不仅使贫困农户走上了脱贫致富的道路，而且成为河北省食用菌产业发展的典型。易县食用菌产业化发展成功的关键是创建了"三位一体、六统一分"的产业化扶贫模式。"三位一体"是指企业、农户、政府部门，依托产业园区形成紧密型的利益联合体。产业园区是载体，通过土地流转，规划功能区域；企业是龙头，集资金、技术、信息、产品营销于一身，主要负责产前服务（流转土地和建棚）以及产后销售加工，并通过吸纳农户进入园区生产，助力扶贫。农户是种菇的主力军，主要负责产中出菇管理和采摘工作，获得报酬收入；政府是负责整合相关资源，做好服务保障工作。"六统一分"是指在生产过程中，企业统一组建大棚、统一采购原料、统一引进菌种、统一制作菌棒、统一技术指导、统一分级销售，菇农分户管理。农户的收益既与自我管理下的出菇品质挂钩，又离不开公司整体资金、技术的投入以及销售管理等环节的运作；而公司的利润既依靠本身大规模生产带来的规模效益，也离不开农户的细化管理带来的香菇品质的提升，双方形成了紧密的利益共同体。

企业经营模式在现实实践过程中存在多种形式，有经纪人带动、专业市场带动、中介组织带动和龙头企业带动等多种形式。主要是龙头企业带动模式和

①　曾庆捷，牛乙钦. 乡村治理中的产业扶贫模式及其绩效评估 [J]. 南开学报（哲学社会科学版），2019（4）：87-96.

白丽，赵邦宏. 产业化扶贫模式选择与利益联结机制研究：以河北省易县食用菌产业发展为例 [J]. 河北学刊，2015，35（4）：158-162.

杜园. 易县食用菌产业组织模式研究 [D]. 石家庄：河北农业大学，2015.

专业合作社带动模式（白丽、赵邦宏，2015）。

还有一类特殊的模式是"企业经营与公益行为"融合的模式。这种模式主要是一些大型公司对贫困地区产业发展扶持，带有一定的经营性和公益性。一方面，企业利用自身经营优势，更有利于提高公益项目的效率；另一方面，经营行为与公益行为的结合可以降低企业的公益成本。比如房莉杰和刘学（2021）提到的四个民营企业的案例分析：京东电商扶贫、腾讯为村、恒大产业链扶贫及碧桂园绿色产业扶贫这四个案例。以京东为例，京东作为生产链的中间环节，一端连接贫困地区的龙头企业，另一端连接电商平台背后广阔的消费市场。这一链条的通畅与牢固紧紧依靠京东电商平台的影响力：在消费端，京东集团2017年的交易总额（GMV）累计近1.3万亿人民币，巨大的流量入口，可成倍扩大贫困地企业潜在用户市场；在生产端，截至本书2018年调查的时候，京东已跟贫困地区的上千家龙头企业建立了稳定的合作关系。京东为使贫困地区当地特色优质产品能销往外地，一方面建立"扶贫特产馆"，通过京东平台向全国市场介绍和销售；另一方面，由于京东自营销量远大于其入驻商户个体，京东自营直接从贫困地区采购农副产品，在京东平台销售。

一些企业也通过其特殊的背景和能力来讲自身发展与贫困地区的产业资源相结合。比如孟庆杰和王苏芳（2021）研究了安徽京九丝绸股份有限公司带动桑蚕产业发展的过程，他们发现京九丝绸公司带动产业发展采取的以联合体组织打造企业生态圈、以品牌化运营打造产品生态圈、以复合式循环打造产业生态圈等措施，推动了区域经济发展，促进了生态环境保护，解决了农村社会问题，带动了群众脱贫致富，实现了经济效益、生态效益、社会效益、扶贫效益的"四赢"局面。圣农集团从2015年来时参与产业精准扶贫，圣农集团在探索扶贫工作的道路上，尝试将产业链的某一环节延伸给需要扶贫的村；圣农集团投资40亿元建设圣农产业集群，为村民们提供了收入来源，村民们也借此发展服务业、种植业脱贫致富[①]。

9.1.3　混合模式

这种模式并不是完全将要素交给企业来经营，而是通过建立合作社或者示范基地等方式来组织农户进行生成、销售等，一般企业并不进行大规模流转农户土地，而是通过建立生产示范基地、专业合作社的形式鼓励和吸引农户统一

---

① 资料来源：圣农集团的创建者因此获得了全国脱贫攻坚奉献奖，https://baijiahao.baidu.com/s？id=1681111490292805300&wfr=spider&for=pc。

种植某类特定作物，农户收获的作物由企业负责统购统销。

这类混合模式在现实中表现为"集团经营"+"公司经营"两种属性的组合。具体来看，这种模式中农村集体和农户积极参与经营，但是同时引进商业企业和高新技术；比如垦利区村党支部领办合作社的案例（包乌兰托亚、李中华，2021）。截至2020年9月，垦利区已培育试点"村党支部领办合作社"70家，涉及种植、养殖、旅游、加工等各个领域，累计入社成员5 293人。另外，专业合作社也是通过类似的模式组建的，一般由专业大户或村委会等机构组建合作社，通过吸纳农户入社，实现农业产业化经营。最后，还有一类混合模式是企业主导的，一般是企业将经营权下放给农户，这种模式更多地被看作企业经营模式。因此这里我们主要关注前两类混合模式。

案例9-6　混合模式下的产业扶贫[①]

大方县好山珍生态农业合作社，采取"公司+合作社+基地+农户"的经营模式。一方面，合作社与贵州乌蒙腾菌业有限公司、大方县九龙天麻开发有限公司等知名天麻经营企业订立产前契约，签订稳定购销合同，成为其天麻初级农产品的生产基地，从而为合作社生产的优质天麻产品提供了稳定的销售途径。另一方面，合作社对社员生产进行"五统一"，即统一生产标准、统一管理、统一采收、统一加工和统一销售，实行标准化、组织化生产，以提升天麻的出产质量。在此基础上，合作社进一步建立了天麻、冬荪的销售实体店，采取专业化管理的方式运营，以进一步开拓市场，发展特色品牌。

好山珍合作社高度重视先进生产技术引进和定期进行技术培训。合作社与贵州省农科院、贵阳中医学院、大方冬荪学会、贵州省天麻产业联盟等单位建立友好合作关系，每年聘请技术专家累计服务30天以上，为项目区农户制订定期培训计划，提升其生产技术水平与经营素质。

在合作社产业管理方面，好山珍合作社建立了较为完备的管理制度，能够充分发挥成员代表大会、理事会、监事会的管理职能，代表村民意志，实现民主管理。合作社产权较为明晰，做到与村集体经济、龙头企业等领办主体在财务、管理、经营和项目上的"四个分开"，明确成员资格界定，明确合作社理事长的实际控制人身份。同时，建立健全成员个人账户，准确量化成员出资额、公积金份额，并列出与本社的后期交易量（额）等内容。

---

① 朱佳，张正岩，韩丹，等.连片特困地区特色产业建设策略研究：以大方县好山珍生态农业合作社为例［J］.中国经贸导刊（中），2021，4（7）：44-45.

我们发现在实践中还存在一种合作社的联盟或者由地方政府主导建立产业基地的案例。这种模式这里也归结为混合模式，其主要特征就是政府主导建立产业基地或称为产业示范区来进行统一的经营管理，这种模式本质上还是混合经营，不同的是地方政府参与度更高，并且在打造地方产业品牌、形成规模效应等方面更具优势。

案例9-7 产业扶持基地和园区建设①

（1）拜泉县创建食用菌产业园。拜泉县省级食用菌现代农业产业园位于拜泉县境内，总面积5 000亩，覆盖13个乡镇，主要产业为香菇、黑木耳、滑子菇、灵芝等，种植面积2 500亩，种植香菇、滑子菇、黑木耳等近4 000万袋。园区有2家龙头企业入驻，其中鑫鑫菌业被评为省级农业产业扶贫龙头企业。2020年园区已形成了"龙头企业+合作社+基地+订单农业"发展格局。产业园总产值4亿元，共带动13 000多人就业，人均增收700元。产业园与企业重视品牌打造，建立了省级互联网+农业高标准核心示范基地。

（2）射洪舍得酿酒专用粮特色产业园。2021年遂宁射洪舍得酿酒专用粮特色产业园建设一年来，达到3万亩酒粮种植面积、1.4万吨酒粮产量、6.89亿元园区总产值。2020年度四川省10个乡村振兴先进县（市、区）之一的射洪市，重点打造酿酒专用粮特色产业园，以"高标准""示范性""试验田"为标准，以"产联式"合作社为纽带构建乡村产业振兴新路径。酒粮基地形成了"舍得酒业下订单、农投公司搞管理、村股份联社搞组织、农民搞生产、合作社搞农事服务"的合作模式，企业按订单直接收购，解决了产业发展过程中，种植管理销售脱节、不畅通的问题。

在其他原粮生产区，组建村级"产联式"合作社，吸纳有意愿的村民、种植大户、新型经营主体，在村集体的统一组织下参与标准化种植。目前已建成14个合作社，辐射54个农业经营主体，带动2.4万名农户参与酒粮种植。

这三种模式主要是从现有的实践当中抽象出来、基于本书的论述框架总结的。在现实中可以看到多种多样的实践模式，但是总体上都可以归纳为以上的三种类型。这些不同类型模式具有不同的属性，因此具有不同的适用范围，在一定程度上不同的模式需要与农村产业发展基础相适应，这就要考虑到乡村产业的"要素基础、潜在的市场规模、公共品供给"三个维度的具体情况而定。因此，在考察产业

---

① 资料来源："小蘑菇"擎起"大产业"：拜泉县创建食用菌产业园纪实 [J]. 黑龙江粮食，2021，4（3）：39. 以及 http://www.snxw.com/ztbd/tpgjjztp/tpxwbd/202106/t20210615_732827.html。

扶贫的绩效过程中有必要区分不同模式下的绩效，在下一节中，我们将首先从整体上论述目前的产业扶贫绩效背景和现状，然后分不同模式进行讨论。

9.2 绩效研究

目前关于产业扶贫的绩效研究鲜有全国范围的实证分析，主要是通过案例分析和调研来进行微观研究和绩效评估，然后结合全国和行业数据来进行阐述。因此本节主要采取案例比较分析，总结当前整体以及不同产业扶持模式下的短期绩效。

9.2.1 产业扶贫的整体情况

从整体上看，产业扶贫阶段的努力确实取得了显著的成果。根据全国层面的《中国农村贫困监测报告》数据，图 9-1 显示了从 2012 到 2019 年的贫困地区的农村贫困人口分布情况，可以看出所有的贫困地区都按照一定计划进行匀速减贫工作。使得全国贫困发生率从 2012 年的 10.2% 下降到 2019 年的 0.6%。

2012—2019年贫困地区贫困人口走势图

━▲━ 云南　━○━ 内蒙古　━┼━ 吉林　━◆━ 安徽　━✳━ 甘肃　━□━ 西藏

图 9-1　2012—2019 年贫困地区贫困人口走势①

---

① 数据来源：基于《中国农村贫困监测报告》（2011—2020）整理。其中"贫困地区"主要是指 2014 年以后贫困发生率大于 0 的地区。

从收入结构上看，经过上一个阶段的精准扶贫工作，贫困地区的农民年收入从 2012 年的 6 886 元增长到 2019 年的 11 684 元，年均增长 11%。图 9-2、图 9-3 根据《中国农村贫困监测报告》整理出了 2012—2019 年的贫困地区农民收入的结构，可以看出，尽管各地区农民收入结构存在差异，但是收入大体上主要来自三个部分：工资收入（34%），经营收入（40%）和转移支付收入（24%），而财产性收入占比仅为 2% 左右。前三者收入占贫困农民收入的 98% 左右。

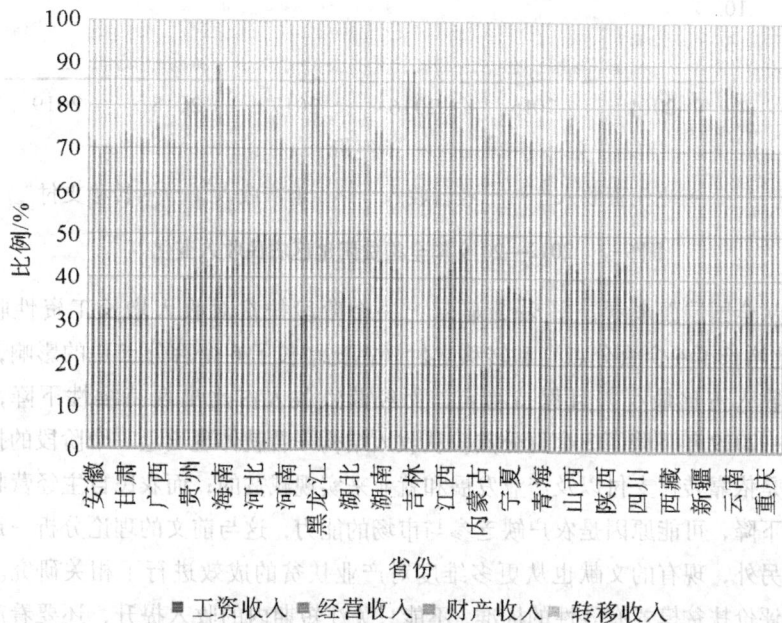

图 9-2　2012—2019 年贫困地区农民收入结构①

————————

① 数据来源：基于《中国农村贫困监测报告》(2011—2020) 以及 CNRDS 数据库整理。

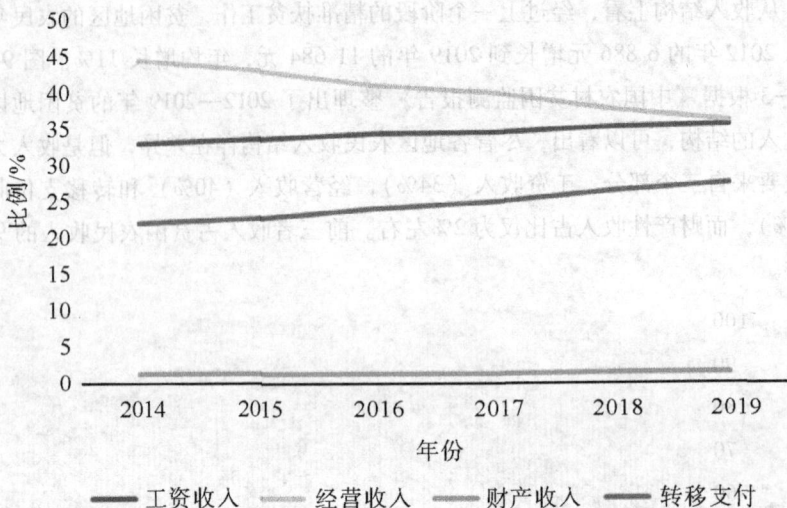

图 9-3 2012—2019 年全国贫困地区农民收入变化①

从全国层面来看，图 9-3 显示上一个阶段扶贫对收入增长工资性收入（占比增长了 4 个百分点）和转移支付（占比增长了 6 个百分点）的影响，财产性收入占比最小并且保持稳定，而经营性收入占比出现持续性下降，从 2014—2019 年下降了 3 个百分点。从收入结构来看就体现出上一个阶段的扶贫主要是依靠转移支付以及产业发展和就业来实现减贫的；而农民自主经营收入占比下降，可能原因是农户缺乏参与市场的能力，这与前文的理论分析一致。

另外，现有的文献也从更多维度对产业扶贫的成效进行了相关研究。首先，评价扶贫模式有效性的标准，不能只关注短期内的收入提升，还要看产业发展能否长期地、可持续地改变贫困户的生存状态。基于案例分析提炼出产业模式和扶贫绩效之间可能的因果关系，可以为定量绩效评估提供理论准备。许多研究人员就上个阶段的产业扶贫绩效评估提出了建议，比如周子渝等（2019），杨小燕和柳志（2021）。但是这些建议一般都是理论探索并没有实证经验。但是基本上都会涉及产业扶贫最关心的几个指标，比如资金效率和贫困农户收入两个主要指标。

其次，在整体评价方面主要是小样本调研。比如周子渝等（2019）就对某一个县的产业扶贫绩效做了评估，他们设计了包含产业扶贫的精准性、资金效率和农户收入等指标体系。他们通过 TOPSIS 法对调研数据进行分析，发现

----

① 数据来源：基于《中国农村贫困监测报告》（2011—2020）以及 CNRDS 数据库整理。

从整体来看，会同县各乡镇扶贫工作开展得较好。在资金效率方面，马宁等（2019）以河北省为例，利用 DEA 模型测算 14 个贫困县产业扶贫资金绩效，再运用 Tobit 模型分析各要素对产业扶贫资金绩效的影响。结果表明：河北省产业扶贫资金效率总体处于有效，特色种植产业投入、特色加工产业投入和资产收益项目投入显著影响产业扶贫资金绩效。

在全国层面上，陈耿宣等（2019）从收入角度研究了 2015—2017 年精准扶贫政策绩效，基于中国家庭金融调查（CHFS）数据发现农业产业收入显著增加，人均收入增加 49.0%。对收入结构的进一步研究表明，农户的收入增长主要来源于农业经营补贴和农业经营收入。张正尧等（2018）结合国家统计局、国务院扶贫办相关数据，建立农业产业扶贫评价指标模型，并对产业扶贫成效进行定量分析。结果表明，当前农业产业扶贫工作取得积极进展，扶贫成效不断显现，帮扶措施更加合理，但资金的使用效率逐年下降。目前王立剑等（2018）从更多的维度对产业扶贫的绩效进行了综合评估。

王立剑等（2018）首先借鉴国际多维贫困指数评价方法及相关研究文献，以陕西省为例从经济状况、生活水准以及精神依赖三个维度构建产业扶贫结果变量指标体系，测量产业扶贫效果；借鉴 SPO 理论与 RHB 模型，从个人因素、精准识别以及配套措施三个方面提出产业扶贫效果协变量指标体系，用以测量选择性偏倚。其次，按照建立倾向得分概率模型、均衡性评价、处理效应估计以及敏感性分析的标准程序处理陕西省贫困调查数据。研究发现，陕西省产业扶贫总体效果有限，且该结论得到不同匹配方法的验证，均衡性较好，研究结果不敏感。具体而言，陕西省产业扶贫效果在一对一匹配下，人均年增收入 1 510 元；产业扶贫对农村贫困户生活水准提升没有显著效果，对精神依赖改善同样没有显著效果；贫穷系数、劳动能力、技能培训、产业适应性以及基础设施状况是影响贫困户参与产业扶贫的五个显著因素。现行产业扶贫难以覆盖极端贫穷的贫困户，家庭劳动能力强的贫困户更倾向于参加产业扶贫，接受技能培训的贫困户更倾向于参加产业扶贫，得到金融支持的贫困户更倾向于参加产业扶贫，基础设施不完善的村庄贫困户更倾向于参加产业扶贫；相较于产业适应性强的地区，产业适应性一般地区的贫困户更少参与产业扶贫。表 9-1 罗列了部分地区产业扶贫的项目和成效。

表 9-1　产业扶贫阶段部分地区的产业扶贫绩效

地区	绩效	资料来源
四川	截至 2017 年，产业扶贫带动 70 余万贫困群众	四川省农业厅
河北	2016 年预计带动 72 万贫困群众脱贫	河北日报
重庆	实施产业扶贫项目 5 432 个，带动 34 万贫困群众	重庆市第四届人大代表会议
贵州	实施生态家禽、蔬菜、茶、食用菌等农业产业带动 84 万贫困群众	贵州省农业厅
山东	实施特色产业扶贫项目 36 个，带动贫困群众 56 万人	大众网

最后，从产业发展角度来看，产业扶贫阶段为乡村产业发展积累了相关的产业要素基础，并且刺激了产业发展。图 9-4 选择了代表性贫困省份在农村的水电投资额，可以看到在上一个以产业扶贫为主的扶贫阶段，在农村进行了大量固定资产投资。从家庭抽样调查来看，同样可以看到，这些省份的农村家庭也持续积累了相应的产业固定资产，比如从甘肃省农村家庭所拥有的拖拉机数量从 1995 年的 13.89 台/百户增长到 2012 年的 28.44 台/百户，增长了一倍；而广西这一数据从 5.37 增长到了 18.83，增长了三倍多①。

图 9-5 根据典型贫困省份农林牧渔产业数据阐述了这一情况，这些省份农业产业持续增长，每年保持在 6% 左右；尽管发展慢于第二产业和全国 GDP 增长率，但是对于贫困人口聚集的省份来讲，产业扶贫主要从农业着手，并取得了稳定发展；同时由于贫困省份农村产业基础薄弱，发展相对缓慢，这也是客观规律决定的。

---

① 注：数据来源于农村住户抽样调查资料。

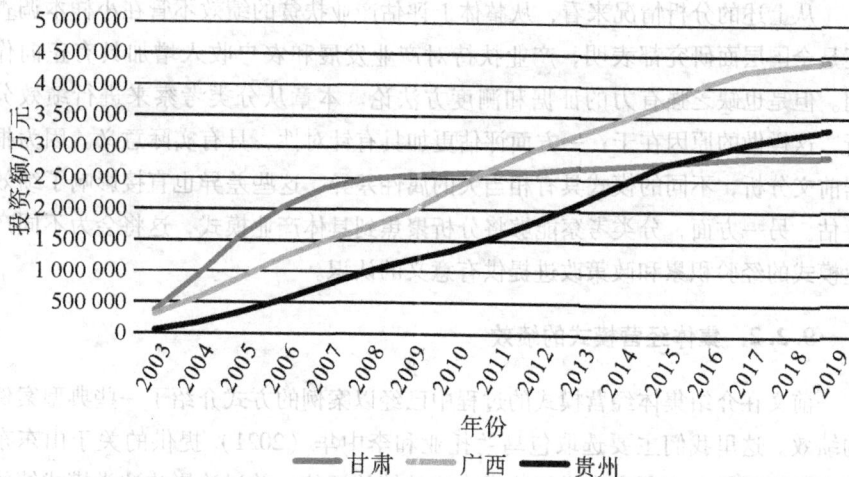

图 9-4　农村水电建设累计投资（2003—2019 年）①

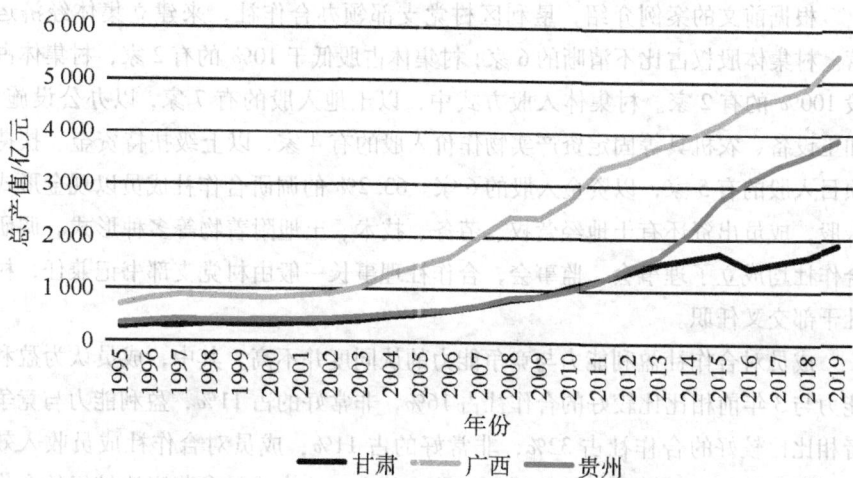

图 9-5　农林牧渔产业总产值（1995—2019 年）②

---

①　注：农村水电建设数据由水利部农村水电及电气化发展局提供。农村水电是以小水电为主体，直接为农村经济社会发展服务的水电站及其供电网络。2008 年起，对农村水电统计范围进行了调整，有关数据做了相应调整。

②　注：根据第三次全国农业普查结果，2007—2017 年农林牧渔业总产值进行了修订。2003 年以后，农林牧渔业总产值包括农林牧渔服务业产值。2003 年起执行国民经济行业分类标准，总产值包括农林牧渔服务业产值。2012 年起执行新国民经济行业分类标准。

从上述的分析情况来看，从整体上评估产业扶贫的绩效不管在小样本调查还是全国层面研究都表明，产业扶持对产业发展和农户收入增加具有正向作用。但是也缺乏强有力的证据和测度方法论。本章从分类考察来进行绩效分析，这样做的原因在于：一方面评估更加具有针对性，具有实际意义。因为根据前文分析，不同的模式具有相当大的属性差异，这些差异也直接影响了绩效评估。另一方面，分类考察能够将分析聚焦到具体产业模式，这将会为不同产业模式的经验积累和政策改进提供有意义的认识。

9.2.2　集体经营模式的绩效

前文在介绍集体经营模式的过程中已经以案例的方式介绍了一些典型案例的绩效。这里我们主要选取包乌兰托亚和李中华（2021）提供的关于山东东营市垦利区的调查研究来进行这类模式的绩效评估，并讨论影响这类模式绩效的因素有哪些。

根据前文的案例介绍，垦利区村党支部领办合作社，来建立集体经济运营。村集体股权占比不清晰的6家，村集体占股低于10%的有2家，村集体占股100%的有2家。村集体入股方式中，以土地入股的有7家，以办公设施、加工设备、农机具等固定资产实物作价入股的有4家，以上级扶持资金、扶持项目入股的有5家，以资金入股的6家。63.2%的调研合作社成员以现金形式入股，成员出资还有土地经营权、劳务、技术、土地附着物等多种形式。调研合作社均成立了理事会、监事会，合作社理事长一般由村党支部书记兼任，村社干部交叉任职。

成员对合作社盈利能力与竞争能力的认同度并不高，其中，成员认为盈利能力与3年前相比比较好的合作社占16%，非常好的占11%，盈利能力与竞争者相比比较好的合作社占32%，非常好的占11%；成员对合作社成员收入效益增长、参与度与认可度的认同较显著，其中，认为成员参与度比较好的合作社占58%，成员认可度非常好的合作社占42%（见图9-6）。

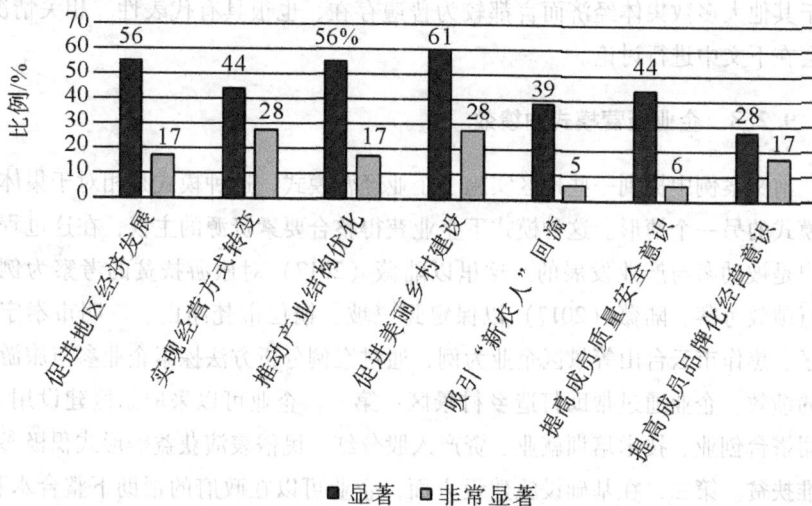

图9-6　合作社盈利能力和竞争能力评估①

作者总结了该经营模式面临的主要问题，包括：思想认识不统一、经营运行不规范、利益机制不完善、内生动能不足、产业持续受限五个方面。首先，思想认识方面，村支部书记等负责人对党支部领办合作社的理解有误区，或者有分歧，在风险意识、责任担当、成员关系、股权结构等问题上没有参考依据，难以达成共识或者做出决策；另外，对基层党组织的政治优势如何体现和发挥作用，兼顾效率与公平等问题上极易出现分歧。第二，经营运行方面，由于缺乏经营专业性和足够经验，往往只浮于形式表面，按照规定要求进行合作社注册和结构设置后，在生产经营、内部管理、激励分配等方面缺少建设性和规范性，导致运营流于形式，实际停滞。第三利益机制方面，对于"利益共享、风险共担"理念认同度不足，对村集体、合作社、专业大户、引进企业、本地农户等如何形成合力的利益联结机制缺乏清晰思路。第四，内生动力方面，尚未形成完善的集体经济自我"造血"功能，合作社多为村党支部书记与相关核心成员共同建设，以扶持资金、流转土地入股，依靠扶持政策维持经营收益，尚未真正形成可独立于扶持资金、扶持政策下的经济效应，农民作为主体自愿参与积极性不高。最后，持续经营方面，缺乏长期打算和发展规划，财政扶持、村企共建等方式解决了启动问题，在后续的规模化建设、市场化发展等方面缺少思路，发展势头差、抗风险能力弱等问题较为突出。上述问题，

① 包乌兰托亚，李中华. 村党支部领办合作社发展集体经济的实践探索与思考：基于山东省东营市垦利区的调查 [J]. 中国农民合作社，2021（7）：65-68.

对于其他大多数集体经济而言都较为普遍存在，也很具有代表性。相关情况，也会在下文中进行讨论。

9.2.3 企业经营模式的绩效

前文案例中提到一些地区实施了企业经营模式，这种模式是相对于集体经营模式的另一个情形。这种模式下企业获得整合要素资源的主权，在这过程中农户是被动参与产业发展的。这里以陆薇（2017）对旅游扶贫的考察为例来进行绩效考察。陆薇（2017）以保定野三坡、铜仁市梵净山、三明市泰宁旅游区、焦作市云台山等景区企业为例，通过案例分析方法探索企业参与旅游扶贫的绩效。企业通过帮助打造乡村景区：第一，企业可以采取景区建设用工、公司搭台创业、技术培训就业、资产入股分红、民俗表演获益等形式积极参与精准扶贫。第二，在基础设施建设方面，企业可以在政府的帮助下整合水利、电力、交通、农业、扶贫、旅游、通信等项目和政策资源，用于贫困地区配套基础设施建设项目和环境美化项目。第三，企业可以通过探索扶贫信贷资金托管模式，创新推出贫困户人、房、地、林资源入股旅游开发模式。这些旅游公司主要在景区进行景点打造、完善基础设施以及改善旅游服务功能方面进行投资。具体地，野三坡对拒马河沿线"破、旧、陋、乱、临"建筑进行了拆除，并采用新中式风格，让野三坡成为别具一格的风情小镇，该景区从原来的4A景区发展成为5A级景区，同时获得国家森林公园、国家地质公园等称号；2017年1月，国家发改委发布了《全国红色旅游经典景区名录》，保定涞水县野三坡景区入选中国红色旅游经典景区名录。类似地，铜仁市梵净山景区依托传统村寨资源，着力将村寨打造成为A级旅游景区，提升村寨品质，分别打造了江口云舍4A级旅游景区，江口寨沙侗寨和印江团龙两个3A级旅游景区，推出了"云中仙舍"等演艺节目吸引了大批游客前来村寨观光、休闲、体验。梵净山于2018年10月17日被评为国家5A级旅游景区、国家级自然保护区等称号，并且在2018年被认定为世界自然遗产。

在扶贫绩效上，第一，拓宽了当地贫困人口的收入渠道。旅游范围的进一步扩大所带来的用工需求也为当地的农民提供了更多的就业岗位，进一步增加了农民的收入，提高了他们的收入水平。第二，改善了当地的基础建设水平，直接改善了当地贫困人口的生活条件。第三，这些发展还为居民提供了就业和创业的机会。

企业经营模式优点是利用了企业经营能力和资源整合能力，快速改变地区产业发展的要素不足问题，以及基础建设供给不足问题，同时也解决了消费市场问题。但是缺点在于贫困人口参与经营的能力和谈判力不足，企业与居民面临各种潜在的矛盾冲突。企业经营模式所面临的主要问题，是产业发展的利益在企业、村集体和农户之间的分配问题。尽管如此，在短期内企业经营模式是同时解决产业发展的所有重要问题的组织方式，因此地方政府也鼓励（奖励）企业进入贫困地区进行投资经营，比如庐山市地方政府会认定农业产业化龙头企业人，并对这些龙头企业进行扶持①。

9.2.4　混合模式的绩效

混合模式介于前面两种模式之间。这类模式主要是企业与集体合作。现实中典型案例就是龙头企业带动或者合作社带动形式。这里以河北省易县食用菌产业发展为例，来考察这类模式的产业扶贫绩效（白丽，赵邦宏，2015）。根据前面的案例介绍，易县食用菌产业发展形成了"三位一体"和"六统一分"的组织形式，通过该组织形式形成了良好的利益链接。农户的收益与自我管理的产品品质挂钩，同时农户需要依赖公司的销售运营和技术投入，公司利益的实现也需要农户参与管理和种植，双方形成了紧密的利益共同体。

易县采用的这种混合模式具有良好的经济效益。一方面，增加了农村土地流转，形成经济规模效应。易县通过支持龙头企业建设生产园区，加速了农村土地流转。天顺林木种植有限公司是易县食用菌产业发展中实力较强的龙头企业，先后投入土地流转资金 100 万元，以每亩每年 1 000 元价格从农民手中流转土地 1 000 亩，建立食用菌生产基地，并组建了 1 000 栋高标准钢架棚免费供农户使用。另一方面，解决了就业问题。易县食用菌产业化发展直接解决了弱势群体的就业问题，提高了农民的收入水平。以紫荆关镇的南款村为例，南款村有农户 380 户，1 208 人，以前该村农户主要种植大田作物，产出只能自给自足。在从事食用菌种植后，100 余户签约了天顺林木种植公司，在技术人员的统一指导下生产香菇，实现了收入的数倍增长；部分年老、病残农民也受雇于签约农户，参与出菇采菇环节，每个工作日领取 50~100 元的报酬，彻底摆脱了完全靠政府救济生存的境况（白丽、赵邦宏，2015）。

随后，百丽等（2015）研究了该模式下农户选择产业组织模式的行为。以河北省 258 个食用菌种植农户为样本，运用二元选择 Logistic 回归模型和解释结构模型（ISM），对农户选择不同产业化组织模式的行为决策、影响因素

---

① 参见：http://www.lushan.gov.cn/zwgk/zfxxgkzl/szfgbmxxgkznhml/fpbgs/fgwj _ 159715/fgwj _ 159716/202012/t20201226_4724681.html。

以及因素之间的相互关系进行了实证分析。研究结果表明，农户参与不同产业化组织模式受到多重因素的影响。其中，农户专业化程度和农户参与产业组织程度是表层直接因素，农户种植规模、非市场安排项目和产业组织认知水平是中层间接因素，农户生产性投资能力、政府支持方向和农户文化程度是影响农户选择的深层次根源因素。

可以看出，以上介绍的不同模式都带来了一定的正向经济效益。但是具有显著的异质性差异，并且农户在产业中参与的程度不同。假如不考虑公共产品供给和市场因素，从产业要素角度来看，在产业发展初期应该选择企业经营模式，这种模式下由企业来承担更多的责任和风险，尽管农户参与程度低，但是考虑到农户人力资本以及职业素质以及其他产业基础要素，这种模式适合在产业发展程度比较低的地区进行；那么在具有一定产业基础的地区，或者从产业扶持发展到产业振兴的阶段，这时候可以探索集体经营模式和混合模式，这两种模式中集体和农户参与产业化的程度更深，这三种模式的主要性质比较见表9-2。

表9-2　三种产业扶贫模式的性质比较①

	集体经营模式	企业经营模式	混合模式
一般形式	基层组织+农户	企业+农户	合作社+企业+农户
资金来源	农户、集体和政府支持	企业、银行融资	企业、集体、政府、银行等
主要问题	缺乏市场化经营管理能力	企业对农户利益的压缩	利益联结机制需要探索
农户参与程度	高	低	中
农户收益	土地入股分红、劳动收入	劳动收益	劳动收益、土地入股分红、其他集体收益

9.3　问题和挑战

现阶段是产业扶贫向乡村产业振兴的过渡，在该阶段需要对产业扶贫过程中的问题和挑战进行整理（下一章将对相关问题进行政策建议的讨论）。这里

---

① 根据现有的研究和本书模式研究总结，参考白丽和赵邦宏（2015）的研究。

为了简化分析，我们主要从几个重要的方面对这三种模式所产生的问题进行讨论。

第一，对产业的选择困难。这就涉及如何将乡村的要素与潜在的市场相匹配。首先，乡村的要素是相对缺乏的，特别是产业发展所需要的人力资源、资本、金融以及公共品等。以乡村产业发展的人力资源为例，一般来讲，乡村缺乏产业基层，没有相应的本土人才积累，同时由于产业化程度相对滞后，难以吸引高素质的、能够进行市场化经营的人才。尽管在中国产业扶贫阶段，中国政府通过干部市场来进行"要素补偿"，这就能够及时对乡村产业发展提供必要的人才支持。但是这种补偿并不能解决所有人才问题，因为这种要素补偿并不能提供与产业发展完全匹配的人力资源，同时面临激励不相容的问题。其次，是产业选择需要与潜在市场相匹配。很多乡村依靠潜在的消费市场来进行产业化，但是潜在的市场定位和发掘是需要专业经营经验的，同时乡村的产业要素并不一定能够支持符合目标市场的产业化发展。因此，对于产业的精细化选择是产业扶持和振兴的第一个重要问题。例如，广西壮族自治区在"十二五"期间着力培育特色优势产业，建立了一大批具有地方特色的扶贫产业基地，覆盖了 3 381 个贫困村（含"十三五"贫困村），带动贫困户 51.3 万户、189.81 万人，为促进贫困农户稳定增收、脱贫致富发挥了显著作用。因此，对于产业发展基础薄弱的地区，支持产业的发展是产业扶贫的先决条件。但在实践中，这一模式存在的主要问题是目标与效果常常发生偏离。同时，目前的大量研究也发现，单纯以产业发展为载体的产业发展带动扶贫模式，在现实操作中存在大量的"精英俘获"现象，其原因在于乡村地区天然缺乏谈判力，贫困地区客观上劳动力、技术、社会合作等内生性资源相对不足，促使扶贫资源投向资本持有者、"能人"和"强人"等。最后，由于不同的参与者权力职责不同，导致产业选择目的并不一定是产业发展或者产业扶贫。很多产业扶贫项目的实质是产业发展项目，在评价指标中对扶贫成效的考量较少，缺乏有效的监督和问责机制。

第二，对产业扶持模式的选择问题。根据本章提出的三种产业扶贫模式，可以发现不同的模式具有不同的属性，这些属性直接影响产业扶持效益或者产业发展效率。前文主要讨论了不同模式的特点，但是模式的选择涉及乡村的要素、市场、公共品供给等多方面因素，此外，模式的选择还涉及核心的利益联结机制的设计问题。关于前者，前文提出了相关的论文，这里略去；而针对后者，利益联结机制是企业经营模式和混合模式需要面临的重要问题，比如以混合模式为例。在混合模式下，比如农户合作社，面临着高度依赖政府推动而缺乏内生动力的现实困境，可以看到，合作社中多元主体间存在着多重委托代理关系，同一主体在"委代"双重角色下行为动机不同，并且面临不同激励约束困境，如地方政府强激励硬约束、龙头企业强激励软约束、能人大户强激励硬约束、村支"两委"弱激励硬约束、贫困户弱激励软约束等。还有其他现实中存在的模式面临一些特殊的组织问题，比如产业联盟组织中的利益博弈问题。

第三，产业扶持面临的市场风险。市场风险具有多种类型，这里主要提出两种市场风险，第一种是一般市场风险，第二种是乡村产业发展同质化导致的风险。其一，在市场经济条件下，农户的产业活动不仅是一项生产活动，也是一项市场活动；不仅涉及生产技术，而且涉及市场销售信息、渠道等问题。而贫困地区不仅贫困农户的生产技能相对有限，而且往往产业基础薄弱、市场体系不完备，直接支持贫困农户发展产业，具有较大的产业支撑难度和较大的市场风险。即便在"公司＋农户"模式下，农户与公司的利益联结也比较松散，贫困户的弱势地位明显，一旦遭遇市场风险，合作关系就可能断裂，贫困户利益将难以保障。其二，同质化风险，由于各地区主要进行产业扶持探索，在发展产业时，往往只是看到眼前的行情，对于市场的变化分析不足，缺乏足够的预判；往往只是看到局部，对全局了解甚少；从一般均衡来看，在消费市场短期内保持规模不变的情况下，各地区的总产业产出增加，这就导致潜在的或者即将出现的同质化竞争的市场风险。同时，考虑到农业的价格风险更敏感，这种市场风险可能会导致乡村产业受到极大冲击①。

第四，产业发展需要其他体制机制改革配套。乡村产业发展除需要相关的要素之外，还需要更多的体制机制配套。比如，在产业扶贫过程中评价指标中对扶贫成效的考量较少，缺乏有效的监督和问责机制，这种机制导致产业扶贫目标偏离。此外，在乡村产业振兴阶段，面临重要体制改革：其一，是土地资源的入股问题，这方面需要在法律上确认集体经济参与者的法律身份问题；其二，乡村产业振兴需要相配的农村金融和普惠金融体系，而不仅仅依靠政策性措施和财政转移支持；其三，在产业振兴阶段还需要进行混合模式探索，这就需要地方政府提升产业经营环境水平，构建良好的产业发展软环境。其四，基层治理问题，只有良好的基层治理才能够解决好乡村产业化的基础矛盾，提升乡村治理水平也是产业化发展的重要挑战。这些问题导致产权属性模糊，要素

① 资料来源：人民日报提到要防止低水平的产业扶贫和同质化风险，http://m.people.cn/n4/2018/0520/c1551-11009737.html? from=singlemessage。

聚集能力低下，产业发展低水平运行。现实中还存在其他需要进行体制机制改革的问题，而这些问题需要从更深层次的体制上进行改革。

9.4 小结

在乡村振兴战略背景下，本章总结了三种主要的产业扶持模式，分别是集体经营模式、企业经营模式和混合模式，这三种模式具有不同的属性特征，尽管都在产业发展方面具有一定成效，但是都面临一些相同的和特殊的问题与挑战。这些问题不仅存在于产业扶贫阶段，同时也是产业振兴阶段需要解决的。这些问题和挑战是下一章的研究重点，这就需要讨论如何选择产业，如何优化组织模式，如何解决潜在的市场风险，以及如何推进相关的体制机制改革。这些问题的解决需要充分发挥基层党组织的作用，因此，有必要推动基层党组织工作与乡村振兴工作的深度融合。

10　建议与展望

本章主要有三个任务：一是衔接第九章关于乡村产业扶持和振兴的问题和解决路径的讨论，二是讨论如何将上个阶段的产业扶贫与现阶段的乡村振兴战略相衔接，三是对未来乡村振兴战略的发展做出展望。

10.1　促进乡村产业扶持与发展

根据上一章的阐述，中国在上个阶段的产业扶贫过程中存在多方面的问题。第一，从产业选择来看，产业扶贫阶段主要表现在产业选择的精准度不高、产业项目短期化、重视扶贫不重视产业发展等现实问题。按照本书第四章的分析框架，在现阶段的扶持乡村产业发展过程中应该从要素、市场和公共品供给三个维度来进行产业选择，避免上个阶段的产业选择误区。第二，从产业发展来看，上个阶段的产业扶贫盲目地将产业项目化，除了导致产业同质化、与地方产业要素不匹配，还造成了潜在的市场风险。这主要是产业扶贫发展中并没有充分考虑潜在市场规模这一维度，乡村产业扶贫导致总供给增加，同质化竞争让消费市场难以吸收过多的供给。考虑到农业产品对市场风险的敏感性，乡村产业发展有必要考虑如何应对市场风险问题。第三，从组织模式来看，根据第九章提出的三类乡村产业组织的模式（详见第九章），不同的组织模式具有不同的性质。这就需要乡村按照自身情况选择合适的组织模式；另外，乡村产业发展的模式并不完善，其中重要的组织模式探索就是要解决产业参与者各方的利益联结问题，这是促进乡村产业发展的重要组织准备。第四，现阶段乡村振兴还需要进一步进行体制机制改革。从软环境来看，乡村产业经济发展需要良好的经营环境和基层治理环境；从硬环境来看，乡村产业发展需要良好的制度保障，比如如何解决当前土地入股的法律问题，如何促进农村普惠金融发展问题，等等。

10.1.1 产业选择

根据本书的分析,应从产业的要素、潜在消费市场以及公共品供给三个方面进行评估,综合分析选择合适的产业项目。第一,从产业要素方面,各地政府在选择扶持产业项目之前需要考察当地的产业要素。根据本书第七章的研究,产业要素包括产业发展必要的人力资本、土地、资本、金融、技术和生态环境,这些产业要素的整合和补偿机制是产业选择的重要依据。以本书所提出的"要素补偿"机制为例,在这些产业要素中,乡村产业发展基础一般较为薄弱,缺乏相关的产业人才,因此在发展初期,政府通过非市场化的"干部市场"来匹配相应的人才。相关的制度有"第一书记""大学生'村官'"等设计(任天驰 等,2020),让外来人才来作为人力资本服务于乡村产业发展的补偿机制。此外,类似的机制还有:利用大企业的公益性投资、科研单位的定期指导等方式为乡村产业发展提供必要的"技术要素补偿"。在金融要素方面,在乡村产业发展早期,主要通过财政转移和政策性金融措施来为其提供融资。因此,在产业要素方面,应该充分考察乡村产业要素的禀赋,以及通过"要素补偿"机制来作为非市场化手段聚集产业要素。第二,从潜在消费市场方面,乡村在选择产业发展方向过程中需要以潜在消费市场为导向。这是基于中国人均 GDP 超过 10 000 美元后,随着收入增加,潜在消费市场规模、属性都会发展转变。比如,中国消费市场将从原来的生存型消费,慢慢转向发展型消费,原来的消费主要是衣食住行方面的消费,而随着收入增加,大量新的消费市场显现。新的消费需求包括康养、生态消费、旅游,等等①。发掘国内消费市场是乡村产业选择应该考虑的重要依据,以潜在消费市场为导向不仅能够有效促进产业发展,也同时降低了各地区同质化产业竞争风险。第三,从公共品供给方面,乡村产业发展需要良好的基础设施。特别是乡村的信息基础建设和物流基础建设,前者的重要性在于促进乡村通过信息化发展来带动产业化,在后疫情时代,数字经济发展展现出经济上的巨大发展潜力,人工智能作为企业创新和产业变革的主要方式,为促进乡村产业振兴提供了新契机(陈绍俭等,2021)。对于后者,物流基础建设是适应数字经济发展的基础建设,提高乡村的物流现代化水平,有助于乡村产业产品在大范围内流通,同时也有助于

---

① 中国社会科学院发布的《社会蓝皮书:2021 年中国社会形势分析与预测》显示,"十三五"期间,中国居民消费持续保持升级态势,成为推动经济发展的基础性力量。2019 年,中国社会消费品零售总额达 41.2 万亿元,已成为世界第一大实物消费市场,最终消费支出对经济增长的贡献率保持在 60% 左右。

激活乡村对消费品的需求，是推进乡村振兴、增加农民收入、释放农村内需潜力的重要举措[①]。

从产业发展角度，乡村产业发展不局限于传统种植业。产业的兴旺发展离不开企业等市场主体，未来要进一步激发私营企业的积极性，需要激发市场配置要素的能力。乡村产业长期深化发展需要市场化机制来进行要素整合，因此在产业发展过程中需要同时发挥市场作用。以人力资本为例，通过"要素补偿"机制并不能完全解决产业人才不足的问题，乡村产业发展中缺少专业性人才，不管是在生产技术，还是在管理、经营、销售等方面都需要有专业的人才进行操作。此外，乡村人口老龄化程度深且劳动力受教育水平低，性别比失衡情况普遍。通过"要素补偿"机制显然难以改善人口状况。最后，乡村产业带头人数量及能力不足。因此，在选择产业发展方向过程中，需要同时考虑如何利用市场机制聚集产业要素。

总之，乡村产业选择需要综合考虑非市场化"要素补偿"机制以及市场化机制来聚集产业要素，同时强化消费市场导向，并进一步提高乡村产业相关的基础建设。

10.1.2 应对市场风险

乡村产业发展需要面对市场风险，主要的风险有价格风险、投资风险、经营风险、决策风险等。可以大致归结为价格风险和产业风险两种类型，应对这两种风险，不仅需要发挥市场机制作用，还需要发挥政府调控作用和加强社会保障机制建设。首先，在政府层面可以：①政府方面需要完善相关产品价格形成机制，保障市场价格机制正常运行；②进一步完善社会保障机制，避免市场波动下低收入群体生活水平下降，提高社会对农产品价格周期性波动的心理和经济承受能力；③维护乡村产业产品的市场份额，管理相关竞争产品的进口规模，防止进口产品对国内乡村产业产品市场和效益形成挤出效应；④优化财政支持方式，对乡村产业发展提供必要的风险避险基金，建立健全以农业保险为核心的农业风险保障体系。其次，在市场层面：①乡村产业发展需要进一步挖掘潜在市场，比如利用网络直播和其他数字化技术应用为产品提供更多元的销售渠道；②发展商业保险业务，为乡村产业产品价格波动提供专业保险；③构建相关的产业大数据中心，利用互联网、物联网、云计算和人工智能等现代信

---

① 在 2021 年国务院常务会议上，李克强总理明确提出了要加快发展农村寄递物流，对农业农村物流现代化具有积极促进作用。此外，一些地方政府将"快递进村"写进相关发展建议文件当中，参见 https://baijiahao.baidu.com/s? id=1705865552146633056&wfr=spider&for=pc。

息技术，构建相关产业的监测预警体系，实现对产业规模、价格、销售、国际贸易等全产业链的监测，对需求和供给端进行有效调控和匹配（许世卫，2018）。

10.1.3 组织模式探索

组织模式是产业发展的重要基础，本书对目前实践中的组织模式进行了总结，提供了三种模式的分析。研究表明，需要根据不同的产业要素情况选择产业（扶持）发展模式，第九章对此进行了阐述，这里略去。另外，不管是哪种模式都需要重视基层党组织的作用以及利益分配机制。我们发现，现阶段至少需要从两个方面完善组织模式：一是发挥基层党组织的作用；二是完善利益联结机制。

第一，基层党组织在集体经济发展过程中作为组织集体的领导核心，在集体经营模式中是对产业发展进行决策的主要组织，在混合模式中，基层党组织是代表农户和集体利益的参与者。因此，首先要充分发挥基层自治力量，健全议事工作制度，规范村务公开，明确权利与义务，增强村委会工作的透明度，调动农民参与村庄治理的积极性，使村民代表大会在农村公共事务决策和监督中发挥主导作用。然后，强化基层党组织发展集体经济的能力，在乡村振兴时期，基层党组织要对当前的主要矛盾做出充分的认识，坚持一切从实际出发，基层党组织可以对集体经济的发展做出科学的判断和决策，这将会在为集体经济发展带来指导的同时，保护其在发展过程中受到较少的阻碍。

第二，需要进一步完善利益联结机制。在不同组织模式下，需要细致分析和探索在该模式下所面临的利益冲突。以混合模式为例，第九章中提到在合作社（混合）模式中，农民在合作社中多元主体间存在着多重委托代理关系，同一主体在"委代"双重角色下行为动机不同，并且面临不同激励约束困境；并提出在初步筹建合作社的阶段可以用"合作社+基层党组织"模式（陈永章等，2021）。本质上是需要在混合模式中强化农户和集体的谈判力，这就需要基层党组织在混合模式中具有明确的职能和权力，才能稳定集体、企业和农户的利益分配。比如在农业产业联合体（混合）模式中，推动农业产业化联合体各成员持续稳定合作，在不损害任何一方利益的条件下提高综合收益特别是农户收益，即通过产业联合体来形成要素共享机制、信息流通机制以及平台品牌共创机制。这就迫切需要研究农业经营主体之间的利益联结机制（周艺珮等，2020）。但是这些收益改进的前提是利益分配机制的探索，其中一种利益分配机制就是：分红与农户的绩效挂钩，农户可以通过合作社等具有一定实力的中间组织参股企业、享受分红、获得剩余利润分配。总之，不同情形下形成的组织模式，需要在实践中探索合理的利益联结机制，这些利益联结机制的主要目标就是保障各方（特别是作为谈判力较弱的农户）利益。

10.1.4　体制机制改革

乡村产业发展需要配套的体制机制，因此在进入新时代的乡村振兴时期，需要进一步对乡村进行体制机制上的改革，为产业发展提供有效的制度供给。这里主要针对以下几个方面的制度供给展开讨论：

（1）优化营商环境。产业发展需要良好的营商环境，这是乡村产业市场化的重要基础。如前文所述，在产业扶贫阶段和乡村振兴初期，乡村产业发展要素缺乏，经营风险没有控制机制，同时缺乏具有市场带动力的企业。在这种情况下需要地方政府转变思路，除提供公共品之外，还从供给侧改善地区营商环境，改善基层治理水平（贾军锋，2021）。良好的营商环境有助于吸引务工人员回乡创业就业，吸引城市资本下乡，促进农户进行创新创业（许家伟等，2021），这就能够在一定程度上应对乡村产业发展初期的要素不足困境。

（2）深化农村集体产权制度改革，为建立健全新型集体经济组织的法治理结构，探索建立内部激励机制，理顺分配关系提供制度支持。这就涉及农村土地流转方面的权利界定，保障农户在对土地使用权上的利益。同时，在集体经济中要在法律上明确集体经济组织成员确定，这既包括对原有成员的确认，也包括对新加入成员的接受（许明月、孙凌云，2021）。最后是关于生态资源资产权力的确认和交易机制构建，启动自然资源资产产权确权登记工作，促进生态资源资产化、可量化、可经营——这将为乡村产业发展提供更多的可资本化的资产。

（3）为农村普惠金融发展提供制度安排①。我国农村地区普遍存在金融供给缺乏、体制不健全、金融风险化解机制缺失、金融供给机制不足、金融资源配置不均衡等问题，面临着市场需求变化、土地流转、农村金融风险特质带来的新挑战，在政策层面需要基于数字经济发展环境和科技金融背景提出与乡村（产业）振兴相适应的普惠金融制度，需要通过规范和发展新型农村金融服务组织，利用互联网创新金融服务，构建农村金融风险分担与补偿机制，构建乡

---

① 2018年9月，中共中央、国务院印发的《乡村振兴战略规划（2018—2022年）》就提出"加大金融服务农业农村力度，健全适合其特点的农村金融体系"。2019年1月五部门联合发布的《关于金融服务乡村振兴的指导意见》强调要"深化改革创新，建立完善金融服务乡村振兴的市场体系、组织体系、产品体系，促进农村金融资源回流。"

村振兴的绿色金融服务体系，推动 PPP 模式的发展等措施，推动农村金融供给改革与制度创新（刘晓东、陈江，2020）。

10.2　衔接产业扶贫与乡村振兴

2020 年中国完成了脱贫攻坚，进入新时代后乡村振兴成为新的发展战略。在乡村振兴发展初期，有必要讨论如何将上个阶段的产业扶贫与现阶段的乡村振兴衔接。本书从以下几个方面对该问题进行了阐述：

10.2.1　产业扶贫与乡村振兴衔接的必要性和可行性

首先在必要性方面。在内容上，脱贫攻坚与乡村振兴都是发展社会主义本质要求的具体体现，都是针对"三农"问题提出的解决方案。在功能上，脱贫攻坚主要是解决乡村发展问题中最要紧的问题，解决好绝对贫困问题是其主要目标；而乡村振兴是脱贫攻坚基础上的深度推进，主要目标从扶贫转变为乡村各个方面的振兴。在时序上，脱贫攻坚是乡村振兴是一个重要基础工作，乡村振兴是基于脱贫成果而相继进行的工作；乡村振兴巩固了脱贫成果，促进脱贫长效机制形成（左停 等，2020）。基于以上几个方面的讨论，自然就提出了两者"有效衔接"的必要性（卢黎歌，武星星，2020；杨琼，杨国涛，2021）；陈美球和胡春晓（2019）指出，精准脱贫与乡村振兴的协同是现阶段"三农"工作的关键与核心。此后众多的研究集中在讨论两者衔接所面临的困难以及路径讨论方面。

其次在可行性方面。第一，巨大的消费市场。随着中国人均 GDP 和人均收入的提高，规模巨大的国内消费市场从需求侧为乡村振兴战略提供了坚实基础。国内经过改革开放不断发展，经济研究逻辑发展从原来的投资发展模式转向消费主导的模式。在该逻辑下，国内巨大规模的消费市场成为一种新型比较优势。对乡村产业振兴而言，国内消费市场巨大规模性以及经济发展逻辑的转变都为乡村产业发展明确了产业前景。第二，乡村振兴战略和新发展格局的提出。国内市场将是经济内循环的核心支撑，乡村振兴是国内大循环的关键（杨远根，2021）。推进乡村产业振兴，提升乡村生产率，有助于提升乡村消费能力，扩大国内市场规模，激活国内大循环；促进国内大循环，为乡村产业发展提供稳定消费市场，促进城乡要素流动，进一步推动全面乡村振兴。第三，中国扶贫事业取得巨大成功。经过几十年的扶贫，贫困乡村积累必要的产业要素，形成了宝贵的产业发展经验模式，同时也改善了基层治理水平，这些都为乡村振兴提供了基础。在要素积累方面，通过产业扶贫为乡村引入了产业项目，农民通过参与产业项目获得了相关人力资本积累。在产业扶贫模式方面，要素补偿机制为乡村产业发展提供了天然缺乏的人力资本和金融财政资源。在公共品供给方面，政府通过转项财政支持构建了良好的乡村基础设施，除了提供基本的生活基础设施，也为乡村产业发展提供了相关硬件基础。在基层治理方面，经过扶贫事业的发展，使得国家权力与基层社会在乡村组织上逐步形成治理连接点，促进乡村组织形成了有效利用正式治理、半正式治理和非正式治理模式的经验，有效改善了基层治理水平——这就为乡村产业发展提供了一定的制度基础。

10.2.2 产业扶贫与乡村振兴衔接的理论框架

基于本书第四章所提出的框架，我国产业扶贫的经验，可以将致贫和/或脱贫原因分成三个维度展开：要素维度，市场维度、公共品维度。第一，要素维度主要是产业发展所需要的生产要素，一般包括土地、资本、劳动力、技术四个主要方面。显然，有一些学者认为要素致贫还包括自然资源禀赋、地理环境、经济文化、社会保障要素以及数据要素等。如果要素维度不平等或者极度匮乏，就可能导致生产力低下，产业难以形成，最终导致贫困长期持续。甚至有研究认为，生产要素的缺失是中国农村贫困的重要原因（刘华容，2011；李志平 等，2000）。第二，市场维度。从产业发展角度来看乡村脱贫，一个关键点是（消费）市场的发展程度——需求端发展，是如何影响产业发展的。学者一般从产业转移来解释中国改革开放过程中的减贫故事，比如普遍的观点认为，中国贫困人口迅速减少得益于持续的高速经济发展。改革开放后，中国大陆承接亚洲"四小龙"的产业转移，发挥廉价的劳动力资源和土地资源优势，迅速发展成为"世界工厂"，完成了农业人口大国向世界第一工业大国转型。在此过程中，农村剩余劳动力向城市转移成为产业工人，农村贫困人口"在增长更快的非农业部门或城市部门中就业并获得更高的收入"（章元，丁绎镁，2008），即普遍脱离贫困离不开改革开放后农民的大规模市场参与行为。同时，随着中国人均收入增加，国内消费市场发展成了现阶段产业扶贫和乡村振兴衔接的重要背景。第三，公共品维度。公共品维度分为两个部分，一部分是一般公共供给，包括道路、电网、网络等；另一部分是制度供给，比如政府治理、营商环境等。这两种公共品供给的缺失都会导致贫困，但是要明确的是，在不同时期这两种公共品的重要程度不同。不同的公共品缺失是导致贫困的重要因素以及不同扶贫阶段应该提供什么类型的公共品。具体而言，从产业发展角度来看，贫困地区产业发展离不开基本的公共品供给，比如贫困地区的特色农产品需要公路运输到消费市场；为了产业可持续发展就需要保障贫困地区人口的基本生活和风险分担以及金融支持等公共品供给。但是在不同的扶贫阶段，所需要的重点公共品供给并不相同：在扶贫早期阶段，贫困地区还没有形成产业基础，扶贫重点是保障基本生活，即该阶段的扶贫工作中主要的公共品供给是生活性公共品。随着贫困地区发展，具备了一定的产业基础，比如农业生产或者特色养殖，那么在这个阶段就需要政府提供更多的生产性公共品，以满足贫困地区产业发展对公共品的需求。在产业发展到一定程度之后，贫困地区人口逐渐脱离贫困，进入乡村发展阶段，那么就需要政府提供更多的服务性公共品。进入乡村产业振兴阶段后，制度供给重要性慢慢凸显。产业经济发展取决于要素聚集和配置效率（这里假定消费市场是外生的），前者主要是各种要素禀赋的积累，后者主要依靠制度质量。尽管有很多解释，但是目前学术界一般认同的是制度原因造成了资源禀赋的配置效率低下，导致了国家和地区陷入贫困。比如 Acemoglu 等（2003）的研究表明政府对制度体制的选择是产业经济发展的决定性要素。

因此，可以将我国的产业扶贫和产业振兴进行统一分析，如图 10-1 所示。

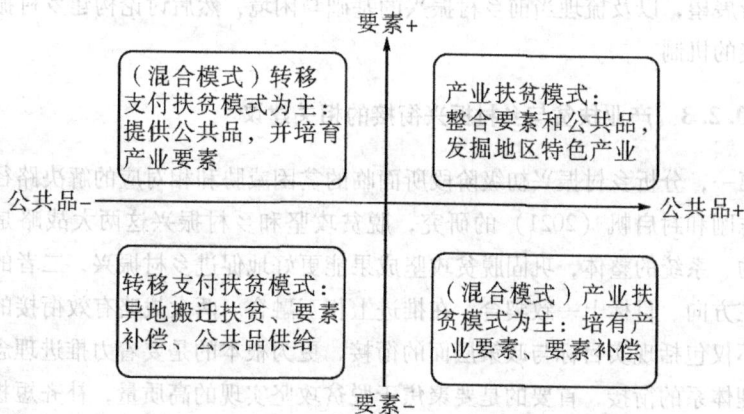

图 10-1　要素—公共品—市场维度与扶贫机制：一个简化的框架

图 10-1 中纵轴是要素（向上为正），横轴是公共品（向右为正），为简化分析，假设市场发展程度短期内保持不变。我们得到四个象限，分为四种情形和相应地扶贫机制匹配。第一象限中：要素和公共品都为正，即在这种情形下贫困地区的产业要素和公共品供给充足，那么就具有发展产业的基础条件，因

此这个象限应该是以产业扶贫;例子是新时代的精准产业扶贫。第二象限中:公共品缺乏而要素充足,那么我们应该以公共品供给补偿该地区的公共品,同时培育产业基础的混合模式,使得产业要素能够与公共品相匹配;例子是"八七扶贫攻坚计划"。第三象限中:要素和公共品都匮乏,那么是以公共品供给为主的转移支付模式,比如早期扶贫政策以及特殊地区的异地搬迁扶贫——都属于转移支付扶贫。第四象限中:要素匮乏但是公共品充足,这就说明缺乏要发展产业的关键要素,比如贫困地区一般缺乏能够联系农业生产和外界消费市场的"经理人"或者"企业家",这种特殊的要素缺乏导致贫困地区产业发展落后;一个例子是"第一书记"和"村官"制度,通过政府手段将"人力资本"注入贫困地区,对贫困地区进行要素补偿。

第一象限就是产业扶贫与乡村产业振兴衔接的情形,因此可以基于该逻辑框架来讨论如何实现从产业扶贫到乡村产业振兴的有效衔接。首先,可以用上述框架来理解我国在"输血式"扶贫到"造血式"扶贫的发展逻辑,即从早期的转移支付扶贫到后来的产业扶贫。更重要的是,该框架同样可以做适当扩展来指导乡村产业振兴,即在新时代背景下,乡村产业振兴所面临的市场环境更加复杂,产业发展模式更加丰富,同时也对公共品供给提出更高需求。在新的背景下应用该模式有助于简化本文的分析,下文将首先回顾产业扶贫的成效并进行展望,以及梳理当前乡村振兴的基础与困境,然后讨论构建乡村振兴有效衔接的机制。

10.2.3 产业扶贫与乡村振兴衔接的相关建议

第一,分析乡村振兴初级阶段所面临的贫困威胁和相对应的解决路径。根据王志刚和封启帆(2021)的研究,脱贫攻坚和乡村振兴这两大战略是一个有机的、系统的整体,巩固脱贫攻坚成果能更好地促进乡村振兴,二者的相互促进在方向、目标上一致契合,在推进上相互融合。两大战略有效衔接的现实路径不仅包括现实目标与政策层面的衔接,更为根本的是要着力推进理念方法与治理体系的衔接,首要的是要聚焦于脱贫攻坚实现的高质量,补齐短板,打牢基础。因此,需要在"十四五"期间继续进一步讨论现阶段所面临的贫困风险,以及如何巩固上一个阶段的脱贫成果。王志刚和封启帆(2021)认为预防返贫风险的主要方面包括预防返贫风险、遏制相对贫困、解决突发贫困和清除隐性贫困。我们认为,尽管脱贫攻坚与乡村振兴具有一致性,但是在产业发展方面侧重点并不同,因此需要在过渡期巩固脱贫成果的同时,转变政策重点,探索并完善支持乡村产业振兴的政策路径和机制、模式研究。

第二，保持精准扶贫与乡村振兴两者的政策稳定性①。乡村振兴和精准扶贫具有内在理论一致性和政策内容一致性。因此，保持政策稳定性在乡村振兴与精准扶贫有效衔接中具有重要的作用。但是不同的阶段具有阶段性差异，这需要联系两者的长期性、艰巨性、差异性和联动性等诸多特征。促进乡村振兴和精准扶贫政策稳定接续，应当具有系统思维，科学合理谋划，从政策方针、方法措施、考核制度等多方面推动两者科学合理有效衔接（张立，张河，2021）。

第三，总结产业扶贫经验，探索乡村产业振兴的政策路径。脱贫攻坚和乡村振兴之间的战略耦合表明了两者之间的逻辑连贯、功能耦合以及彼此之间的递进接续，它们都涉及政府、企业和农户。三者之间通过政治、经济和治理逻辑实现彼此互动耦合（卫志民，吴茜，2021）。本书第四章所构建的分析框架可以作为乡村振兴阶段的分析工具：可以从要素补偿、消费市场和公共品供给来分析乡村振兴阶段的政策问题。比如：①促进城乡一体化，促进城乡要素自由流动。吸引在城市发展、具有风险市场经验的能人回乡，培育新型职业农民；改善乡村营商环境，促进社会资源与乡村资源结合；优化农村集体土地和宅基地流转机制，发挥土地要素在促进乡村产业当中的重要作用；积极探索将乡村生态资源资本化的方式，让生态资源成为乡村产业振兴的特色要素。②培育乡村产业主体的市场能力，通过扩宽多样化销售渠道，延长产品产业链，来应对乡村产业发展初期的同质化竞争风险。利用现代新媒体对产品进行品牌宣传，开设网上直播平台并组织线下产品推介会等方式拓宽消费市场；通过进一步加工设计，为当地产品积累长期品牌效应。③进一步改善乡村基础建设，加强乡村公共服务与数字治理和数字经济方面的基础建设。推动数字乡村建设，将乡村产业振兴与国内数字经济发展背景结合，让数字乡村建设成为国内大循环的重要支撑。④探索乡村产业发展模式，不同地区以及不同产业阶段应该调整相应的产业发展模式。在乡村振兴发展初期，应积极发展以基层党组织主导的集体经济，以集体经济来组织盘活乡村产业要素；利用集体经济作为中介组织，形成"企业+集体+农民"的产业模式，让农民通过集体组织保障自身利益，同时吸引外部企业来实现资源的有效利用。

---

① 党的十九届五中全会通过的《中共中央关于制定国民经济和社会发展第十四个五年规划和二〇三五年远景目标的建议》提出要优先发展农业农村，全面推进乡村振兴，尤其"要实现巩固拓展脱贫攻坚成果同乡村振兴有效衔接"。这意味着在全面建成小康社会之际，既要发现和补齐脱贫攻坚中的短板，从而达到稳定的脱贫状态，这就需要科学把握2020年前后贫困治理的起承关系（陈志，吴海涛，2021）。

10.3　总结与展望

在新时代背景下，本书研究了产业扶贫和乡村产业振兴中关于乡村产业扶持和发展的问题。首先，为了研究该问题，本书抽象出了一个简单的分析框架，即从要素补偿、潜在消费市场以及公共品供给三个维度来研究乡村产业扶持和发展。这三个维度概括了当前乡村产业扶持和发展的核心特征。然后，本书考察了现阶段中国乡村产业要素和产业基础以及政府、企业、农户等基本组织情况，发现在乡村产业扶贫过程中主要存在三种组织模式，这三种模式分别是集体经营模式、企业经营模式和混合模式。其后，讨论这些模式和当前乡村产业发展面临的一些重要风险和挑战，对这些问题分析也适用本书所提出的简单分析框架。最后，我们在这个简单框架下讨论了如何应对这些风险和挑战。

乡村振兴战略是脱贫攻坚的下一个阶段，两者具有天然的联系。在上一小节的讨论中，我们从两个阶段的政策、路径和分析方法等方面研究了两者的内在一致性和差异性。本书所提出的分析框架同样适用于分析这两个阶段的产业扶持和发展，这就有助于在抽象层面一致分析这两个阶段，并且将两个阶段的产业发展经验和模式进行理论分析，从而脱贫攻坚阶段的经验和模式就能够为现阶段的乡村振兴提供参考基础。不同的是，乡村振兴涉及更长远的政策考量，并且将乡村振兴战略嵌入到当前内循环中，是激发国内市场消费、促进消费拉动、创新驱动经济的重要战略支撑点。这就需要在未来的实践中进一步研究乡村振兴当中产业发展所遇见的新挑战，并运用本书的框架来寻找解决路径。

参考文献

[1] 王小艳. 乡村振兴战略下的农业产业发展模式研究 [J]. 商场现代化，2019 (21)：121-122.

[2] 本书编写组. 党的十九届五中全会《建议》学习辅导百问 [M]. 北京：人民出版社，2020.

[3] 贵州：大力推进农业现代化以产业振兴带动乡村全面振兴 [DB/OL]. (2021-01-18) [2022-03-01]. https://www.xuexi.cn/lgpage/detail/index.html? id=87766753579999549&item_id=87766753579999549.

[4] 黄思好，彭军. 光伏产业成为扶贫新"名片" [J]. 源流，2019 (3)：2.

[5] 方怡晖. 阳山：光伏产业扶贫效果显著 [J]. 小康，2019 (32)：3.

[6] 邓润芝，李妍，曾子默，崔玥瑶，闻月. 探究乡村特色旅游业对乡村振兴发展的影响 [J]. 农业开发与装备，2020 (01)：51-52，61.

[7] 发展乡村旅游，助力乡村振兴 [DB/OL]. (2019-03-05) [2022-03-01]. https://www.sohu.com/a/299171082_100292663? sec=wd.

[8] 何尧，高华庚. 念好"山水经"铺就富民路 [N]. 辽宁日报，2021-05-13 (006).

[9] 姜长云. 推进农村一二三产业融合发展的路径和着力点 [J]. 中州学刊，2016 (05)：43-49.

[10] 中共中央国务院. 中共中央国务院关于落实发展新理念加快农业现代化实现全面小康目标的若干意见. [M]. 人民出版社，2016.

[11] 国务院. 国务院关于促进乡村产业振兴的指导意见 [J]. 中国对外经济贸易文告，2019 (41)：3-6.

[12] 张晓燕. 乡村振兴战略下农村一二三产业融合发展研究 [J]. 安徽农业科学，2020，48 (7)：272-273，276.

[13] 马爱国. 当前我国发展绿色食品和有机农产品的新形势和新任务

［J］. 农产品质量与安全, 2017（2）: 8-10.

［14］宗锦耀主编. 农村一二三产业融合发展理论与实践［M］. 北京: 中国农业出版社, 2017.

［15］张会影, 杨玲, 赵辉, 陈曦. 绿色食品一二三产业融合助力乡村振兴的实践探索［J］. 安徽农业科学, 2019, 47（8）: 259-261.

［16］张奎. 爱倾扶贫路［M］. 北京: 中国言实出版社, 2020.

［17］如何认识长三角一体化发展战略的两个关键词［DB/OL］.（2020-08-26）［2022-03-01］. https://theory.dahe.cn/2020/08-26/716769.html.

［18］路雄英. 激活土地要素 助力乡村振兴——访省政协副主席、省国土资源厅厅长陈铁雄［J］. 浙江国土资源, 2018（10）: 4-6.

［19］谢治菊, 谭洪波. 农村社会资本存量: 概念、测量与计算［J］. 贵州财经学院学报, 2011（5）: 87-93.

［20］陈斯雯. 浅谈加强农村基础设施投资促进经济发展［J］. 精品, 2020（6）: 1.

［21］齐慧. 路通国运兴［N］. 经济日报, 2021-04-19（007）.

［22］林火灿. 看基础设施投资, 重在回升势头有基础［N］. 经济日报, 2019-10-22（001）.

［23］本刊编辑部. 交通强国建设纲要［J］. 铁道技术监督, 2019, 47（10）: 4.

［24］王会钧, 张婷婷, 周学明. 金融支持与乡村振兴探析［J］. 现代商贸工业, 2019, 40（36）: 2.

［25］赵伟莉, 洪叶: 江苏引金融"活水"浇灌乡村振兴［DB/OL］.（2020-07-06）［2022-03-01］. http://k.sina.com.cn/article_5675440730_152485a5a02000v1gd.html.

［26］原韬雄. 小木耳, 科技赋能展前景［N］. 人民日报, 2021-03-30（005）.

［27］戴小祥. 直面农村生态现状, 推进美丽乡村建设［J］. 农家致富顾问, 2015（18）: 2.

［28］范立强, 覃蛟龙. 产业发展和生态保护并行［J］. 当代广西, 2019（02）: 32-33.

［29］加快推进生态产品价值转换［DB/OL］.（2021-03-07）［2022-03-01］. https://m.gmw.cn/baijia/2021-03/07/34666372.html.

［30］朱继坤. "缙云烧饼"现象及其思考［J］. 学习与研究, 2015（8）:

70-71.

[31] 马跃明. 对人民负责对历史负责——浙江扶贫开发工作综述 [J]. 今日浙江, 2015, 000 (024): 20-23.

[32] 蒋文龙. "缙云烧饼" 翻身记 [N]. 农民日报, 2016-03-02 (001).

[33] 刘璇. 地方政府在产业扶贫中的角色定位——以浙江省缙云烧饼乡村特色产业发展为例 [J]. 福建质量管理, 2018, 000 (011): 211.

[34] 佚名. 蒙城县李大塘: 兴产业 促发展 [DB/OL]. (2020-08-03) [2022-03-01]. https://www.sohu.com/a/411298865_120054721.

[35] 大竹发布. 四川省达州市大竹县: "两片树叶" 吹响乡村振兴新号角 [DB/OL]. (2021-03-24) [2022-03-01]. http://www.dazhu.gov.cn/news-show-25796.html.

[36] 李巍. 社会组织志愿者参与动机个案研究 [M]. 长春: 吉林人民出版社, 2017.

[37] 佚名. 中共中央 国务院关于实施乡村振兴战略的意见 [J]. 中华人民共和国国务院公报, 2018 (5).

[38] 熊丽娟. 企业参与乡村振兴有效性研究 [J]. 合作经济与科技, 2020 (22): 67-69.

[39] 东北网. 281 家企业入驻乡村产业园 家门口能买到特色农产品 [DB/OL]. (2020-11-02) [2022-03-02]. http://www.cinic.org.cn/xy/gdcj/959966.html.

[40] 麦婉华, 韩静. 碧桂园——政府引导 企业助力 实践乡村振兴 [J]. 小康, 2018 (17): 44-47.

[41] 郑伟, 张晓林. 农民参与农村产业融合发展的路径研究 [J]. 江苏商论, 2017 (10): 121-124.

[42] 徐伟. 社会组织参与乡村振兴困境与路径分析 [J]. 农村. 农业. 农民 (B 版), 2021 (01): 17-19.

[43] 刘蕾. 社会组织理论与实践 [M]. 北京: 中国社会出版社, 2018.

[44] 王名. 非营利组织管理概论 [M]. 中国人民大学出版社, 2010.

[45] 严成根, 王进云主编; 杨国军副主编. 公共关系学 [M]. 北京: 北京交通大学出版社, 2019.

[46] 李巍. 社会组织志愿者参与动机个案研究 [M]. 长春: 吉林人民出版社, 2017.

[47] 王傅, 刘忠. 广州社会组织研究院, 广州市社会组织联合会. 社会组

织培训教材丛书社会组织基本知识［M］. 广州：广东人民出版社，2017.

［48］中共中央. 中共中央发布《关于深化党和国家机构改革的决定》［J］. 公务员文萃，2018，000（004）：111.

［49］本刊编辑部. 让乡村更美好——社会组织参与乡村振兴实践观察［J］. 大社会，2019（06）：51.

［50］爱德基金会：助力乡村综合发展，为何专挑"硬骨头啃"？［DB/OL］. （2019－02－27）［2022－03－02］. https：//www. 163. com/dy/article/E90R4IBA05129TEC. html.

［51］佚名. 广东省和的慈善基金会［DB/OL］. （2017－07－25）［2022－03－02］. http：//www. hefoundation. cn/category/307.

［52］佚名. 韶关市乡村振兴公益基金会［DB/OL］. （2018－06－01）［2022－03－02］. http：//sgrrf. org. cn/.

［53］孙晓强. 新常态下政府招商引资实战方略［M］. 昆明：云南大学出版社，2016.

［54］赵德海. 招商引资与产业生成［M］. 北京：经济管理出版社，2013.

［55］雷俊忠，饶开宇. 农业产业化经营研究［M］. 成都：电子科技大学出版社，2008.

［56］甘肃省文旅厅. 甘肃省文旅厅印发《关于进一步加强文旅企业规范化经营的通知》［DB/OL］. （2021－03－16）［2022－03－02］. https：//baijiahao. baidu. com/s？id＝1694383614324583725&wfr＝spider&for＝pc.

［57］刘雷，宋吉贤，赖齐贤. 乡村振兴背景下农业产业规划方法浅析［J］. 浙江农业科学，2020，61（02）：378－383.

［58］科技日报. 持续优化营商环境 内蒙古包头造就强力企业"吸铁石"［DB/OL］. （2021－04－12）［2022－03－02］. https：//www. xuexi. cn/lgpage/detail/index. html？id＝1755697082250414010&amp；item_id＝1755697082250414010.

［59］中国新闻网. 助力乡村振兴 西藏青稞产品助农惠民活动拉开序幕［DB/OL］. （2021－04－07）［2022－03－02］. https：//www. chinanews. com. cn/business/2021/04－07/9449314. shtml.

［60］李俊清，向娟. 民族地区贫困成因及其治理［J］. 中国行政管理，2018（10）：57－61.

［61］国务院办公厅. 国务院办公厅关于进一步促进农产品加工业发展的意见［J］. 中华人民共和国农业农村部公报，2017（1）：5.

［62］《全国乡村产业发展规划（2020—2025年）》印发［J］. 云南农业，

2020（8）：8.

　　[63] 杨博. 以农村产业融合发展助推乡村振兴 [DB/OL]. （2020-05-19）[2022-03-02]. https://www.xuexi.cn/lgpage/detail/index.html？id = 178283178
85203073757&amp；item_id = 17828317885203073757.

　　[64] 廖志慧，王呈良. 湖北：串起扶贫产业链 插花贫困户甩"穷帽"[DB/OL].（2021-02-01）[2022-03-02]. https://www.xuexi.cn/lgpage/detail/
index.html？id = 1459054292030586915&amp；item_id = 1459054292030586915.

　　[65] 杜振华. 乡村振兴战略下农村产业扶贫现状及发展对策研究——以河南省清丰县菌菇产业扶贫为例 [D]. 杭州：浙江工商大学，2018.

　　[66] 赵伟，管顺丰. 竹溪县特色农产品加工转化现状分析与对策 [J].商场现代化，2006（22）：281-282.

　　[67] 张琦. 产业扶贫脱贫概览 [M]. 北京：中国农业出版社，2018.

　　[68] 苟文峰等. 乡村振兴的理论、政策与实践研究 [M]. 北京：中国经济出版社，2019.

　　[69] 贾莉. 乡村旅游业的发展研究——以东旺村为例 [J]. 农业开发与装备，2019（1）：152，190.

　　[70] 常瑞，金开会，李勇. 深度贫困地区农业产业资本形成推动乡村振兴的路径探究——基于凉山州脱贫乡村产业发展视角 [J]. 西南金融，2019
（1）：44-54.

　　[71] 李赛男. 西南贫困地区乡村发展类型及其乡村性评价 [D]. 重庆：重庆师范大学，2017.

　　[72] 阿玛蒂亚·森. 贫困与饥荒 [M]. 北京：商务印书馆，2014.

　　[73] 张俊良，闫东东. 多维禀赋条件、地理空间溢出与区域贫困治理——以龙门山断裂带区域为例 [J]. 中国人口科学，2016（5）：35-48，126-
127.

　　[74] 罗楚亮. 经济增长、收入差距与农村贫困 [J]. 经济研究，2012
（2）：13.

　　[75] 罗庆，李小建. 国外农村贫困地理研究进展 [J]. 经济地理，2014,
34（6）：1-8.

　　[76] 马超，吴振磊. 贫困地区扶贫载体建设研究 [J]. 经济纵横，2010
（3）：74-77.

　　[77] 张莉. 科技进步、人力资本与西部地区农村贫困减缓——基于省级面板数据的实证研究 [J]. 科学学与科学技术管理，2015，36（3）：172-180.

[78] 谭燕芝, 张子豪. 社会网络、非正规金融与农户多维贫困 [J]. 财经研究, 2017, 43 (3): 43-56. DOI: 10.16538/j. cnki. jfe. 2017.03.004.

[79] 郭熙保, 罗知. 论贫困概念的演进 [J]. 江西社会科学, 2005 (11): 38-43.

[80] 张全红, 李博, 周强. 中国多维贫困的动态测算、结构分解与精准扶贫 [J]. 财经研究, 2017, 43 (4): 31-40, 81.

[81] 关爱萍, 李静宜. 人力资本、社会资本与农户贫困——基于甘肃省贫困村的实证分析 [J]. 教育与经济, 2017 (1): 66-74.

[82] 刘华容. 基于资本缺失的我国农村贫困问题研究 [J]. 财经理论与实践, 2011, 32 (3): 99-103.

[83] 王曙光. 民族地区金融反贫困中的资本整合、文化融合与体制磨合: 新疆案例 [J]. 农村经济, 2009 (11): 3-8.

[84] 赵曼, 程翔宇. 劳动力外流对农村家庭贫困的影响研究——基于湖北省四大片区的调查 [J]. 中国人口科学, 2016 (3): 104-113, 128.

[85] 谭燕芝, 彭千芮. 金融能力、金融决策与贫困 [J]. 经济理论与经济管理, 2019 (2): 62-77.

[86] 李志平, 李颖, 王田野. 人口素质对贫困地区发展的影响及对策 [J]. 理论探索, 2000 (5): 52-53.

[87] 江蕾, 安慧霞, 朱华. 中国科技投入对经济增长贡献率的实际测度: 1953—2005 [J]. 自然辩证法通讯, 2007 (5): 50-56, 111.

[88] 章元, 丁绎镔. 一个"农业大国"的反贫困之战——中国农村扶贫政策分析 [J]. 南方经济, 2008 (3): 3-17.

[89] 刘彦随, 周扬, 刘继来. 中国农村贫困化地域分异特征及其精准扶贫策略 [J]. 中国科学院院刊, 2016: 269-278.

[90] 桂华. 市场参与视角下的农村贫困问题——贫困类型、地区分布与反贫困政策 [J]. 南京社会科学, 2019 (7): 76-84.

[91] 曲延春. 供给侧改革视域下的农村公共产品供给 [J]. 行政论坛, 2017, 24 (03): 114-118.

[92] 张建伟, 杨阿维. 精准扶贫视域下农村公共品供给绩效评价研究——基于14个连片特困地区的实证分析 [J]. 西藏大学学报 (社会科学版), 2017, 32 (3): 129-137.

[93] 代芝静, 曾起艳, 潘伟光. 社会资本对农户参与村庄公共产品供给意愿的影响分析 [J]. 农业现代化研究, 2020, 41 (2): 303-311.

[94] 朱泓宇，肖建，蒋远胜. 社会资本与农民公共品需求的非正式表达 [J]. 四川师范大学学报（社会科学版），2019，46（04）：58-67.

[95] 彭文慧，王动. 社会资本、公共品供给与农村减贫——基于河南省微观调查数据的实证分析 [J]. 经济经纬，2020，37（05）：54-62.

[96] 何雄浪，姜泽林. 自然资源禀赋、制度质量与经济增长——一个理论分析框架和计量实证检验 [J]. 西南民族大学学报（人文社科版），2017，38（01）：134-144.

[97] 张岩松. 发展与中国农村反贫困 [M]. 中国财政经济出版社，2004.

[98] 汪三贵. 中国的农村扶贫：回顾与展望 [J]. 农业展望，2007（1）：6-8.

[99] 汪三贵，曾小溪. 从区域扶贫开发到精准扶贫——改革开放 40 年中国扶贫政策的演进及脱贫攻坚的难点和对策 [J]. 农业经济问题，2018（8）：40-50.

[100] 袁利平，李君筱. 包容性创新理念下教育扶贫机制的优化及其实现 [J]. 贵州师范大学学报（社会科学版），2020（5）：42-51.

[101] 王草. 新时代视域下的农村教育精准扶贫机制研究 [J]. 中国合作经济，2018（5）：56-58.

[102] 潘锡泉. 数字普惠金融助力精准扶贫的创新机制 [J]. 当代经济管理，2018，40（10）：93-97.

[103] 陈铄南，章费寅，张悦莹. 数字普惠金融如何实现精准扶贫——以中原某艾滋病村为例 [J]. 经济研究导刊，2020（08）：35-36.

[104] 高杨沣. 湘西州农业保险助推农村扶贫机制研究 [J]. 经济研究导刊，2019（06）：19-20，25.

[105] 夏亚华，刘汉成. 选派驻村"第一书记"的实践逻辑、存在问题及政策建议 [J]. 黄冈师范学院学报，2020，40（4）：113-117.

[106] 宋全云，吴雨，何青. 大学生村官能否促进农户增收？ [J]. 世界经济文汇，2019（5）：27-42.

[107] 张洪振，任天驰，杨汭华. 大学生村官推动了村级集体经济发展吗？——基于中国第三次农业普查数据 [J]. 中国农村观察，2020（6）：102-121.

[108] 于媛. 德州市健全"第一书记"扶贫帮困长效机制研究 [J]. 现代交际，2019（10）：227-228.

[109] 黄渊基. 旅游扶贫机制优化研究 [J]. 中南林业科技大学学报（社

会科学版），2018，12（3）：7-15.

[110] 张琰飞，陆薇. 基于演化博弈的企业参与乡村旅游扶贫机制研究 [J]. 中国农业资源与区划，2019，40（12）：250-258.

[111] 陈耿宣. 中国地方政府企业化及其治理研究 [D]. 成都：西南财经大学，2017.

[112] 朱桥艳. 农户企业政府三方联动的农产品电商扶贫机制与创新路径研究 [J]. 农业与技术，2020，40（19）：139-142.

[113] 张夏恒. 电子商务进农村推动精准扶贫的机理与路径 [J]. 北京工业大学学报（社会科学版），2018，18（4）：26-32.

[114] 张志新，张秀丽，白海洋. 基于要素资源配置视角的贫困地区"产业项目扶贫"模式研究 [J]. 农村经济，2019（1）：88-96.

[115] 周黎安. "官场 + 市场"与中国增长故事 [J]. 社会，2018，38（2）：1-45.

[116] 蔡璟浩，邵闻睿，蒲健美，赵晨曦. 产业扶贫视角下返贫阻断政策研究 [J]. 农家参谋，2020（3）：61-62.

[117] 郭彩星. 少数民族地区中医药产业扶贫及防止返贫探讨 [J]. 广西中医药大学学报，2019，22（3）：121-124.

[118] 本刊采编部，成富营，赵炜，郭敏，惠永华，姚霞，张院萍. 产业扶贫的"济源模式" [J]. 中国畜牧业，2019（5）：16-17.

[119] 蓝海涛，张义博，周振. 我国产业扶贫的模式分析与思考 [J]. 中国发展观察，2017（17）：31-35.

[120] 张琦，冯丹萌. 我国减贫实践探索及其理论创新：1978—2016 年 [J]. 改革，2016（04）：27-42.

[121] 段洪波，张洪硕. 改革开放 40 年扶贫开发历程与经验 [J]. 河北大学学报（哲学社会科学版），2019，44（2）：118-122.

[122] 刘超，朱满德，王秀峰. 中国农村扶贫开发的制度变迁：历史轨迹及对贵州的启示 [J]. 山地农业生物学报，2015，34（01）：71-76.

[123] 黄承伟. 中国扶贫开发道路研究：评述与展望 [J]. 中国农业大学学报（社会科学版），2016，33（5）：5-17.

[124] 曾小溪，汪三贵. 中国大规模减贫的经验：基于扶贫战略和政策的历史考察 [J]. 西北师大学报（社会科学版），2017，54（06）：11-19.

[125] 史志乐. 1978—2015 中国扶贫演进历程评述 [J]. 中国市场，2016（24）：35-36，59.

[126] 周艳红. 改革开放以来中国农村扶贫历程与经验 [J]. 当代中国史研究, 2018, 25（06）: 49-59, 126-127.

[127] 林志友. 人民公社制与家庭联产承包责任制之比较研究 [J]. 西北工业大学学报（社会科学版）, 2003（3）: 4-12, 21.

[128] 叶明勇. 从现代化视角解读《中共中央关于加快农业发展若干问题的决定》[J]. 古今农业, 2010（01）: 1-10.

[129] 蔡昉. 人口迁移和流动的成因、趋势与政策 [J]. 中国人口科学, 1995（06）: 8-16.

[130] 叶敬忠, 王维. 改革开放四十年来的劳动力乡城流动与农村留守人口 [J]. 农业经济问题, 2018（7）: 14-22.

[131] 段成荣, 杨舸, 张斐, 卢雪和. 改革开放以来我国流动人口变动的九大趋势 [J]. 人口研究, 2008（6）: 30-43.

[132] 宋洪远. 农村改革三十年 [M]. 北京: 中国农业出版社, 2008.

[133] 汪三贵. 在发展中战胜贫困——对中国 30 年大规模减贫经验的总结与评价 [J]. 管理世界, 2008（11）: 78-88.

[134] 张磊. 中国扶贫开发政策演变（1949—2005 年）[M]. 北京: 中国财政经济出版社, 2007.

[135] 阿马蒂亚·森, 让·德雷兹. 不确定的荣耀. 精装 [M]. 中国人民大学出版社, 2015.

[136] 王磊, 伍业君. 我国价格改革的历程及展望 [J]. 价格理论与实践, 2018（12）: 22-28.

[137] 张军. "双轨制"经济学: 中国的经济改革 1978—1992 [M]. 上海: 生活. 读书. 新知三联书店上, 1997.

[138] 李玲. 改革开放以来中国国内人口迁移及其研究 [J]. 地理研究, 2001（4）: 453-462.

[139] 尹德挺, 黄匡时. 改革开放 30 年我国流动人口政策变迁与展望 [J]. 新疆社会科学, 2008（5）: 106-110.

[140] 陆继霞, 汪东升, 吴丽娟. 新中国成立 70 年来人口流动政策回顾 [J]. 中国农业大学学报（社会科学版）, 2019, 36（5）: 120-128.

[141] 关吉. "中国农村劳动力流动国际研讨会"综述 [J]. 中国农村观察, 1997（1）: 56-59.

[142] 叶敬忠, 王维. 改革开放四十年来的劳动力乡城流动与农村留守人口 [J]. 农业经济问题, 2018（7）: 14-22.

[143] 国家统计局人口和就业统计司.中国人口和就业统计年鉴 [M].北京：中国统计出版社，2018.

[144] 朱信凯，彭超.中国反贫困：人类历史的伟大壮举 [M].北京：中国人民大学出版社，2017.

[145] 杨良敏，马玉荣，蒋志颖.华西村："天下第一村"的共富实践 [J].中国发展观察，2019 (15)：17-24.

[146] 黄国勤.中国扶贫开发的历程、成就、问题及对策 [J].中国井冈山干部学院学报，2018，11 (3)：117-124.

[147] 王艺明，刘志红.大型公共支出项目的政策效果评估——以"八七扶贫攻坚计划"为例 [J].财贸经济，2016，37 (1)：33-47.

[148] 中共中央文献研究室.十五大以来重要文献选编 [M].北京：中央文献出版社，2011.

[149] 国家民委政策研究室.国家民委民族政策文件选编 (1979—1984) [M].北京：中央民族学院出版社，1988.

[150] 李勇.改革开放以来东西扶贫协作政策的历史演进及其特点 [J].党史研究与教学，2012 (2)：36-43.

[151] 何丽.国际组织在华金融扶贫经验和启示 [J].甘肃金融，2018 (10)：8-13.

[152] 洪名勇，洪霓.论习近平的精准扶贫思想 [J].河北经贸大学学报，2016，37 (6)：1-5.

[153] 汪三贵.在发展中战胜贫困——对中国 30 年大规模减贫经验的总结与评价 [J].管理世界，2008 (11)：78-88.

[154] 贾俊雪，秦聪，刘勇政."自上而下"与"自下而上"融合的政策设计——基于农村发展扶贫项目的经验分析 [J].中国社会科学，2017 (09)：68-89，206-207.

[155] 汪三贵，郭子豪.论中国的精准扶贫 [J].贵州社会科学，2015 (05)：147-150.

[156] 李小云，张雪梅，唐丽霞.我国中央财政扶贫资金的瞄准分析 [J].中国农业大学学报 (社会科学版)，2005 (03)：1-6.

[157] 张全红，周强.中国多维贫困的测度及分解：1989~2009 年 [J].数量经济技术经济研究，2014，31 (6)：88-101.

[158] 高艳云.中国城乡多维贫困的测度及比较 [J].统计研究，2012，29 (11)：61-66.

[159] 高艳云，马瑜. 多维框架下中国家庭贫困的动态识别 [J]. 统计研究，2013，30 (12)：89-94.

[160] 宋俊秀，王嘉薇，钱力. 连片特困地区精准扶贫绩效评价与模式创新 [J]. 黑龙江八一农垦大学学报，2019，31 (3)：108-114.

[161] 姜长云. 乡村产业振兴：凝神聚力才能行稳致远 [DB/OL]. (2019-08-27) [2022-03-02]. https://www.xuexi.cn/lgpage/detail/index.html? id = 903588435863154527.

[162] 孙志刚. 加快发展乡村产业 [J]. 农经，2021 (3)：30-33.

[163] 方晓红. 加快推动乡村产业振兴的思考 [J]. 农家参谋，2019 (20)：197，199.

[164] 程恩富. 现代政治经济学 [M]. 上海：上海财经大学出版社，2000.

[165] 张景书. 马克思主义贫困理论研究 [J]. 商洛学院学报，2008 (4)：1-6.

[166] 马克思. 资本论. 第一卷 [M]. 北京：人民出版社，2004.

[167] 王萍，韦苇. 马克思对贫困的分析及在当代的发展运用 [J]. 学术论坛，2007 (04)：6-9.

[168] 王朝明. 马克思主义贫困理论的创新与发展 [J]. 当代经济研究，2008 (02)：1-7，73.

[169] 汪连杰. 马克思贫困理论及其中国化的探索与发展 [J]. 上海经济研究，2018 (09)：15-21，34.

[170] 刘建华，丁重扬，王纪成. 贫困理论比较研究与中国反贫困实践 [C] //外国经济学说与中国研究报告 (2014)，2015：495-502.

[171] 陈郁. 罗森斯坦—罗丹"大推动"理论述评 [J]. 经济学动态，1987 (9)：57-60.

[172] R. 讷克斯，谨斋. 不发达国家的资本形成问题 [M]. 北京：商务印书馆，1966.

[173] 王稚文，华小琴. 低水平均衡陷阱与临界最小努力理论模型探析 [J]. 西北成人教育学报，2012 (3)：54-56.

[174] 姜汝祥. 莱宾斯坦落后经济成长理论评介 [J]. 经济学动态，1992 (8)：65-70.

[175] 杨虎涛，徐慧敏. 演化经济学的循环累积因果理论——凡勃伦、缪尔达尔和卡尔多 [J]. 福建论坛（人文社会科学版），2014 (4)：28-32.

[176] 冈纳·缪尔达尔. 亚洲的戏剧: 对一些国家贫困问题的研究 [M]. 谭力文, 张卫东, 译. 北京: 北京经济学院出版社, 1992.

[177] 熊启琴, 闻有虎. 缪尔达尔经济思想评述 [J]. 韶关学院学报 (社会科学版), 2001 (11): 90-93.

[178] 西奥多·舒尔茨. 经济增长与农业 [M]. 北京: 中国人民大学出版社, 2015.

[179] 牛爱英. 舒尔茨农业发展理论述评 [J]. 经济学动态, 1993 (08): 66-70.

[180] 张焕蕊, 吕庆丰. 简评刘易斯二元经济模型 [J]. 当代经济, 2008 (02): 94-96.

[181] 庇古. 福利经济学 [M]. 上海: 上海财经大学出版社, 2009.

[182] 奥斯卡·刘易斯. 桑切斯的孩子们: 一个墨西哥家庭的自传 [M]. 上海: 上海译文出版社, 2014.

[183] 李文钢. 贫困文化论的误用与滥用 [J]. 中国农业大学学报 (社会科学版), 2018, 35 (5): 22-31.

[184] 熊静, 李从松. 西方社会学的贫困观 [J]. 湖北广播电视大学学报, 2002 (1): 82-84.

[185] 李晓宁, 高晓春. 突破贫困恶性循环的 "怪圈" [J]. 西北农林科技大学学报 (社会科学版), 2001 (1): 75-78.

[186] 王英姿. 中国现代农业发展要重视舒尔茨模式 [J]. 农业经济问题, 2014, 35 (2): 41-44.

[187] 许经勇. 刘易斯模型与舒尔茨模式比较研究 [J]. 南通大学学报 (社会科学版), 2011, 27 (5): 109-112.

[188] 余波, 郭敖鸿. 论人口控制政策对突破低水平均衡陷阱的促进作用 [J]. 人口学刊, 2012 (4): 46-50.

[189] RICHARD R. NELSON, 李德娟. 欠发达经济中的低水平均衡陷阱理论 [J]. 中国劳动经济学, 2006: 97-109.

[190] 范小建. 中国特色扶贫开发的基本经验 [J]. 求是, 2007 (23): 48-49.

[191] 王朝明. 中国农村 30 年开发式扶贫: 政策实践与理论反思 [J]. 贵州财经学院学报, 2008 (6): 78-84.

[192] 杨占国, 于跃洋. 当代中国农村扶贫 30 年 (1979—2009) 述评 [J]. 北京社会科学, 2009 (5): 80-87.

[193] 汪三贵. 在发展中战胜贫困——对中国 30 年大规模减贫经验的总结与评价 [J]. 管理世界, 2008 (11): 78-88.

[194] 曾小溪, 汪三贵. 中国大规模减贫的经验: 基于扶贫战略和政策的历史考察 [J]. 西北师大学报 (社会科学版), 2017, 54 (6): 11-19.

[195] 许文文. 整体性扶贫: 中国农村开发扶贫运行机制研究 [J]. 农业经济问题, 2017, 38 (5): 65-71, 111-112.

[196] 贾俊雪, 秦聪, 刘勇政. "自上而下" 与 "自下而上" 融合的政策设计——基于农村发展扶贫项目的经验分析 [J]. 中国社会科学, 2017 (9): 68-89, 206-207.

[197] 乔慧, 刘爽, 郑风田. 精准脱贫背景下建档立卡政策的增收效应测度: 自我 "造血" 还是外部 "输血" ? [J]. 经济与管理研究, 2019, 40 (9): 3-19.

[198] 刘祖军, 王晶, 王磊. 精准扶贫政策实施的农民增收效应分析 [J]. 兰州大学学报 (社会科学版), 2018, 46 (5): 63-72.

[199] 王立剑, 叶小刚, 陈杰. 精准识别视角下产业扶贫效果评估 [J]. 中国人口·资源与环境, 2018, 28 (1): 113-123.

[200] 张志娟. 河南省乡村旅游精准扶贫绩效评价——以固始县为例 [J]. 中国农业资源与区划, 2018, 39 (10): 184-190.

[201] 朱烈夫, 殷浩栋, 张志涛, 柯水发. 生态补偿有利于精准扶贫吗? ——以三峡生态屏障建设区为例 [J]. 西北农林科技大学学报 (社会科学版), 2018, 18 (2): 42-48.

[202] 申云, 彭小兵. 链式融资模式与精准扶贫效果——基于准实验研究 [J]. 财经研究, 2016, 42 (9): 4-15.

[203] 刘俊文. 超越贫困陷阱——国际反贫困问题研究的回顾与展望 [J]. 农业经济问题, 2004 (10): 23-28, 79.

[204] 闫坤, 孟艳. 反贫困实践的国际比较及启示 [J]. 国外社会科学, 2016 (4): 87-96.

[205] 振兴司. 2020 年国家以工代赈试点典型案例之三 陕西白河县: 创新以工代赈赈济模式 发展产业巩固脱贫成果 [DB/OL]. (2021-06-15) [2022-03-02]. https://www.ndrc.gov.cn/fggz/dqzx/tpgjypkfq/202106/t20210615_1283236.html? code=&state=123.

[206] 政研室. 【2020 年国家以工代赈试点典型案例之四】广西田东县: 以工代赈促农就业助力乡村产业振兴 [DB/OL]. (2021-06-15) [2022-03-02].

https://www.ndrc.gov.cn/fzggw/jgsj/zys/sjdt/202106/t20210615_1283290.html? code=&state=123.

[207] 政研室.红色旅游发展案例｜新时代下"红色旅游+"的新路径探索——江西省于都打造中央红军长征集结出发地红色旅游发展典型案例[DB/OL].（2021-06-15）[2022-03-02].https://www.ndrc.gov.cn/fzggw/jgsj/zys/sjdt/202106/t20210615_1283294.html? code=&state=123.

[208] 帕森斯.社会行动的结构[M].北京：译林出版社，2003.

[209] 周立环.浅谈帕森斯的结构功能主义[J].世纪桥，2015（11）：3.

[210] 刘建生，金旻，魏丹.产业扶贫的AGIL理论分析框架及优化路径[J].江苏农业科学，2018，46（9）：313-318.

[211] 胡伟斌，黄祖辉，朋文欢.产业精准扶贫的作用机理、现实困境及破解路径[J].江淮论坛，2018（5）：44-48.

[212] 齐德信，拓星星.产业扶贫的理论及实践依据——以陕西石泉县池河镇为案例[J].环渤海经济瞭望，2017（8）：61.

[213] 央视网.2020年建档立卡贫困人口人均纯收入超万元[DB/OL].（2021-01-16）[2022-03-02].https://app.www.gov.cn/govdata/gov/202101/16/467025/article.html.

[214] 李玉.在产业扶贫一线建功立业[DB/OL].（2021-03-15）[2022-03-02].https://www.xuexi.cn/lgpage/detail/index.html? id=1285593696820862159&item_id=1285593696820862159.

[215] 史雅桥.农业农村部：产业扶贫政策已覆盖98%的贫困户[DB/OL].（2020-12-17）[2022-03-02].https://app.www.gov.cn/govdata/gov/202012/17/466038/article.html.

[216] 张辉.福建武平县：扶贫新产业养成记[DB/OL].（2021-03-01）[2022-03-02].https://www.xuexi.cn/lgpage/detail/index.html? id=181177797030570341061&item_id=181177797030570341061.

[217] 张丹鸽.习近平精准扶贫重要论述探析[J].经济研究导刊，2020（19）：22-24.

[218] 杨宜勇，杨泽坤.习近平精准扶贫思想探究[J].武汉科技大学学报（社会科学版），2018，20（1）：8-15.

[219] 张艳玲.习近平扶贫新论断：扶贫先扶志、扶贫必扶智和精准扶贫[DB/OL].（2016-01-03）[2022-03-02].http://www.ce.cn/xwzx/gnsz/szyw/201601/03/t20160103_8019081.shtml.

[220] 李婧. 习近平提"精准扶贫"的内涵和意义是什么[DB/OL]. (2015-08-04) [2022-03-02]. http://www.ce.cn/xwzx/gnsz/szyw/201508/04/t20150804_6121868.shtml.

[221] 本书编辑部.《十八大以来重要文献选编》中册出版 [J]. 党的文献, 2016 (4): 129.

[222] 彭飞. 精准扶贫,"一把钥匙开一把锁"[DB/OL]. (2021-02-21) [2022-03-02]. https://www.xuexi.cn/lgpage/detail/index.html? id=17193660318149022322&item_id=17193660318149022322.

[223] 国务院. 国务院关于促进乡村产业振兴的指导意见[DB/OL]. (2019-06-17) [2022-03-02]. http://www.gov.cn/gongbao/content/2019/content_5407659.htm.

[224] 国务院. 国务院印发《关于促进乡村产业振兴的指导意见》[DB/OL]. (2019-06-17) [2022-03-02]. http://www.gov.cn/xinwen/2019-06/28/content_5404202.htm.

[225] 山东省青岛市西海岸新区张家楼街道乡村振兴工作队队长. 乡村振兴关键是产业振兴(中国道路中国梦)[DB/OL]. (2021-02-03) [2022-03-02]. https://baijiahao.baidu.com/s? id=1690624636198244833.

[226] 普苑香. 发展特色产业 助力乡村全面振兴 [J]. 云南农业, 2021 (1): 39-41.

[227] 王颖. 河南武陟:"美丽"产业为乡村振兴赋能[DB/OL]. (2021-03-01) [2022-03-02]. https://www.xuexi.cn/lgpage/detail/index.html? id=8174866262494522462&item_id=8174866262494522462.

[228] 宋彦峰. 实现脱贫攻坚成果与乡村振兴有效衔接[DB/OL]. (2020-12-11) [2022-03-02]. https://www.xuexi.cn/lgpage/detail/index.html? id=14816813856091035300&item_id=14816813856091035300.

[229] 尹成杰. 推进脱贫攻坚与乡村振兴有效衔接 [J]. 瞭望, 2021 (1): 19-21.

[230] 马志翔. 推动脱贫攻坚与乡村振兴有效衔接 [J]. 社会主义论坛, 2021 (2): 25-26.

[231] 王伟凯. 在新发展格局中撬动乡村振兴[DB/OL]. (2021-01-18) [2022-03-02]. https://www.xuexi.cn/lgpage/detail/index.html? id=10426577881055165492&item_id=10426577881055165492.

[232] 孙久文, 唐泽地. 中国产业扶贫模式演变及其对"一带一路"国

家的借鉴意义 [J]. 西北师大学报（社会科学版），2017，54（06）：5-10. DOI：10.16783/j. cnki. nwnus. 2017.06.001.

[233] 彭吴霞. 政府主导型扶贫模式研究 [D]. 兰州：兰州大学，2017.

[234] 刘世锦. GFP 及其驱动的经济增长 [J]. 管理世界，2015（10）：1-6. DOI：10.19744/j. cnki. 11-1235/f. 2015.10.002.

[235] 虞崇胜. 新时代与"后半程"：精准把握中国未来发展的双重方位 [J]. 社会科学文摘，2018（3）：20-22.

[236] 刘穷志，庞泓. 基尼系数的分解：收入增长能否降低收入不平等 [J]. 统计研究，2016，33（10）：31-37. DOI：10.19343/j. cnki. 11-1302/c. 2016.10.004.

[237] 蔡昉. 坚持扩大内需战略基点形成强大国内市场[DB/OL]. （2020-11-03）[2022-03-02]. http://theory.people.com.cn/n1/2020/1103/c40531-31916257.html.

[238] 佚名. 构建新发展格局 [J]. 人民论坛，2021（2）：10-11.

[239] 雷东瑞. 五中全会系列解读之三：加快构建新发展格局，习近平心中有盘"棋"[DB/OL]. （2020-11-02）[2022-03-02]. https://www.xuexi.cn/lgpage/detail/index. html? id = 3699284142847428316& item _ id = 3699284142847428316.

[240] 杭斌，修磊. 收入不平等、信贷约束与家庭消费 [J]. 统计研究，2016，33（08）：73-79

[241] 毛凌琳，邓丹，周晔. 我国城镇居民收入不平等对消费不平等影响研究 [J]. 现代商贸工业，2016，37（22）：119-121.

[242] 王亚芬，肖晓飞，高铁梅. 我国城镇居民收入分配差距的实证研究 [J]. 财经问题研究，2007（6）：65-71.

[243] 王小亮. 中国经济新常态的内涵和形成机制 [J]. 时代金融，2018（12）：6.

[244] 任瑞华，曹敏. 中国经济新常态的内涵特征和宏观调控政策取向 [J]. 知识经济，2016（23）：18-19.

[245] 李文. 世界经济的"新常态"与中国经济的"新常态"[J]. 当代中国史研究，2016，23（05）：4-15，124.

[246] 李扬. 中国经济新常态不同于全球经济新常态[DB/OL]. （2015-03-12）[2022-03-02]. http://finance.people.com.cn/n/2015/0312/c1004-26678546. html.

［247］张永波. 试论新发展理念［J］. 河南科技学院学报，2018，38（11）：1-3.

［248］陈界亭. 新发展理念的时代回应［J］. 红旗文稿，2017（11）：13-14.

［249］叶敬忠，张明皓. 发展理念的变迁与新发展理念的形成［J］. 济南大学学报（社会科学版），2020，30（1）：2，5-12，157.

［250］顾春梅. 实现我国经济高质量发展的路径［J］. 现代交际，2019（6）：65-66.

［251］王小林. 贫困测量：理论与方法［M］. 北京：社会科学文献出版社，2012.

［252］周瑾艳. 为什么改变撒哈拉以南非洲贫困状态的努力几乎全部失败？［J］. 科学通报，2018，63（7）：606-610.

［253］郭熙保. 论贫困概念的内涵［J］. 山东社会科学，2005（12）：49-54，19.

［254］左停，贺莉，刘文婧. 相对贫困治理理论与中国地方实践经验［J］. 河海大学学报（哲学社会科学版），2019，21（06）：1-9，109.

［255］左停. 脱贫攻坚与乡村振兴有效衔接的现实难题与应对策略［J］. 贵州社会科学，2020（01）：7-10.

［256］汪仕凯. 不平等的民主：20世纪70年代以来美国政治的演变［J］. 世界经济与政治，2016（05）：4-31，156.

［257］沃纳·西奇尔，李蓬，王鲁豫. 贫困的恶性循环［J］. 现代外国哲学社会科学文摘，1982（06）：46-47.

［258］宋圭武. 贫困的危害性研究［J］. 甘肃农业，2016（1）：20-21. DOI：10.15979/j. cnki. cn62-1104/f. 2016.01.006.

［259］黄潇. 健康在多大程度上引致贫困脆弱性——基于CHNS农村数据的经验分析［J］. 统计与信息论坛，2013，28（9）：54-62.

［260］王弟海. 健康人力资本、经济增长和贫困陷阱［J］. 经济研究，2012，47（6）：143-155.

［261］安格斯·迪顿，Angus Deaton. 逃离不平等［M］. 北京：中信出版社，2014.

［262］李楠. 人力资本对贫困代际传递的影响研究［J］. 当代经济，2018（7）：116-117.

［263］凌经球，赵禹骅. 产业扶贫到户：新阶段扶贫攻坚的重中之重

［J］.桂海论丛，2014，30（6）：124-127.

　　［264］轶名.精准扶贫［DB/OL］.（2020-11-23）［2022-03-02］.https://baike.baidu.com/item/%E7%B2%BE%E5%87%86%E6%89%B6%E8%B4%AB/13680654？fr＝aladdin.

　　［265］李婧.习近平提"精准扶贫"的内涵和意义是什么［DB/OL］.（2015-08-04）［2022-03-02］.http://www.ce.cn/xwzx/gnsz/szyw/201508/04/t20150804_6121868.shtml.

　　［266］张艳玲.习近平扶贫新论断：扶贫先扶志、扶贫必扶智和精准扶贫［DB/OL］.（2016-01-03）［2022-03-02］.http://www.ce.cn/xwzx/gnsz/szyw/201601/03/t20160103_8019081.shtml.

　　［267］脱贫攻坚网络展.产业扶贫［DB/OL］.（2019-01-03）［2022-03-02］.http://fpzg.cpad.gov.cn/429463/430986/430989/index.html.

　　［268］任璇.改革开放以来中国共产党农业产业扶贫政策及其经验启示研究［D］.兰州：兰州理工大学，2020.

　　［269］蒲实.产业扶贫是实现稳定脱贫的根本之策［DB/OL］.（2020-06-11）［2022-03-02］.https://news.gmw.cn/2020-06/11/content_33902596.htm.

　　［270］中共中央 国务院印发《乡村振兴战略规划（2018-2022年）》［DB/OL］.（2018-09-26）［2022-03-02］.http://www.gov.cn/gongbao/content/2018/content_5331958.htm.

　　［271］陈文胜.论乡村振兴与产业扶贫［J］.农村经济，2019（09）：1-8.

　　［272］林万龙，华中昱，徐娜.产业扶贫的主要模式、实践困境与解决对策——基于河南、湖南、湖北、广西四省区若干贫困县的调研总结［J］.经济纵横，2018（07）：102-108.

　　［273］李志萌，张宜红.革命老区产业扶贫模式、存在问题及破解路径——以赣南老区为例［J］.江西社会科学，2016，36（07）：61-67.

　　［274］曾庆捷，牛乙钦.乡村治理中的产业扶贫模式及其绩效评估［J］.南开学报（哲学社会科学版），2019（04）：87-96.

　　［275］陈天祥，魏国华.实现政府、市场与农户的有机连接：产业扶贫和乡村振兴的新机制［J］.学术研究，2021（03）：49-55，177.

　　［276］冯子纯，李凯杰."政银企＋N"资产收益扶贫模式运行分析——以牧原生猪养殖产业链为例［J］.农村经济，2021（2）：68-76.

　　［277］桑任庚.金融村官与村委行长联姻：联出大作为［J］.中国农村金

融, 2021 (3)：60-61.

[278] 任天驰, 杨晓慧, 康玉菊. "大学生村官" 如何服务乡村振兴? ——基于第三次农业普查 10700 个村级数据的实证研究 [J]. 中国青年研究, 2020 (11)：52-59, 28.

[279] 崔云娜, 曲展. 浅析基层党组织对发展壮大集体经济的作用 [J]. 现代国企研究, 2018 (20)：238.

[280] 包乌兰托亚, 李中华. 村党支部领办合作社发展集体经济的实践探索与思考——基于山东省东营市垦利区的调查 [J]. 中国农民合作社, 2021 (7)：65-68.

[281] 刘四黑, 杨明, 丁健, 杨波, 蔡文宽, 阳雨容, 姚云, 许杰. 金融支持油茶产业扶贫的玉屏模式与成效初报 [J]. 贵州林业科技, 2020, 48 (3)：51-56.

[282] 刘传洁. 金融助力产业扶贫——以河北省巨鹿县金银花产业为例 [J]. 湖北农业科学, 2019, 58 (S2)：504-507.

[283] 房莉杰, 刘学. 乡村可持续发展：四个民营企业的共享价值案例分析 [J]. 学术研究, 2021 (03)：56-62.

[284] 白丽, 赵邦宏. 产业化扶贫模式选择与利益联结机制研究——以河北省易县食用菌产业发展为例 [J]. 河北学刊, 2015, 35 (4)：158-162.

[285] 杜园. 易县食用菌产业组织模式研究 [D]. 石家庄：河北农业大学, 2015.

[286] 孟庆杰, 王苏芳. 依托龙头企业打造蚕桑产业 "三圈" 发展模式——安徽京九丝绸股份有限公司带动产业发展调研报告 [J]. 中国蚕业, 2021, 42 (2)：33-37.

[287] 朱佳, 张正岩, 韩丹, 仇雪婷, 于滨铜. 连片特困地区特色产业建设策略研究——以大方县好山珍生态农业合作社为例 [J]. 中国经贸导刊 (中), 2021 (7)：44-45.

[288] 陈永章, 刘思静, 邹利林. 激励约束视域下农民合作社转型发展路径——贵州省贫困县个案分析 [J]. 华侨大学学报 (哲学社会科学版), 2021 (3)：81-91.

[289] 袁俊林, 聂凤英. 农民合作社减贫、增收效应与异质性分析——基于中国西部贫困地区农户调研数据 [J]. 中国农业资源与区划, 2022, 43 (2)：90-101.

[290] 杨小燕, 柳志. 精准产业扶贫综合绩效的指标体系构建与评价

[J]. 农村经济与科技, 2020, 31 (18): 110-111.

[291] 周子渝, 潘张璇, 余至微, 段亮敏, 李文情. 精准扶贫下产业扶贫的绩效评价与优化路径研究——基于怀化市会同县的实地调研 [J]. 中国林业经济, 2019 (04): 36-41.

[292] 马宁, 郭丽华, 韩学伟. 河北省产业扶贫资金绩效研究 [J]. 合作经济与科技, 2019 (16): 184-185.

[293] 陈耿宣, 黄睿, 凌浩. 随机田野实验的使用规范与拓展应用 [J]. 东北财经大学学报, 2022 (6): 15-26.

[294] 张正尧, 吕永辉, 杨照. 全国农业产业扶贫成效评价及对策分析 [J]. 湖北农业科学, 2018, 57 (17): 126-129.

[295] 王立剑, 叶小刚, 陈杰. 精准识别视角下产业扶贫效果评估 [J]. 中国人口·资源与环境, 2018, 28 (1): 113-123.

[296] 卢黎歌, 武星星. 后扶贫时期推进脱贫攻坚与乡村振兴有机衔接的学理阐释 [J]. 当代世界与社会主义, 2020 (02): 89-96.

[297] 陈美球, 胡春晓. 协同推进脱贫攻坚与乡村振兴的实践与启示: 基于江西三地的调研 [J]. 农林经济管理学报, 2019, 18 (02): 266-272.

[298] 杨琼, 杨国涛. 关于脱贫攻坚与乡村振兴有机衔接的思考 [J]. 安徽农业大学学报 (社会科学版), 2021, 30 (03): 1-6.

[299] 修兴高. 中国产业扶贫模式比较研究 [D] 厦门:. 福建师范大学, 2018.

[300] 陆薇. 多案例视角下企业参与旅游扶贫的绩效与对策研究 [J]. 四川旅游学院学报, 2017 (06): 51-55.

[301] 白丽, 张润清, 赵邦宏. 农户参与不同产业化组织模式的行为决策分析——以河北省食用菌种植户为例 [J]. 农业技术经济, 2015 (12): 42-51.

[302] 许世卫. 中国农业监测预警的研究进展与展望 [J]. 农学学报, 2018, 8 (1): 197-202.

[303] 陈天祥, 魏国华. 实现政府、市场与农户的有机连接: 产业扶贫和乡村振兴的新机制 [J]. 学术研究, 2021 (3): 49-55, 177.

[304] 陈永章, 刘思静, 邹利林. 激励约束视域下农民合作社转型发展路径——贵州省贫困县个案分析 [J]. 华侨大学学报 (哲学社会科学版), 2021 (3): 81-91.

[305] 周艺颖, 李松岸, 兰勇. 农业产业化联合体利益链接机制效果评价

研究 [J]. 农村经济与科技, 2019, 30 (6)：192-195, 219.

[306] 贾军锋. 浅析我国乡村振兴战略下现代化基层政府治理 [J]. 甘肃农业, 2021 (6)：109-111.

[307] 许家伟, 张文怡. 返乡创业助推乡村振兴作用机理研究——基于河南省孟津县的调查 [J]. 企业经济, 2021, 40 (7)：120-126.

[308] 许明月, 孙凌云. 农村集体经济组织成员确定的立法路径与制度安排 [J]. 重庆大学学报 (社会科学版), 2022, 28 (1)：245-256.

[309] 刘晓东, 陈江. 乡村振兴视阈下农村金融供给改革与制度创新 [J]. 西南金融, 2020 (1)：54-61.

[310] 王志刚, 封启帆. 巩固贫困治理策略：从精准脱贫到乡村振兴 [J]. 财经问题研究, 2021 (10)：14-23.

[311] 张立, 张河. 推动乡村振兴与精准扶贫有效衔接的政策稳定性思考 [J]. 农业经济, 2021 (7)：78-79.

[312] 陈志, 吴海涛. 巩固拓展脱贫攻坚成果 有效衔接乡村振兴战略 [J]. 可持续发展经济导刊, 2021 (Z2)：55-59.

[313] 卫志民, 吴茜. 脱贫攻坚与乡村振兴的战略耦合：角色、逻辑与路径 [J]. 求索, 2021 (4)：164-171.

[314] 陈进. 陈进：发挥金融助力乡村振兴的重要作用 [J]. 经济研究信息, 2021, 000 (003)：16-17.

[315] DARON ACEMOGLU, SIMON JOHNSON, JAMES A. Robinson. Reversal of Fortune：Geography and Institutions in the Making of the Modern World Income Distribution [J]. The Quarterly Journal of Economics, 2002, 117 (4)：1231-1294.

[316] DARON ACEMOGLU, SIMON JOHNSON, JAMES ROBINSON, YUNYONG THAICHAROEN. Institutional causes, macroeconomic symptoms：volatility, crises and growth [J]. Journal of Monetary Economics, 2003, 50 (1)：125-131.

[317] ACEMOGLU D, GARCIA-JIMENO C, ROBINSON J A. Finding Eldorado：Slavery and Long-run Development in Colombia [J]. Journal of Comparative Economics, 2012, 40 (4)：534-564.

[318] LIBMAN, ALEXANDER. Natural resources and sub-national economic performance：Does sub-national democracy matter? [J]. Energy Economics, 2013, 37：82-99.

[319] LIN J Y. Rural Reforms and Agricultural Growth in China [J]. Ameri-

can Economic Review, 1992, 82 (1): 34-52.

[320] JALAN J, RAVALLION M, REVIEW A E, et al. China's Lagging Poor Areas [J]. The American economic review, 1999, 89 (2): 301-305.

[321] PARK A, WANG S, WU G. Regional poverty targeting in China [J]. Journal of Public Economics, 2002, 86 (1): 123-153.

[322] SHUJIE, YAO. Economic development and poverty reduction in China over 20 years of reforms [J]. Economic Development & Cultural Change, 2000, 48 (3): 447-474.

[323] RAVALLION M, CHEN S. China's (uneven) progress against poverty [J]. Journal of Development Economics, 2004, 82 (1): 1-62.

[324] KUZNETS S. Economic Growth and Income Inequality [J]. American Economic Review, 1955, 45 (1): 1-28.

[325] MENG L. Evaluating China's poverty alleviation program: A regression discontinuity approach - ScienceDirect [J]. Journal of Public Economics, 2013, 101 (1): 1-11.

[326] PARK A, WANG S. Community-based development and poverty alleviation: An evaluation of China's poor village investment program [J]. Journal of Public Economics, 2010, 94 (7856): 790-799.

[327] MENDOLA M. Agricultural technology adoption and poverty reduction: A propensity-score matching analysis for rural Bangladesh [J]. Food Policy, 2007, 32 (3): 372-393.

[328] GALASSO E, RAVALLION M. Decentralized targeting of an antipoverty program [J]. Journal of Public Economics, 2005, 89 (4): 705-727.

[329] LABONNE J, CHASE R S. Do community-driven development projects enhance social capital ? evidence from the Philippines [J]. Journal of Development Economics, 2011, 96 (2): 348-358.

[330] KRAAY A. When is Growth Pro-Poor? Evidence from a panel of countries [J]. Journal of Development Economics, 2006, 80 (1): 198-227.

[331] KOCHER A. The Distributive Consequences of Social Banking: A Micro-empirical Analysis of the Indian Experience. [J]. Economic Development & Cultural Change, 2011, 59 (2): 251-280.

[332] ROWNTREE B S. Poverty : a study of town life [J]. Charity Organisation Review, 1902, 11 (65): 260-266.

[333] BANERJEE A, KARLAN D, ZINMAN J. Six Randomized Evaluations of Microcredit: Introduction and Further Steps [J]. American economic journal, 2015, 7 (1): 1-21.

[334] SEN A. Commodities and Capabilities [J]. The Canadian Journal of Economics, 1987, 20 (1): 198-201.